认知语言学视角下的隐喻应用研究

赵 娜 著

新 华 出 版 社

图书在版编目（CIP）数据

认知语言学视角下的隐喻应用研究 / 赵娜著 . -- 北京：新华出版社，2023.4

ISBN 978-7-5166-6798-9

Ⅰ . ①认… Ⅱ . ①赵… Ⅲ . ①认知语言学—隐喻—研究 Ⅳ . ① H0-06

中国国家版本馆 CIP 数据核字（2023）第 074985 号

认知语言学视角下的隐喻应用研究

作　　者：赵　娜

责任编辑：李　宇　　　　　　　　　封面设计：守正文化

出版发行：新华出版社

地　　址：北京石景山区京原路 8 号　　　邮　　编：100040

网　　址：http：// www. xinhuapub. com

经　　销：新华书店、新华出版社天猫旗舰店、京东旗舰店及各大网店

购书热线：010-63077122　　　　中国新闻书店购书热线：010-63072012

照　　排：守正文化

印　　刷：天津和萱印刷有限公司

成品尺寸：170mm×240mm　　1/16

印　　张：13　　　　　　　　　　字　　数：215 千字

版　　次：2024 年 8 月第一版　　　　印　　次：2024 年 8 月第一次印刷

书　　号：ISBN 978-7-5166-6798-9

定　　价：68.00 元

作者简介

赵娜 女，生于 1979 年 6 月，现任昆明学院外国语学院副教授、北京外国语大学访问学者。毕业于云南师范大学，获英语语言文学专业研究生学历及文学硕士学位。工作期间，曾取得中国翻译协会语言服务能力培训与评估（LSCAT）口译讲师资格证书；曾获得"红云园丁（优秀课堂）奖"。曾以团队负责人的身份带领团队获得 2020 年外研社"教学之星"大赛（本科英语组）全国复赛一等奖以及第二届 UMOOCs 基于慕课的混合式教学优秀案例评选（网络突围赛）全国三等奖；个人曾获得 2020 年外研社"教学之星"大赛（本科英语组）全国复赛一等奖、第五届全国高等院校英语教师教学基本功大赛云南省三等奖、第七届"外教社杯"全国高校外语教学大赛（大学英语组）云南赛区优胜奖。在国内外期刊上发表学术论文 20 余篇；先后主持和参与教育部项目、省市级项目共计 10 项。

前　言

　　语言学分为理论语言学与应用语言学两个方向，其中理论语言学又分为认知语言学、功能语言学等多个流派，每个流派有着不同的研究方法和研究角度。作为近期研究的热点，认知语言学近年来在理论演绎与描写分析方面都取得了很大进展。认知语言学已经成为自然语言分析与研究的一种重要理论，但是目前在对认知语言学的本体认识方面还有所欠缺。在我国，认知语言学在理论与方法上还没有形成一个统一的、稳固的理论系统。隐喻是人类重要的思维方式之一，因而是学术界广泛关注的研究课题，并被冠以"隐喻学"，成为一门显学。当代学界中认知科学和符号学研究的盛行又给传统隐喻研究带来了崭新的视角。本书将在此背景下，对认知语言学视角下的隐喻应用进行研究。

　　本书共五章。第一章是认知语言学概述，主要内容包括认知语言学的产生与创立、认知语言学的范畴观、认知语言学的理论基础和认知语言学视角下的隐喻观。第二章对隐喻的相关概念进行了介绍，主要内容有传导隐喻、概念隐喻、诗性隐喻、基本隐喻和根隐喻。第三章从隐喻认知的本质、隐喻的类型、隐喻的基本特点和隐喻认知对人类的影响四个方面对隐喻认知的理论基础进行了论述。第四章重点分析了隐喻的认知性，主要内容包括隐喻的认知过程、隐喻的认知符号、隐喻的认知功能和隐喻的认知性分辨。第五章也是本书的最后一章，是对认知语言学视角下的隐喻应用的研究，主要包括认知语言学的应用、隐喻的理解和应用和基于认知心理学的隐喻应用三个方面。

目　　录

第一章　认知语言学概述

本章对认知语言学的基本内容进行了论述，主要包括认知语言学的产生与创立、认知语言学的范畴观、认知语言学的理论基础，以及认知语言学视角下的隐喻观等内容。

第一节　认知语言学的产生与创立

认知语言学是在对认知科学的一些问题进行思考而形成的新的认识的基础上形成的，是批判和创新的结果。认知语言学虽然提出了与之前完全不同的、崭新的语言、心理与认知观点，但它的产生是有据可依的。格式塔心理学是认知语言学的认知结构完形的组织原则来源，瑞士儿童心理学家让·皮亚杰（Jean Piaget）的心理发展的相互作用论是认知语言学主客观互动的信念来源，而且认知心理学中关于原型和范畴的研究也在认知语言学中有所体现。认知心理学中关于表象和知觉的研究直接启发了意象、图式和扫描的观念。美国哲学家马克·约翰逊（Mark Johnson）和约翰·塞尔（John Searle）对认知语言学经验主义现实论哲学基础的形成起到了重要作用，他们对形而上学现实论及客观主义认知观的批判是认知语言学产生的重要原因。

一、早期研究

学科的建立非一日之功，认知语言学的历史可以追溯到认知科学和心理学对认知的早期研究。

（一）17 世纪至 19 世纪

联想主义心理学是最早用唯物主义观点研究思维的。联想主义心理学认为，联想是记忆、学习、思维的基本原则，知识源于对世界的经验。

（二）19 世纪末、20 世纪初

德国心理学家威廉·冯特（Wilhelm Wundt）和他的学生对思维心理学进行了研究。冯特的思维心理学大体上来说是认知心理学，他认为，认知心理学的研究包含思维的内部现象与声音发声和感知的外部现象。

（三）20 世纪前叶

完形心理学来自英文单词 gestalt 的直译，又叫格式塔心理学。1912 年，格式塔心理学在德国诞生，之后作为现代西方心理学的主要流派在美国广泛传播。早期的格式塔心理学具有较大的局限性，因为其很多观点不讲主客观的相互作用，但是格式塔心理学也有其可取之处。格式塔心理学强调整体不是组成部分的简单相加，并强调思维活动的整体结构（完形结构），而且认为心理现象最基本的特征是在意识经验中所显现的结构性和整体性。心理过程本身具有组织作用，人们可以根据对事物完形结构的认知，构造不完整或不稳定的结构。另外，思维是格式塔心理学研究的重点，且儿童思维也包含在内，这对皮亚杰学派、认知心理学等当代心理学和认知科学有一定的影响。

目前，认知语言学已经纠正了格式塔心理学认为的完形心理结构是天生的、先验的这一问题。

二、重要发展

在认知语言学的产生与创立过程中，出现了许多杰出的代表人物，他们的思想和贡献对认知语言学的发展产生了深远的影响。

（一）维果茨基

以利维·维果茨基（Lev Vygotsky）为代表的苏联最大的心理学派——儿童心理学和思维发展心理学是在俄国十月革命后诞生的。当时苏联共产党主张用马克思列宁主义改造文化，开始对各种资产阶级思想进行批判。

外部动作"内化"为智力活动的理论最早也是由维果茨基提出的。他认为，心理活动的根本改进是由于符号的运用。按照维果茨基的看法，先有外部言语，再有内部言语，内部言语是外部言语的内化。这种内化是对外部言语的过滤和朝向个体的净化，把所有那些非必要的社会性符号去除，只剩下与思维最紧密、最简洁结合在一起的言语，它不再需要考虑各种语言情境和语言要素，在这个时候，它只需要考虑思维本身。维果茨基的研究对认知心理学和认知语言学有着深刻的影响。

（二）皮亚杰

观察和研究儿童学说话和智力发展的关系是心理语言学对认知研究的开端。知名心理学家皮亚杰便是这一研究的代表人物。皮亚杰是认知心理学的奠基人，他从 1927 年就将研究重心放在儿童的思维和智力的发展上。皮亚杰的理论属于广义上的认知心理学派，他把数学、哲学、心理学、生物学、语言学等多方面的研究结合起来，把思维、智力、认知、心理视为同义词，在儿童的智力活动和认知的研究上建立了发生认识论、结构主义儿童心理学。皮亚杰的研究为认知心理学和认知语言学的发展提供了理论基础。

皮亚杰认为心理结构发展可以分为四个方面，分别是图式、同化、顺应和平衡。图式就是指动作的结构或组织，这些动作在相同或类似的环境中由于不断重复而得到迁移或概括。图式最初取决于先天遗传，在适应环境的过程中，不断地得到改变，不断地丰富起来。皮亚杰认为，同化和顺应都属于适应，但两者也有所不同。同化是指在与环境相互作用的过程中，将外界事物纳入已有认知结构或行为的过程；顺应是指个体在原有认知结构或行为不能同化外界事物时，就从自我进行调整，以适应外界变化。平衡就是指使内部的认知结构和行为与外部的环境、事物相平衡，并且处于不断发展着的平衡状态。低级的图式经过同化、顺应、平衡而形成新的图式，这就是心理的发展过程。

皮亚杰的理论被称为相互作用论，是因为他的理论属于内因、外因相互作用的发展理论。皮亚杰认为，生理的成熟和环境是影响儿童智力发展的主要因素。儿童的认知能力的发展可以分为动作、形象和语言三个阶段。语言的使用关系着认知能力中的象征功能的发展。语言习得不仅是模仿，也要以自身的认知能力的发展为基础，这说明语言能力是在认知能力发展的基础上建立的，但是语言能力却不能超越认知能力的发展。因此，儿童习得语言的过程也符合心理结构发展的过程。

三、重新提出

在 20 世纪 50 年代至 60 年代，心理和认知的研究又重新受到重视，主要有以下两方面的原因。

一方面，美国哲学家诺姆·乔姆斯基（Noam Chomsky）针对行为主义提出了心灵主义。他认为，人的大脑有一种天生的"语言习得机制"，儿童正是通过这种机制来掌握语言的，而这种机制是大脑结构中固有的。语言学作为认知心理学的一个分支，其基本任务是研究语言能力及其深层结构，以揭示习得和使用语言的心理过程。他提出了很多过去没有提到过的令人深思的问题，如语言能力和语言运用、深层结构、语言普遍性等。但乔姆斯基的理论的中心是句法，他认为自然语言的句法是"自主的"，不受语义因素的影响。其理论体系尽管经过多次修正，但是仍不完整，其研究方法有不少主观片面之处。不管是早期的转换生成语法，还是后来的管约论，都企图运用数理逻辑的形式描述人的语言能力，而数理逻辑和自然语言是两种性质不同的体系，是不能相比的。

乔姆斯基的研究发现使学界的后续研究不断喷涌，出现了诸如社会语言学、语用学、语言文化研究等学科，也出现了韩礼德（Halliday）的功能语法和菲尔莫尔（Fillmore）的格语法。由单一学科至多学科的研究和从对语言形式到语言功能的重视，使人们获得了新的研究语言的角度，也使研究语言的视野被拓宽。这时人们逐渐意识到，语言是生理基础、认知能力、客观现实和社会文化共同作用的结果。语言具有开放性和依赖性，它不是封闭的、自成一体的体系。这时人们对语言的研究重点由句法结构转移到了认知结构和语义结构。

另一方面，随着社会的发展，一些语言学家开始重视维果茨基的外部动作"内化"为智力活动的理论和皮亚杰的相互作用论，这是由于他们觉得心灵主义和机械主义都有失偏颇，而认知语言学研究的起点就是维果茨基和皮亚杰的有关语言和思维的理论。

认知心理学的诞生是心理语言学和认知科学共同发展的结果。在20世纪50年代，美国的一些心理学家和语言学家发表了《心理语言学：理论和研究问题概述》，他们发现语言学和心理学对语言的研究有着相似之处。认知心理学诞生的标志是乌尔里克·奈瑟尔（Ulric Neisser）在1967年发表的《认知心理学》。认知心理学伴随着信息技术和计算机技术的发展，逐渐走向信息心理学，并成为现代认知心理学。现代认知心理学研究认知活动的手段是运用信息加工观点，将人脑与计算机类比，将心理过程理解为信息的获得、储存、加工和使用的过程，甚至用计算机来模拟人的心理活动。

心理学中很多有益的思想被认知心理学传承了下来，尤其是完形心理学中关于内部心理组织的一些观点，并且重新恢复了对内部心理机制的研究。注意、表象、记忆、知觉、语言和思维等认知和心理过程都在认知心理学的研究范围之内。认知心理学认为表象就是一种类比表征，与外部客体有着同构关系，而且并不是直接对应关系。

第二节　认知语言学的范畴观

一、范畴与范畴化

范畴和范畴化是两个重要的概念，是认知语言学研究的重要内容之一。范畴化在人类对这个世界进行认识和改造的过程中起着非常重要的作用。人类在认识事物时会首先想到将其归为哪个范畴的问题，而范畴化就是将人或事物进行分类的过程。范畴化的产物就是"认知范畴'或"概念范畴"。例如，我们把 cats（猫）归入 felines（猫科）、mammals（哺乳类）、animals（动物）；把 dogs（狗）归入 canines（犬科）、mammals（哺乳类）、animals（动物）。

英语中的 category 一词有着悠久的历史，可以追溯到拉丁语的 categoria 以及希腊语的 kategoria，其最初的意思是"控告，罪名"，后来引申为"断言"，然后成为"判断"，最后在逻辑学、哲学、数学等领域中具有不同的特殊意义，用来指各种不同的特殊的类或者集合。

行为、言语、思维和感知等所有高级认知活动的基础是范畴化。在我们生活中范畴化无处不在，我们时时刻刻都在使用范畴、进行范畴化。作为人类重要的认知能力之一的范畴化在我们日常生活中发挥着举足轻重的作用。

范畴化在各学科中的重要作用使其从后台走向研究前沿，成为研究的一个重点。在认知心理学中，范畴化的相关研究也越来越多，成为主要的研究方向。人工智能中的模式识别实际上也是一种范畴化。模式识别的过程就是归类过程，即判断某一模式属于哪一类。从认知的角度看，归类的前提就是模式分类，就是把代表每个样本的特征向量归纳为几个类型，这样有利于制定各个样本所对应的类别。识别是再认知，研究分类就是研究认知的一个核心问题。厘清认知的过程是理解识别的前提，包括人是如何在大脑中建立类别（范畴）系统的。范畴化与认知语言学密切相关，认知语言学总的研究策略都可用有关范畴化的问题来概括。认知语言学认为，语言的功能和结构与非语言技能和知识之间密切相关，所以语言很可能反映了在结构和功能方面最常见的认知能力，最重要的就是范畴化能力，即在不同中看到相似之处的能力。研究分类过程对于深入理解语言形式所表达的意义是很有价值的。我们也有充分的理由认为，语言本身的结构范畴在许多方面与非语言世界的范畴相似，也就是说它们之间是有相似性的。

就语言学而言，它在两个层次上与范畴化相关：第一，像其他领域的研究者一样，语言学家也需要用范畴化描写研究的对象。例如，人们发出的声音可以分为语言的声音和非语言的声音；词可以分为名词、动词和形容词等。第二，语言学家所研究的对象，如音素、语素、词、短语、句子、语篇等，不但自身构成范畴，而且也代表范畴。例如，语音形式 /bed/ 不但可以表示它是一个词、一个名词、一个由"辅音＋元音＋辅音"结构构成的音节，还表示现实世界中的一套区别特征，并且还把这套特征归于 bed（床）这一范畴。由此可见，语言学在方法论和本质上与范畴化密切相关。如果要说语言学是什么的话，它就是研究范畴：研究语言如何通过把现实分成孤立的单位和单位的集合，从而把意义转变为语音。对于语言学家来说，需要重新思考与范畴化有关的一些重要问题，包括："分类是基于现实世界还是人类思维的结构？这个类别的内部结构是什么？人们如何学习分类？人们如何对实体进行分类？类别之间的关系是什么？"虽然这些问题或假设已经在认知科学中研究过，尤其是在认知心理学中，但语言学家也要重新思考和澄清。

　　研究范畴化的相关问题对认知语言学的意义是多层次的。比如，重新对范畴化的一系列问题进行思考，其实是认知语言学理论基础的一个重要来源，甚至可以说这门新兴学科的诞生很大程度上是由对范畴化的研究而促成的。认知科学家在范畴化问题上的新发现是促使他从生成学派向认知学派转变的一个重要原因。此外，对于语言学家来说，范畴化是一个非常重要的问题，因为词的用法和语言使用都是以范畴化为基础的。由此可见，认知语言学把范畴和范畴化问题作为自己研究的首要对象就不足为奇了。由于语言的理解和产生无疑会涉及认知过程，因此范畴化必然是发生在大脑中的事情，并且由范畴化而来的认知范畴可以被理解为贮存在大脑中的心理概念，这些概念一起组成了"心理词典"。但遗憾的是，我们无法直接接近认知现象，因此，有关"心理词典"中范畴的所有说法只能是假设的。这样的假设只能用哲学、生理学、心理学以及语言学等相关学科来研究、验证，而语言行为以及其他人类行为则是验证这些假设的重要证据。

二、范畴化的基本层次

（一）自然语言的概念分类及系统性

1. 基本层次范畴的属性

　　在生物学上，我们将生物分为界、门、纲、目、科、属、种几个层次，这是对客观事物的范畴化和分类。在科学研究中，分类时不会认为某一个层次比其他的层次更重要。但是认知人类学家把科学的生物分类学和通俗分类学进行比较的结果显示，在自然语言中的概念分类在这一点上完全不同，很多民族语言在对生物进行分类时，都把重点放在"属"这个层次的概念上，原因是这个层次的形态最简单、名称最丰富、最容易区分。

人类概念层级中最重要的不是高层次的"家具、动物、交通工具"之类的范畴，也不是低层次的"人体工学椅、牧羊犬、房车"之类的范畴，而是居中的"椅子、狗、汽车"之类的范畴。因为居中的这个层次的范畴处于人类认知中的基本地位，所以被称为基本层次范畴。大量科学研究表明人类的大部分思维是在基本层次范畴上进行的，具有典型性的基本层次范畴是人们用来对周围的具体事物进行分类的工具。所以，对基本层次范畴的研究已经成为认知语言学的重要组成部分。

基本层次的特征如下：

第一，正是在基本层次上，才有行为互动的特征模式。假如让你描述如何与动物交流，在不知道所指的动物是"猫"还是"羊"的情况下，描述就会变得异常困难。同样的道理，假如需要描述家具，在不知道具体所指的是哪些家具时，描述也会变得艰难。但是如果动物和家具有具体所指时，描述就会变得容易些。

第二，在整个层次上，可以形成一个清晰的视觉意象。这个特征与第一个在原则上相似。假如让你想象一下"交通工具"或"植物"的样子，又不指出集体的类型，这肯定是比较难的。但是，如果让你想象一下"摩托车"或"牵牛花"的样子，就变得容易了。

第三，人们在日常生活中经常使用基本层次上的词语。说话的人经常会觉得所用的词语就是所指的"真实"的名字。如果 A 和 B 两个人都坐在屋内，A 察觉到屋外有声音，并说"What's that?"，B 看到屋外有一只"波斯猫"（Persian cat）。那么 B 会怎么回答呢？下面有三个选项：

① It's an animal.（它是一种动物。）

② It's a cat.（它是一只猫。）

③ It's a Persian cat.（它是一只波斯猫。）

通常情况下会选择第二个，而①和③需要在特殊情况下使用。

第四，在基本层次上可以创造"最好"的范畴。好的范畴可以使一些特征最大化，比如：信息性，也就是说，我们知道某个东西属于这个范畴时所获得的信息量；范畴内的相似；与邻近范畴的区别。假如我们把动物分为"雄"和"雌"两类，这样就产生了两个较为清晰的范畴。但是在上面的标准下这并不是一个好的范畴，因为内部的同类型受到限制，而且与邻近范畴只有一个特征的区别。例如，相对于雄兔，一只雌兔与雌鹿更加相似，而鹿和兔并不在同一个范畴。所以根据上面提到的标准，动物最好分为如猪、狗、老虎等这样的范畴。

第五，在形态上，基本层次范畴上的名字倾向于简单且"原始"。例如，英文单词 desk（书桌）是一个基本层次词语，其他更具体的范畴具有更复杂的名字，如 writing desk（写字台）、computer desk（电脑桌）等；英文单词 chair（椅子）是一个基本层次词语，其他更具体的范畴具有更复杂的名字，如 high chair（高脚椅）、rocking chair（摇椅）等。

在 1987 年，美国认知语言学家乔治·莱考夫（George Lakoff）归纳了基本层次范畴的十个特点，如下：

①可以感知范畴成员相似外形的最高层次。

②能通过一个心理意象反映整个范畴的最高层次。

③范畴成员最经常使用的层次。

④主体能够以最快的速度确认范畴成员的层次。

⑤人们采用相似运动神经操作与范畴各成员相互作用的最高层次。

⑥词汇在中性语境下使用的层次。

⑦最先进入语言词汇的层次。

⑧我们的绝大部分知识得以组织的层次。

⑨儿童命名和理解的第一个层次。

⑩在拼写上具有最短的基本词项的层次。

基本层次范畴在认知上的重要性在这十个特点上充分展现，表现在以下四个方面：

首先，感知方面。基本层次范畴能够形成反映整个类别的单个心理意象，在感知上具有相似的整体外形，这使得人们可以快速辨别其种类。例如，所有的"椅子、狗、汽车"外形相似，人们可以在脑海中形成这些事物的单独意象。但是不同的"家具、动物、交通工具"的外形就大有不同，人们在脑海中难以形成单个意象，只能想象一个具有代表性的基本层次范畴成员的意象。

其次，言语交际方面。简单、常用、中性的词在基本层次范畴中较为常见，这些词产生较早，同样也是儿童较早接触学习的。这些词的意义较为简单，语义比较凸显，对语境的依赖较小，没有附加的色彩。例如，"椅子、狗、汽车"这些词语就属于简单、常用、中性的词。

再次，功能方面。基本层次范畴是指人们能运用类似的运动机制与这些范畴成员打交道的最高层次，也就是说，属于同一范畴的成员可以引起人们在行为上大致相同的反应。例如，与"椅子"相关的运动反应是坐在上面或搬动，与"狗"相关的运动反应是抚摸、喂食、逗玩等，与"汽车"相关的运动反应是驾驶或乘坐等，而人们对"家具、动物、交通工具"等范畴不会产生大致相同的反应。

最后，知识组织方面。人类的大部分知识都是在基本层次上组织起来的。假如有人问你对"椅子、狗、汽车"的了解时，你或许可以从多个角度回答，将它们的特征都说清楚；但是当问的是"人体工学椅、牧羊犬、房车"时，如果你没有接触过这些事物、没有了解过有关信息的话，那么你的回答就会非常简单；如果问的是"家具、动物、交通工具"的话，你的回答可能会十分宽泛且笼统。

2. 词汇范畴化的层级系统

基本层次范畴的概念与我们传统词汇研究中归为"基本词汇"的集合大体相似，其特征是全民性、稳固性和能产性。由于这些词汇比它们的上位范畴和下位范畴使用得更频繁，而且它们大多由单一词项构成，所以这些"基本词汇"拥有更强的隐喻生命力。

因为基本层次范畴的词汇具有凸显性，所以一般情况下，人们总是在基本层次上讨论事物。这也是区别基本层次范畴和非基本层次范畴词汇的一种简单而又快捷的方法。

上位范畴的成员很难通过完形结构来把握，因为上位范畴普遍不具有相似的整体特征。上位范畴成员的特点具有如下三个方面：

第一，上位范畴具有辅助性。上位范畴被称为寄生范畴化，是因为上位范畴需要在基本范畴的基础上获得完形和大部分特征。

第二，上位范畴包含一个或几个整个范畴都适用的特征，这些特征为上位范畴的存在提供了动因。上位范畴具有凸显功能，可以凸显这些特征。

第三，上位范畴具有聚合功能。这一功能与凸显功能密不可分，可以依据某些特征来聚合下一层次的范畴，这个过程可以通过在不同层级上的多次进行来得到一个包含多个范畴的全方位的层级结构。

下位范畴的完形结构与基本范畴的结构和基本层次范畴有着相似之处，这是因为下位范畴是对基本层次范畴的进一步细分。例如：

树→杨树、槐树、松树

美→优美、俊美、健美

习→学习、预习、复习

有学者将基本层次范畴与下位范畴、上位范畴之间的联系和区别进行了总结（见表1-2-1）。

表 1-2-1　范畴之间的联系和区别

范畴层级	参数			
	属性	结构	功能	形式
上位层次范畴	具有一个或很少的范畴属性	家族相似性结构	聚合与凸显功能	复合词
基本层次范畴	具有大量的范畴属性	原型结构	指向世界的"自然"通路	单纯词、派生词
下位层次范畴	具有大量的范畴属性，可以凸显具体属性	范畴成员之间高度的同源性	具体指向功能	复合词、短语词

（二）范畴层次与词语组配的选择性

1. 范畴层次与韵律形式

从汉语角度出发，词汇范畴化具有层级性，所以层级性必然会在词的特征上表现出来：从外部看涉及词的搭配功能，从内部看涉及词的韵律形式。对汉语来说，绝大部分单音节词是最原始的词，同时也是最稳固、使用频率最高的词。从词的认知语义方面来看，单音节词有如下两个特点：首先，具有原型性；其次，表示基本层次范畴。单、双音节在句法、语义上的差异与它们的韵律形式差异相对应。例如，双音节名词与单音节名词相比，其语法特征发生了显著变化。

大量事实证明，单音节名词具有典型的名词语法特征，但是由单音节名词构成双音节名词后，其语法特征就会削弱。削弱的情况在并列式和补充式复合名词中最为明显，如"花草"和"纸张"。另外，从语义的虚实来看，客观世界的某类事物可以用单音节名词来表示，即用单音节名词对该类事物进行概括，从而促使人们在词与事物之间建立一种语义关联；通常在人们的认知中，存在一个具体的关于该事物的"意象"与词相对应。在一定的条件下，词和意象可以相互激活，但仅限于单音节名词。这种关联不适用于双音节名词，因为双音节名词不是简单的语素的相加，而且双音节名词的语义也不是简单的语素义相连。双音节词的语素义应该是其包含的单音节名词语素义的更高层次的体现，它不仅要与单个语素的语义有所关联，更要有新的、不同的抽象义。在我们的认知中，虽然能像单音节名词一样，建立一个具体的关于该事物的"意象"与双音节名词相对应，但是这个意象并不是清楚、直接的，而是无界的。例如，人们看到"花"和"草"时，很快就能在大脑中形成具体的印象，但是当人们看到"花草"时，却不能像上述情况一样直接形成具体意象，只能通过对大脑中"花"和"草"的印象进行再加工，形成"花草"的意象。

从整体上来说，单音节名词与双音节名词大不相同，单音节名词的语义一般都十分明了，而双音节名词的语义都比较模糊和抽象。双音节名词，尤其是并列式和补充式双音节名词大多属于上位层次范畴，而单音节名词则属于基本层次范畴。

双音节动词较单音节动词而言，语法范畴特征又各有不同。大量事实和研究表明，单音节动词与双音节动词在原型性和范畴层次方面有着明显区别，单音节动词具有明显的动词语法特征，但是由单音节动词组成的双音节动词，其动词语法特征都在减弱甚至消失。单音节动词作为基本层次范畴，常用来表示人或者事物的动作，它的动作语义也很具体，与单音节名词相同，在人的认知中，会存在一个明显的、具体的意象与该动作相对应。双音节动词（并列式为主）属于单音节动词的上位层次范畴。双音节动词是语素的结合，与双音节名词不同的是，其语义并不是两个语素义的更高层次的体现，而是它所包含的单音节动词语素义的最大公约数，这就使得双音节动词的语义显得较为抽象。

在这个基础上有学者重点对动宾结构的单双音节组合的类型进行了分析。动宾关系的结构对单双音节的选择应有下面四种类型：单＋单（1+1）；双＋双（2+2）；单＋双（1+2）；双＋单（2+1）。

在现实生活中，这四种类型都有所使用，而且前三种较为常见，第四种比较少见。在语域和认知域中，单音节动词与单音节名词和双音节动词与双音节名词间的距离，比单、双音节动词或名词之间的距离近。根据相邻和相似原则，人们更习惯将相同音节的动词与名词结合在一起，组成动宾短语。所以，前两种动宾短语的组成是理所当然的，可以看作无标记组合形式；而后两种是有标记组合形式。

经过前面的分析总结，我们知道双音节词都较为抽象，属于上位层次范畴，而单音节词的语义比较具体，属于基本层次范畴。但实际上基本层次和非基本层次中间有一个过渡带，在这里单音节词和双音节词都存在，可以说，不同的单音节词和双音节词的抽象程度是不同的。

我们来看"单＋双"："运木材"和"砍木材"，因为"砍"这个动作比"运"更加具体，加上"木材"这个词语的语义比较抽象，可以得出，"砍"与"木材"结合并不恰当，而"运"和"木材"结合更好；"洗衣服"和"洗服装"，因为"服装"比"衣服"更加抽象，而"洗"这个单音节动词较为具体，所以"洗"与"衣服"结合更加合适。这两个例子说明在"单＋双"中，相邻和相近原则仍然适用。

我们再来看"双＋单"，这一类的短语常常用来表示人们的心理活动，比如"尊敬人"等。这一类短语中的双音节动词的两个语素经常连用，因为其单个语素一般不能独立组成词。当这类"双＋单"组成动宾短语时，单音节名词通常表示比喻或者引申，比如"尊敬人"，"人"在这里并不表示"高等动物"，而是指"人"作为"社会动物"所拥有权利、义务和地位等，所以，我们在使用"尊敬"时，后面通常不加"猪""狗"等动物。这样看来，在"双＋单"中，相邻和相近原则仍然适用，而且表现在更深的层次上。

2. 词语组配与优选规则

词语组配的合格度没有一个统一的标准，合格与不合格并不是绝对的。为了说明词语组配的优选规则，可以用如表 1-2-2 所示的组配为例子来进行描述。

表 1-2-2　词语组配的优选规则

范畴层级	动词	名词
上位层次范畴	种植 / 购买	树木 / 房屋
基本层次范畴	种 / 买	树 / 房
下位层次范畴	抢种 / 代买	松树 / 旧房

根据上表，动词和名词之间动宾组配的合格度分析如表 1-2-3 所示（→为同一层次范畴的横向组合，↘为上位层次范畴与下位层次范畴的下向组合，↗为下位层次范畴与上位层次范畴的上向组合）。

表 1-2-3　词语组配的合格度

组合	示例
→组合	种植树木、种树、抢种松树
	购买房屋、买房、代买旧房
↘组合	种植树、种松树
	购买房、买旧房
↗组合	种树木、抢种树
	买房屋、代买房

根据表 1-2-3，我们可以归纳出如下几条原则：

（1）同一层次范畴组合的优选性

将在同一个认知范畴层次上的动词和名词进行组合，是最合适的，这就是同一层次范畴组合的优选性，如种树、买房。人们需要通过语感来对两个语言单位的结合体进行判断，看结合体是不是一个"完形"，而判断的依据就是相邻和相似原则。所以我们可以看出，人们在进行动宾短语组合时，会把同一个层次的动词和名词组合在一起。"单 + 单"的搭配是基本层次范畴内的搭配。双 + 双的搭配属于非基本层次范畴之间的搭配，其中并列式双音词处于上位层次，指的是"通指 + 通指"的搭配，如购买房室等；偏正式双音词处于下位层次，是"特指 + 特指"的搭配，如抢种松树等。

（2）基本层次范畴下向组合的合理性

基本层次范畴的单音节动词与下位层次范畴的名词组合具有合理性，如买旧房、种松树。这里有一点需要注意，如果按照认知语言学的范畴化理论来看，单音节词属于基本层次范畴，具有原型性，比如单音节动词，但是名词的话就不一定正确了。随着社会经济的飞速发展，新兴事物不断出现，这使得诸多客观事物需要通过增加信息来显示其特征，简而言之，就是名词概念的基本范畴的认知层次有下移趋势，比如"菜 / 油菜、菠菜、韭菜""车 / 卡车、客车、轿车""树 / 杨树、松树、槐树"等。这些本应该属于下位层次的概念随着社会的发展变得更具有典型性，现在已经相当于基本层次范畴的概念了。所以，在目前汉语的发展情况下，基本范畴层次中名词的认知中心在逐渐下移，但是动词相较下就保持不变，这使得动词与相邻下位层次的名词的组合变得合理起来。

另外，"种稻—种水稻"和"买米—买小米"都是正确的，与上述优选标准不矛盾，因为水稻、小米虽然是双音节名词，但也属于基本层次范畴，这就是汉语词汇双音化倾向的结果。

（3）下位层次范畴上向组合的限制性

基本层次范畴的名词与下位层次范畴的动词组合时，有巨大的限制性。例如，"代买房"可以说，但是有些牵强。假如这类短语已经熟语化，就可以使用；另外一种情况是在对举格式中的使用，如"多做事、少说话"等。这是因为具备上述两个条件后，短语的融合度更高，整个三字词语的结构被分为"单 + 双"，深层的认知与表层的韵律相匹配。

如果"双 + 单"的使用不属于上述两种情况，就会导致词语的融合度低，从而降低人们接受的可能性。例如"代买房"，如果分为"代买 / 房"，在认知上虽然可以接受，但是词语的韵律却不协调；如果分为"代 / 买房"，这样使人们在韵律上接受了，但是"代"作为单音节动词的语义不明，这就说明这类词语不适合在生活中使用。

（4）基本层次与上位层次的不可组合性

基本层次范畴的动词或名词与上位层次范畴的名词或动词不能组合，比如"购买房"和"买房屋"。以往认为"购买房"不合格的原因是"双 + 单"类型的韵律模式不适合构成短语，但是事实上符合条件的"单 + 双"类型短语，如"买房屋"同样也不适合。上述情况说明韵律不适合只是表层原因，而更为深层次的原因与认知规律有关。

对典型性的名词和动词研究发现，基本层次范畴的概念和上位层次范畴距离较远，不能组合，原因之一就是它们不具有相邻或相似的条件。从这个角度出发，就可以解释我们可以说"砍木头""洗衣服"，而不说"砍木材""洗服装"的原因了。

三、认知语言学的范畴观

（一）范畴化的经典理论

经典范畴理论的哲学本源以古希腊哲学家亚里士多德（Aristotle）的实体与非实体范畴为基础。两千多年前，亚里士多德将人类的认知世界分为实体、数量、性质、关系、地点、时间、情况、具有、动作和受动十大范畴。实体在亚里士多德的范畴划分中处于中心地位，余下九大范畴都依附于实体，统称为非实体范畴。亚里士多德认为，为了认识和把握客观事物必须将其进行归类。继亚里士多德之后，德国哲学家伊曼努尔·康德（Immanuel Kant）对亚里士多德的范畴理论进行了批判和继承。康德以纯粹经验主义为视角，将范畴视为具有普遍性和必然性的先验知识。他将范畴划分为量范畴、质范畴、关系范畴以及样式范畴四大类。

以下是亚里士多德关于范畴化的经典理论的基本假设：

①范畴是由必要和充分特征联合定义的。亚里士多德的这一假设来自他的矛盾律和排中律。矛盾律认为，在同一时间里，在同一个意义上，对同一个问题作的两个相反的判断不能都是真的。因此，一个事物不可能既是这样的，又不是这

样的；不可能既具有某一特征，又不具有该特征；不可能既属于某个范畴，又不属于这个范畴。排中律则认为，在肯定和否定之间必须选择其一，非此即彼，不能都否定。因此，一个事物要么是这样的，要么不是这样的；要么具有某一特征，要么不具有这一特征；要么属于某个范畴，要么不属于这个范畴。

②特征是二分的。由此可以看出，特征要么是有，要么是无。对于某个范畴来说，当对它进行定义时，要么具有某个特征，要么不具有某个特征；同样，对于一个实体来说，要么具有某个特征，要么不具有某个特征。

③范畴具有明确的界限。

④同一范畴内所划分的事物地位平等，且不存在隶属关系。一旦建立了某个范畴，世界上的实体也就被分为两组，事物只能属于或不属于某一范畴，不存在其他可能。比如，对"猫"这个范畴进行了定义，那么就会存在不属于"猫"的动物。不可能存在某个实体在某种程度上属于这个范畴的情况。对于实体来说，只有同时满足某个范畴中的所有条件才能被划分到这个范畴，否则，这个实体就不属于该范畴。

对于 20 世纪的主流语言学来说，古希腊哲学家亚里士多德的范畴化理论对其产生了相当大的影响。最初范畴化理论被应用于音系学，后来逐渐被句法学和语义学所采用，各种区别特征被用来定义各种语言范畴。例如，在音系学中，可以根据某些区别特征来区分不同的元音和辅音。英语中的元音音素 /i/ 就可以用特征描述为"元音性""高元音"和"前元音"，而 /u/ 却被描述为"元音性""前元音"和"后元音"。许多音系学家在自己的研究成果的基础上对亚里士多德的范畴化理论进行了丰富与完善，提出了更多有关区别特征的假设：

①特征是最基本的。

②特征是普遍的。

③特征是抽象的。

④特征是与生俱来的。

特征是最基本的，指的是特征是最小的单位，不可被分割，就像化学反应中的原子不可被分割一样。比如，特征"前元音"就不可再被分成更基本的成分。特征是普遍的，指的是存在一个具有普遍性质的特征总藏，对于人类所有的语言里面的所有因素范畴都是用这个特征总藏中的特征定义的。比如，"前元音""高元音"及"后元音"等特征可以用来描写所有语言的元音音素。特征是抽象的，是指特征与语音的物理特性之间只存在间接的关系，这实际上是关于特征的本体地位问题。特征是与生俱来的，这与转换生成语法传统密切相关，因而成了争议最多的一个问题。

范畴化经典理论的发展，使其在音系学中逐渐取得了很多成就，而且被音系学广泛应用，这种情况吸引了句法学和语义学的目光。句法学中的词汇范畴（如词的分类），以及语义学中的语义范畴（如词义可以用语义特征来分析），都是经典理论在实践中的具体应用。例如，bachelor（未婚男子）一词可以分析为"人""阳性""成年"以及"未婚"四个语义成分或语义特征；child（儿童）可以分析为"人"和"未成年"两个语义特征。利用特征分析法对范畴进行分析当然有其优点。

第一，说明词语之间的命题关系。利用特征分析方法，我们就可以获得词语之间的各种关系，如意义内包关系或上下义关系，如 man（男人）的意义具有"人""成年"和"阳性"特征，因此内包在 bachelor 的意义中，man 就是 bachelor 的上义词，bachelor 就是 man 的下义词。

第二，利用特征可以定义词语的自然类别。例如，我们可以利用特征"人"定义表示人一类的名词，可以利用特征"非动物"定义非动物类的名词。这样的自然类别在词语之间的搭配中就会形成一些选择限制。

第三，利用特征分析可以解释某些句义以及句子之间的语义关系。例如：

① This man is a bachelor.（这个男人是单身汉。）

② This bachelor is a man.（这个单身汉是男人。）

③ This bachelor is my sister.（这个单身汉是我妹妹。）

④ John is a bachelor.（约翰是一个单身汉。）

⑤ Mike is a man.（迈克是一个男人。）

⑥ Mike is a bachelor.（迈克是一个单身汉。）

⑦ John is married.（约翰结婚了。）

⑧ I am an orphan.（我是个孤儿。）

⑨ I am a child and have no father or mother.（我是一个孩子，没有爸爸也没有妈妈。）

例句①属于综合性，例句②属于分析性，而例句③却是矛盾的。例句①要真实，就要求 this man 在现实世界中所指称的那个人必须是一个单身汉；例句②的真实性不受现实世界中的事态的影响，因为单身汉就是一个 man，不会是一个 woman（女人）；例句③之所以是矛盾的，是因为 bachelor 的一个特征"阳性"与 sister（姐／妹）的一个特征"阴性"是彼此对立的、不相容的。

此外，利用特征也可以解释句义之间的许多关系，如蕴含关系（例句④蕴含例句⑤）、矛盾关系（例句⑥与例句⑦矛盾）以及同义关系（例句⑧与例句⑨同义）等。

经典的范畴化理论虽然在语言学中产生过巨大的影响，取得了很大的成就，但仍然存在一些问题，例如：一个范畴内的所有成员是否都必须具备共同的一组充分必要特征；人们能否不依赖对世界相关事物的认识而理解一个词的意义（概念范畴）。这些问题已为许多学者所注意。我们完全有理由相信，特征的数量可能会是无穷的，特征的分析也可能因人而异。

范畴研究在当代语言学中产生了革命性的影响。认知语言学自诞生之日起就得益于对范畴的研究，范畴研究已成为认知语言学研究中的基本概念和重要组成部分。经典范畴理论虽然在一定程度上能够对世界上某些范畴进行解释，但是遇到更多的自然和社会现象时，就会显得捉襟见肘。

（二）范畴化的典型理论

典型范畴理论源于著名哲学家路德维希·维特根斯坦（Ludwig Wittgenstein）的研究，他首先对经典范畴理论进行了批判，以其为代表的实用哲学家发现，过于绝对化和抽象的认知条件无法准确地判断事物的所属范畴。因为客观世界具有复杂性，仅依靠经典范畴理论的充分必要条件难以对所有事物进行范畴归类，且某些范畴的界限并不清晰。据此，维特根斯坦提出了著名的"家族相似性"理论。维特根斯坦以游戏范畴为例阐明其范畴观，他认为，根据人类对游戏的一般认识，游戏范畴是指提供娱乐的、具有比赛性的活动。但这一范畴内的成员，如棋牌游戏、球类游戏等，它们之间的特征并不完全相同，而是具有某种相似性。因为并非全部游戏都具有娱乐性，也不是所有游戏都以竞赛为目的。维特根斯坦对游戏的解释继续延伸，他把范畴内的成员比作同一家族的成员，这些成员可能共有某一项或几项属性，但并非所有成员都具备一样的属性。范畴就是根据成员间相似的属性而建立的，相似性也是区分该范畴与其他范畴之间的准则。

总的来看，维特根斯坦对范畴的理解可以概括为以下三点：第一，同一范畴内的成员不能由某一组共同特征来判断，而是应按照家族相似性来确定成员所属，同一范畴内的成员必然具有某些共同特征；第二，范畴边界具有开放性和模糊性，无法对范畴边界进行明确界定；第三，随着范畴内成员数量的不断增加，成员间的共有相似性会逐渐减弱。因此，范畴内某些成员间共同的特征会比其他成员更多，这就决定了范畴内各个成员的地位并不相同。

美国心理学家埃莉诺·罗施（Eleanor Rosch）早期从颜色词着手研究范畴。她认为颜色的原型就是其焦点色，例如，红色相对于粉红色、橙色来说是更为典型性的颜色。原型色在颜色范畴中占据重要地位，处于对应光谱的中心。每种颜色都有其原型代表，原型色就是最典型的样本。在颜色研究的基础上，罗施又将研究对象扩大到了鸟、水果、蔬菜等范畴，研究其成员对范畴的隶属度。她还提出了"典型理论"，认为：在对事物进行范畴化时，应当依据其基本特征在多大程度上接近范畴内成员的典型特征，而并非依据该事物是否具有某一属性；范畴内各成员的地位不平等，成员间具有等级关系，范畴中最具代表性的成员被称为典型，而其他成员具有不同程度的典型性；实体范畴是建立在典型之上的，范畴内的其他成员依据自身与典型在某些或某组属性上的相似性来判断是否应当纳入该范畴；典型是其他事物范畴化的参照点，通过典型类比得到的范畴就是典型范畴。比如，在"水果"范畴里，"橘子""苹果"常被视为典型成员，而"西红柿"则为非典型成员。当然，一个范畴的典型成员会因不同的人、文化、地理位置而有所不同，但一个范畴中总有典型的成员。

罗施认为，词的意义是不能完全用一组语义特征来说明的，词或概念是以类型（最佳实例的形式）储存在人的头脑中的。当人们理解一个词或概念时，他们会从典型开始。属于同一范畴或概念的每个成员的范畴性是不同的：有些是典型，它位于类的中心，我们使用它来识别其他成员；其他成员的立场从典型到最不典型，是根据它们与典型的相似之处来识别的。从模糊的角度来看，成员与类别之间不是一种归属或不归属的关系，而是一种逐渐从属的过程。例如，在思维活动中涉及"bird（鸟）"的概念时，我们可能最先会想到 robin（知更鸟）和 sparrow（麻雀），而不会想到 ostrich（鸵鸟）和 penguin（企鹅）。"鸟"一般是指具有双腿、双翼和羽毛的动物，通常能飞。或许是因为"鸵鸟""企鹅"不能飞，所以它们属边缘现象。这表明，"鸵鸟""企鹅"与"知更鸟"等不能在同等程度上表示鸟的概念。但毫无疑问，"鸵鸟"和"企鹅"属于鸟类。因此，人们对一个概念的理解不仅包含着典型，也包含隶属度。罗施将后者称为"范畴隶属度"，它表示允许同类中的各个成员偏离典型的距离。罗施因此认为，概念就是由典型和范畴隶属度这两个因素构成的。它们紧密地结合在一起，而典型起着核心作用。

典型理论是否成立，关键在于这种典型和范畴隶属度有多大的心理现实性。1975 年，罗施在美国做了这样一个问卷调查，她给受试者呈现属于不同语义概念的许多词语，让他们就其代表相应概念的程度，由高到低予以等级评定，以 1

为最高。结果她发现，在每个概念的范围内，不同词语在其代表相应概念的程度上有着不同的等级评定。如在"水果"概念内，部分成员的等级评定如表 1-2-4 所示：

表 1-2-4　"水果"概念内部成员的等级评定

水果	橙子	苹果	香蕉	桃子	梨	杏	梅	葡萄	草莓
等级	1	2	3	4	5	6.5	8	9	11

从此表可以看出，在美国人心目中，"橙子"有最高的等级评定，"草莓"的等级评定最低。这证明自然概念中确实存在着典型和范畴隶属度。此外，她还做了另一个实验，她让受试者写一些包括某个词的句子，如关于"bird"的句子，示例如下：

① I heard a bird twittering outside my window.（我听见一只鸟在窗外叽叽喳喳。）

② Three birds sat on the branch of a tree.（三只鸟在树枝上栖息。）

③ A bird flew down and began eating.（一只鸟飞下来开始吃东西。）

然而，她用各种鸟的名称如 robin、penguin、ostrich 等去代替句中的 bird 一词，并要人们评定这些句子是否切合实际。如果用 robin 代替 bird，上面三个句子皆合情理；但如果代之以 chicken（鸡），则觉得句子很奇怪，不合情理了。但毫无疑问，"鸡"也属于鸟类，因为鸡的远祖"原鸡"就是一种鸟。罗施的这一实验也间接地说明了一个范畴中的不同成员，其范畴隶属度是不同的。

第三节　认知语言学的理论基础

认知语言学缘起不同哲学进路间的竞争，两条进路的主线分别是康德式的心智哲学和黑格尔式的精神哲学。前者在现代自然主义的影响下，走向了科学认知主义；后者则在欧陆的现象学运动中得到再造与发展。受这两种传统影响，当代认知语言学也形成两大阵营：研究方法和证据层面的"实证转向"以及研究内容和对象层面的"人文社会转向"。前者提供实证数据的"实证帝国主义"受到激烈批判，而后者对内省证据的倚重被列为认知语言学的"七大罪"之首。如何处理这两个壁垒所代表的"量化"和"质化"以及"实证"和"内省"证据限制之间的关系，成为认知语言学首先要解决的难题。证据限制和理论整合之间的张力深刻地影响和引导着语言学家的研究动向，典型的例子是作为认知语言学奠基人之一的莱考夫多年来所力推的"神经相关物"进路，以期投入"科学的下一个伟大前沿"，通过语言的生物基础研究打开人类心智的"黑箱"。这反映了认知语言学的认知承诺，即发现与语言者头脑里的语言知识相关的神经意象数据，以提升认知语言学的"科学性"。但与此理论的初心相悖，呈井喷之势的相关实证证据反而导致了理论一致性较差的问题，林林总总的理论假设以及实证证据似乎反而使人们对心智本质的认识变得更加模糊，甚至导致研究结果的"不可确定性"。

认知语言学形成于20世纪末的美国，并广泛流传到中国、北美及欧洲等国家和地区，是一门较为主流的语言学科，能够以组合的形式革新现代语言学研究的方向和模式。在理论研究与分析的视域下，认知语言学通常强调客观物质对人类认知的必要性，关注人类的想象力和主体意识，并注重客体与主体之间的交流互动。由于认知语言学遵循"体验哲学观"的理念和原则，因此在理论阐述中，认知语言学强调人类的社会体验、认知体验及身体体验在文明发展和语言发展中的功能与作用，关注人类对世界所进行的认知性与交互性的体验，并将语言的形成过程理解为体验和认知的过程。在体验哲学层面，认知语言学通常遵循体验性、无意识性及隐喻性三个原则。其中体验性认为心智、推理、概念、范畴等要素并非先天存在的，而是人类通过互动体验和认知加工所形成的。这种体验性贯穿到认知语言学的所有学说观点上，能够深化认知语言学在现代语言研究中的意义和价值。

认知语言学的基本内容是现实、认知及语言，其中，认知是使语言和现实相互联系的纽带，而现实是语言形成、传播与发展的基础。认知能够对现实进行加工，通过强调想象和主观在互动中所形成的经验，使人们更加透彻地理解和认识"现实"。因此在某种程度上，认知语言学是围绕人类的认知、心智及"世界"展开的。在符号学中，认知是人类了解世界、总结经验、调整自我和获得技能的关键。在认知语言学中，认知则成为人类适应世界、应用经验、掌握语言、改造世界的关键，所以可以说，"认知"是认知语言学得以长远发展的核心要件。

认知语言学的重要特征体现在以下三个论断之中。一是象征论断。该论断认为意义建构或符号过程是一个概念过程，语言系统由一组象征组合所构成，其中词汇和语法构式与抽象的概念结构匹配在一起。二是经验主义论断。该论断认为与语言单位相关联的概念结构并不是语言系统所独有的，而是基于真实世界经验之上的，包括物理的、社会的和符号的经验。三是百科全书式的论断。该论断指出虽然词汇和语法构式与抽象的概念结构匹配在一起，但意义并不是"封闭的"。在话语中，词汇和构式作为提示能够唤起一系列的概念结构，征用储存在长期记忆中的背景知识，从而产生主体间共享的心理表征。认知语言学信奉的语言体验认知与经验主义论断相关联，认为语言所依赖的大多数概念系统来自我们的身体与物理世界相互作用或通过观察所获得的经验，这些抽象出来的经验就是图像图式。

认知语言学作为一门新兴学科，其相关理论仍在持续完善和发展之中，由于各个学派对其有着自己独特的见解，导致到目前为止学术界尚未出现一个确定且完整严谨的定义。乔治·莱考夫和马克·约翰逊认为，认知语言学是多领域（哲学、心理学、神经学等）的综合学科，包括了认知语义学、认知语法、词汇等一系列语言相关的问题。国内部分学者以汉语为出发点，认为认知语言学是以身体经验和认知为基点、以概念结构和意义研究为核心来研究语言的普遍原则和人的认知规律之间的语言学流派。尽管国内外众多学者对认知语言学的理解各不相同，但是其研究均围绕语言和认知展开。认知系统由感知、情感、范畴化、抽象化以及推理等组成，这些认知能力与语言相互作用并受语言的影响，因此从某种程度上讲，研究语言实际上就是研究人类表达和交流观念、思想的方式。

人们对于事物有着独属于自身的认知，但是独特的认知都是在外部因素与内部因素的联合影响之下形成的。外部因素通常是指在生命历程中人们学习的知识以及在生活工作中的实践经验。内部因素的构成比外部因素更复杂一些，个人色彩更明显一些，包括性格、兴趣、三观等方面的因素。人的发展不能脱离这两个因素的共同作用，认知也是在这两个因素的作用下建立起来的。人们对于事物的认知会受到一些心理因素的影响。那么，反过来进行分析，其实，认知也对一些心理因素起到了反向的影响。个体对事物认知的持续发展，同时也会对其个体的心理状态产生相应的影响，会导致人的心理产生变化，继而再次对人的性格、信心或兴趣等心理因素造成影响。

语言和意义是可以相互定义的术语，意义不但是语言存在的先决条件，而且语言必须传递和编码意义。在认知语言学的框架下，语言、意义与概念化是紧密联系在一起的。语言作为一种心理或认知现象，是人类认知的一个重要领域，也是社会、文化、心理、生物、生态等众多因素相互作用的反映。语言结构既依赖于概念化，同时又反映了概念化，而概念化又是以我们的身体经验为基础的。因此，语言结构、概念化与身体经验是紧密相关的，把语言使用置于人类身体经验基础之上的最重要的结果之一就是要首先强调意义的研究，因此，意义是认知语言学研究的重要内容之一。认知语言学把意义等同于概念化，并明确承诺要把意义的身体维度、文化维度和想象维度结合起来，共同致力于概念化研究。连接认知语言学不同理论框架和方法的主要因素是再语境化。意义、词汇、话语和语言使用以及社会语境在认知语言学中应该得到特别的关注。

首先，认知语言学在其语法架构中把意义放置在非常中心的地位，使用原型、抽象网络、概念隐喻、转喻、概念整合、理想化认知模式和框架等术语来描写意义，而这些术语都是基于语境化的。认知语言学在很大程度上体现了意义的完全语境化的观念，因为其语义概念所描写的语言表达中的概念化都有其经验基础。新知识的构成是相对于现存认知和语言范畴背景而言的，而现存的范畴为新语义和拓展语义的发展提供了一个语境。菲尔莫尔提出的框架语义学和莱考夫提出的理想化认知模式等都向我们展现了这样一个观念，即语言相关的知识是世界的结构性知识的一部分。

其次，词汇是语义学研究的重点，描写语义范畴会使用到原型和一词多义的语义概念。自从构式语法提出以来，词汇在语法的描写中起到重要作用。认知语言学研究各种语用和话语现象，包括话语标记、信息结构、当前话语空间以及在线意义建构。心理空间和概念整合理论是话语管理的重要理论框架，例如，有研究专门探讨在线意义建构中的概念整合现象。

再次，在话语和语言使用方面，我们可以看到认知语言学在方法论上的进展，越来越多的研究开始使用语料库和心理实验的方法探讨在线意义建构。

最后，认知语言学对社会语境的关注体现在四个层面上。第一个层面是语言的界定和基本的架构，包括处于社会和文化环境中的认知。从这一视角展开的研究强调语言是浮现的，语言中具体特征的出现只有通过考察语言交际的社会相互作用才能得到恰当的解释。第二个层面是研究语言与文化之间的变异性，探讨文化模式在语言变异性中所起的作用。这一层面的研究存在两个相互竞争的视角：一个是普通视角，另一个是文化取向视角。第三个层面考察的不是语言之间的变异，而是某一语言内部的变异，即在认知语言学中研究者们关注的是现象在同一语言社团中表现出多大程度的变异性。这一层面的研究与社会语言学、方言学和文化分析相结合，使用语料库实证的研究方法，从以使用为基础的视角出发，试图把话语分析和语言变异相关联。以使用为基础和以意义为基础的语法模式可以使我们探讨更多的现象，例如，影响某一构式使用的语言内部或话语相关的因素可能是多方面的，一个构式的存在或不存在不是一挥而就的，而是要经历一个演变的过程。语言变异是由"外在的"社会语言学因素决定的。在实际使用中出现的变异有可能是同时由语法、话语和社会所决定的。探明这些不同因素所起的作用，在研究方法上是一个很大的挑战。在第三个层面上，出现了一种认知语言学的研究流派，它倾向于采取评价的立场，而不仅是描写，这就是批评认知语言学。第四个层面的认知语言学研究关注从社会相互交际的角度分析实际的对话和交流。在社会取向的语言学的语境下，这一层面的研究与相互作用的社会语言学和民俗学研究连接在一起。

第四节　认知语言学视角下的隐喻观

一、传统隐喻观与认知隐喻观

（一）传统隐喻观

人们的身体和思想之间有着不可分割的关系，这一关系是显而易见的，但却从未被人类本身所重视，反而一直被故意忽视。亚里士多德提出过一个观点——隐喻。人们认为隐喻是客观存在的，是无法通过人的干预所改变的，是两个真实存在的事或物相互作用的结果，然而人类并不在这一个过程当中。因为人类不在这一过程当中，所以专属于人类的思维这一个环节就显然不在这一过程中。并且，人们通常认为隐喻在文学创作时才存在，但是对于不是文学领域的隐喻，就没什么了解，更谈不上重视。莱考夫和约翰逊是这样总结传统隐喻理论的：

①对大多数人来说，隐喻是一种诗意的想象机制或华丽的修辞手法——常出现在特殊的场合而非日常用语中。

②隐喻通常被认为仅仅是语言的特征，只与文字有关而与动作无关。

可以看到，在以前，人们都觉得隐喻是一些有文化、有文学气氛的圈子里才有的东西。学者们所重视的、所关注的是文学作品中的隐喻，而不是日常生活中的、人们挂在嘴边的隐喻。文学领域之外的一些范围里面，隐喻始终没有作为一个重点被学者们所关注。

为什么会出现这样一种现象呢？隐喻在日常生活中如此显而易见，却没有被人们所重视起来，反而被忽视。其原因在于隐喻这一个说法被提出之时，就筛去了人类的思想和想法在这一环节中的参与性，而被当作客观存在的事物之间的比较。

在传统观念看来，隐喻就是脱离人思维而存在的，它是对客观事物的反映，是对客观现实的反映。比如人们表达时，可以选择用这个词，也可以用那个词，并不是非它不可，也有很多其他选择。但是站在隐喻的角度出发，人们选择某个词来表达，是因为现实所展现出的、所反映的就是这个词本身，而不是像人们说的，是人们选择了这个词，而是现实反映的就是这个词。

（二）认知隐喻观

在没有语言的时代，人们用身体或者其他东西来表达自己的想法，传达自己的意思。有了语言之后，人们就可以轻易地通过语言来表达自己，进行交流。语言是人们日常生活中最普遍也是最有效的交流工具，但是世间存在多种多样的事物，甚至面对不同的事物时，单纯的语言也会显得很匮乏。人们在生活中有着自己的生活经验，当遇到一些熟悉的事情时，依据以往的经验和习惯，很快就会有自己的判断，人们也可以将这种判断看作一种非隐喻概念。

当人们面对一些让自己烦闷、恐慌、不可预知的事物时，通常会将这些问题转化成一些自己了解的事物和语言，然后再想办法去解决它。当遇到一些抽象化的语言或者事物时，就选取一些其他更具体的事物来对这一抽象化事物作出更进一步的解释。我们可以将这些具体化的、人们所熟悉的事物和语言，理解为一个个把手，一个个可以让人们更好地认识事物的把手。

人们对于人生可以有很多种理解，有的人把人生比作舞台，有的人把人生比作一张白纸、一幅画，也有人说人生是一场梦，这些抽象概念都是一个个隐喻，是对人生的不同角度的理解。把人生比作一个舞台，人们可以尽情地在舞台上展现自己；把人生比作一场梦，梦是短暂的，是会醒来的，正如人生，终有一天会走到尽头，最后所经历的一切就像是一场梦，还是会散去的；人生是一张纸，所有人来到这个世界上最初都是没有书写过的一张白纸，纸上的图画和色彩都要由自己去涂抹、去绘画。隐喻是没有具体意思的，隐喻是可以由人们自己去理解的，它没有标准答案，不同的人对于一句话会有不同解释，这就是隐喻。在隐喻的作用下，世界逐渐变得丰富多彩，很多事情和事物有了自己的颜色。隐喻和公式等逻辑性语言最不同的就在于，逻辑性语言是静止的，是没有变化的，而隐喻是动态的，是多变的，是丰富的，是有许多含义的。

隐喻通常出现在抽象概念里，而抽象概念又更多地出现在人的思考、人的情感和人的感受之中，就是因为人是主观感受绝对强的动物，人类的认知行为是通过人体感受来感触和进一步学习的。

研究表明，隐喻不是只存在于文学创作当中，而是在日常生活中随处可见。在普通的写作和表达当中，隐喻也没有那么高的门槛，人们对于隐喻这一修辞手法也是信手拈来，在人们的谈话过程当中，隐喻也可以不断地"跳出来"。

隐喻有一个先决条件，就是用来构成隐喻的两个事物一定要有相同之处，不能够是两个毫无关联的事物。人们通常是根据日常生活中的经验来判断两个事物是否存在相似之处，从而很自然地将两个事物联系起来。比如"I am really low these days."（这几天我情绪很低落），句中的"low"本来是一个方位词，但这里用来表达一个人情绪低落，这就是很抽象的比喻，将一个人的心情起伏用方位词来表述。

人们进行隐喻表达时，多数情况下是无意识的，而不是刻意想要使用隐喻手段，然后苦苦思考，寻找可以用来隐喻的事物。隐喻是人们在长期的生活中，很自然便产生的行为，人们有着很多体验性经验，就会很自然地用这种经历来表达自己脑海中的抽象性想法。由此可见，隐喻这一手段，在日常生活中的应用可以说是十分广泛的。

由此可见，隐喻不是一个神奇的行为，也不是一个独特的行为，它是很普通的语言方式，是人们用来表达的手段。这些想法推翻了人们以往对隐喻的认知，人们需要对隐喻有一个新的、更全面的了解。

二、隐喻的运用

认知隐喻理论认为，人的认知结构源于感觉和动作。人们每天都会在语言中使用隐喻这种表达手法，但这只是隐喻在语言层面的表现。

简单地把隐喻分成由人类感觉或动作诱发的和由具有文化属性的事物而引起的，这一想法看起来并不是十分完善，很难在两者之间作出明显的区分。

有些隐喻的形成动因和文化环境没有太大关系，反之，它们被触动的动因和人的感官生理有关。认知隐喻研究领域经常拿愤怒和体温的关系做例子。研究表明，人在愤怒时，越愤怒体温越高，反之则越低，所以就有"Anger is fire."（愤怒是火）这一概念隐喻。基于这一概念，就会形成更多的语言隐喻。同人体感官有关的隐喻是基本隐喻，这一类隐喻对人的理解能力要求不高，所以不存在太多的理解障碍，因为它和人的生理活动息息相关，和文化没有关系，即使跨文化表达，也时常会保留隐喻的特征，比如暴脾气、气得热血沸腾等。

对于概念隐喻和语言隐喻之间的关系，值得深度探讨。事物和事物的接触需要一定的媒介存在，而在人和思想之间，这一媒介就是概念。如果想把抽象的思想使用隐喻的形式见诸文字，就必须通过概念了解抽象的思想，并且将这种思想隐喻化，再把它表达成语言隐喻。认知语言学专家描写这一过程时使用了专业术语，即源域、目标域和映射。

第二章　隐喻的相关概念

本章对隐喻的相关概念进行了介绍，主要内容有传导隐喻、概念隐喻、诗性隐喻、基本隐喻和根隐喻。

第一节　传导隐喻

传导隐喻是由美国著名学者雷迪（Michael Reddy）提出的，在学术界它又被称为"管道隐喻"或"导管隐喻"。具体而言，传导隐喻主要指的是说话者以词语为容器，将自己所要传达的思想寄存于词语之中，并将其传达至听者耳中，而听者则通过听到的词语来提取说者所要表达的思想。

一、基本理论

雷迪认为，人在通过英语表达自身思想时，在很大程度上会受到英语语义结构的影响，为此在使用英语表达内容时，应当首先选择一个恰当的语义框架，从而使所表达的语义更加具有倾向性。

雷迪问道：英语使用者在英语交际过程中出现语义表达失败时应当如何回答？下面是几种说法。

① Try to get your thoughts across better.（尽量把你的思想表达得更清楚些。）

② None of Mary's feelings came through to me with any clarity.（我一点也不清楚玛丽的感受。）

③ You still haven't given me any ideas of what you mean.（你还没让我明白你的意思。）

面对上面三种回答方式，我们应当分析哪些内容？是句式中的隐喻吗？如果这三种句式中有隐喻，那么它们是否指出了问题的解决方向？

通过对这三个句子的深入分析，不难发现以上的句子中都不包含新隐喻，然而在每个句子当中却包含了死隐喻。例如，例句①当中的"get your thoughts across"，从语言本义上来讲是将想法传递给某人，它听起来更像是某种心灵感应，引导人可以通过交际的方式，传递自身的思想。然而在现实交际中，我们很难从交谈中获得别人的思想。正如例句②中玛丽的感受很难清晰地传递给我们，又如例句③中所提及的"give me any ideas"，人的想法很难像物品一样给予他人。通过以上三个例子不难发现，在现实交际过程中不能完全按照语义框架的表达方式来理解句子。

通过对上面三个说法的理解，我们也可以清晰地认识到语言的深层含义，通过语言的方式可以帮助别人理解自身所储备的物质材料，并将其形成相应的复制品，而这个复制品的精准度如何，往往受到很多因素的影响。

在确定上面三个例句中都有死隐喻的前提下，不难发现每个死隐喻前面都有一个修饰性的陈述，也正因为如此，我们可以得出"语言可以传递思想"的结论。

为了能够更加深入地研究传导隐喻，雷迪将"能言会道"和"不会说话"的人分成两组，并进行了对比。发现"能言会道"的人能够使用隐喻的表达方式来清晰表达自己的思想，从而实现了语言与思想的完美传递。接下来我们分析以下几种解决语言与思想传递的方法：

④ Whenever you have a good idea practice capturing it in words.（每当你有好的想法时，练习用语言表达出来。）

⑤ You have to put each concept into words very carefully.（你必须非常仔细地把每个概念用词表达出来。）

⑥ Try to pack more thoughts into fewer words.（尽量用更少的话表达更多的想法。）

⑦ Insert those ideas elsewhere in the paragraph.（把这些观点插入段落的其他地方。）

从以上的例句中不难发现，通过语言来传递思想可谓是一个插置过程。例如有的人经常不说话，或者开口容易说错话，其他人可以使用例句中的④和⑤来鼓励他们。此外，其他的几个例句中分别介绍了不同情况下的解决办法，如例句⑥，提倡用更少的语言来表达更多的意思，而例句⑦则表示了可以将此处内容放置在其他更好的位置，从而使意思表达得更加清晰。

通过以上的分析，可以将雷迪的传导隐喻归纳为以下三个方面：第一，意义是物体；第二，语言表达是容器；第三，交际是传达。

（一）意义是物体

"意义是物体"这一隐喻主要是为了强调"意义"的独立性，也就是说"意义"在某种程度上可以脱离经验者而单独存在。例如：

⑧ The idea just came to him.（他突然想到了这个主意。）

⑨ The thought came to him in his sleep.（他在睡梦中得到了这个想法。）

⑩ He suddenly caught the idea.（他突然想到了这个主意。）

在例句⑧和⑨中可以清晰地体现"意义是物体"，例句中的"idea""thought"均被比喻成为独立存在的物体。又如，例句⑩中的"idea"可以被人抓在手里。

（二）语言表述是容器

假如语言可以将人的思想传递给其他人，那么其传递过程中则需要一定的容器，而词语、单词、句式、短语等则是语言最好的容器。这就好比我们人一样，皮肤将人与外界世界隔离开来，皮肤以外的世界变成了我们的外部，由此我们每个人变成了一个单独的容器。考虑到思想或意义要有放置的地方，必然要有空间，和放置意义的"内部"，置于其中的思想和意义也就成为"content"（内容）。由此，传导隐喻在讨论中有时被称为"容器隐喻"。

词语能否成为思想的容器，在一定程度上取决于说者对词语的"放置"。

⑪ That thought is in practically every other word.（这种想法几乎无处不在。）

⑫ He found the knowledge in a new book.（他在一本新书中发现了这些知识。）

⑬ Harry does not exactly overload his paragraphs with thought.（哈里并没有在他的段落中过多地思考。）

⑭ Try to capture your good ideas in words.（试着用语言表达你的好想法。）

⑮ The meaning is right there in the words.（意思就在字里行间。）

从以上的例句中不难发现，列句⑪、⑫、⑬和⑭为一类，其中句子中的"in"表达了思想可以放在"word""book""paragraphs"这些容器之中。又如例句⑬中"overload...with"的使用，也在一定程度上表明了思想意义可以被填充或装载。

（三）交际是传送

从雷迪传导隐喻的观点中可以看出，听者在整个交际过程中主要负责语言中思想的提取，并将所提出的思想融入自己的脑海之中。这个过程可以通过以下几种方式加以佐证。

⑯ Let me know if you find any good ideas in the essay.（如果你在文章中发现什么好主意，请告诉我。）

以上例子当中虽然表达的内容与方式有所差异，但是从整体上来讲，可以归纳为"接受—打开箱子"的过程。这个过程看似简单，但是在某些情况下"箱子"并不是那么容易被打开的，由此人们便有了各种埋怨作家的说法：

⑰ That remark is completely impenetrable.（那句话完全令人费解。）

⑱ What Emily meant, it's likely to be locked up in that cryptic little verse forever.（埃米莉的意思是，它很可能永远被锁在那首神秘的小诗里。）

正如上面的例句⑰，人们用"impenetrable"这个单词表达作者的"remark"不可不穿透、难以理解；又如例句⑱中，听者用"lock up"这个词组来表示"Emily"的意思将永远留在那首小诗里面。除此之外，听者除了忽视英语词语中的意义，有时也无法真正理解说者语言中所蕴含的意义和思想，从而在现实中出现了这样的说法：

⑲ You're reading things into the poem.（你在读诗里的东西。）

这从某种意义上反映出有时候听者会将自身的思想转嫁到词语意义之中，并认为这就是说者语言中的意义和思想。例句⑲的这种表达方式，人们是可以接受的，然而如果将例句⑲中的"reading"换成"hearing"，人们便无法接受了。虽然这两个句子仅相差一个单词，但是"reading"表示主动，有自身的思考和推敲，而"hearing"则为被动。

二、传导隐喻的思想渊源

（一）传导模型

雷迪在研究"传导隐喻"过程中受到前人较大的影响，如雷迪在 1979 年发表的论文中明确提到了诺伯特·维纳（Norbert Wiener）的《人类的人际用途》。维纳作为现代信息理论和控制论的创始人，其观点在《人类的人际用途》一书中得到了充分的论述。维纳认为，交际和信息理论的主要特点是传递（传导模型）。

图 2-1-1　传导模型

经过夏农（Shannon）、维佛（Weaver）以及维纳的理论研究，以后学者在研究信息科学时，往往将传导模型作为其理论研究基础。如图 2-1-1 所示的概念图，便是信息检索最终可以获取信息的概率。从某种意义上来讲，信息（交际）不仅需要可量化，同时也需要尽可能使语义清晰，减少其他因素的干扰。如果语言在交际中不能起到传达交际意图的功能，便说明其缺少信息含量。

（二）转喻与语义病理

管道隐喻的转喻理据与巴塞罗那（Barcelona）假设的第二种理据一致，即其产生过程与概括和抽象相一致，而概括和抽象的本质是转喻的认知过程。雷迪在 1993 年将其描述为语义病理。这个转喻映射语言表达，使意义概念能够从语言表达的概念中获得，既用于指语言表达，也指建构出来的意义。根据这个观点，管道隐喻并不是单一的隐喻映射，但构成了理想认知模型（ICM）。ICM 是提供我们知识结构的复杂的结构化整体，它是格式塔。

三、传导隐喻理论的作用

（一）弥补传统理论的不足

通过对传导隐喻的分析，可以从侧面反映传统隐喻的部分缺点。为了全面分析传导隐喻对传统隐喻的作用，我们可以先从传统隐喻的主要论点出发研究。目前关于传统隐喻的观点主要有以下几和：

第一，无论是何种常规语言，它们都不包含隐喻，都是本义；

第二，关于题材方面的语言，只需要从本义出发去理解，无须使用隐喻；

第三，通常情况下只有本义的语言才会出现区分"真实""虚假"的情况；

第四，一种语言关于语法的定义都是从本义出发的，没有隐喻的定义。

雷迪在研究传导隐喻时，针对传统隐喻的以上观点进行了批判，并指出隐喻并非如以上观点所说，隐喻通常情况下是概念的、常规的。

第一，从本节中所提供的例句当中，可以看出所有的例句都是隐喻的，其句子中都含有相应的成分。但是在此之前，人们普遍认为隐喻只可能存在于诗歌或者修饰性语言之中。

第二，在雷迪的传导隐喻观点中，隐喻源于思想而非语言。具体而言，隐喻就是通过使用普通的方法对世界进行概念化，它是我们生活中不可分割的一部分。

日常生活中的种种行为，是对生活经验的隐喻性认识。如果我们仅认为隐喻是语言，那么我们将会犯本末倒置的错误。

第三，从雷迪传导隐喻的理论中，可以对概念隐喻的庞大系统窥探一二。雷迪的传导隐喻理论不仅为后世语言学以及认知科学的研究提供了方向，同时也为我们理性思考、开展行动、探究语言深处的内容提供了相应的理论依据。

总而言之，传导隐喻的出现在极大程度上纠正和弥补了传统隐喻的不足，其作用在日常生活中蔓延。从隐喻学的发展角度来讲，传导隐喻有承上启下的作用。

（二）程序编写和人工智能

传导隐喻自问世之后，其现实作用首先体现在计算机科学领域，例如，计算机中的术语和图标——"回收站"。虽然使用计算机需要一定的知识储备，但是对于外行人来讲，他们也能够明白"回收站"图标的含义。虽然他们不是十分清楚计算机回收站的运作方式，但是他们明白这个图标的含义。从某种意义上来讲，传导隐喻之所以能够成功，在很大程度上源于双方有一个共同的概念理解。例如，人工智能项目要求逻辑地和客观地操作和解释信息，然而这与人主观地解释信息的能力完全相反，所以人工智能要想取得成功，就需要与人拥有相似的经验、感觉，而这就需要依靠人工智能设计人员采用相应类型的编程方式。

（三）对言语行为的解释

从某种意义上来讲，传导隐喻还具有解释言语行为的作用。表述力作为言语行为的重要构成，它主要作用于"容器"，与此同时，表述力在极大程度上决定了"容器"的形状，这也说明了表述力是改变、决定言语行为的特殊形式。此外，说者通过改变陈述句的语言结构或增加语言结构、信息、内容等方式，使其提问能够得到回应，这对人际交流有着十分重要的意义。除此之外，学者们在研究中也十分重视语言力度，认为力度对听者提取信息有着较好的作用。

⑳ a.You might want to be a little careful around the lion.（在狮子面前你最好小心点。）（力度中等）

b. For God's sake, watch out for those lions.（看在上帝的份上，小心那些狮子。）（力度强）

四、质疑和讨论

（一）两种信息观

关于信息的存在的问题，目前学术界认为信息往往存在于两个世界：一个是以"电话、电报、计算机"为媒介的世界，另一个是人类世界。以往人们认为信息无论存在于哪个世界，它们都是一样的，然而不同世界的信息并不是一样的。认为信息存在于"电话、电报、计算机"世界的代表人物有夏农。随着科技的快速发展，人们对"比特"（bit）、"波特"（baud）这些形容信息量的术语都有了广泛的认识。但是我们不能将信息的两个世界混为一谈，毕竟在人际交往过程中，不能以"比特"来形容双方之间的信息量传递情况，这就需要专门的术语来形容人类交际的理论。

（二）意义是否客观存在

在某种程度上，雷迪关于传导隐喻理论的文章有一定的缺陷，从其理论上不难发现"接受者得到的思想与发送者发出的一致"是其理论的核心，这在一定程度上表明意义是客观存在的。例如。计算机可以推理，而人也可以推理，但是人的推理还带有情感，将计算机和人进行对比并不是要分孰高孰低，而是想要表明深层情感问题。

如果将计算机作为人类交际的工具，那么其后果可能会导致整个人类无法顺利交流。就使用机器交际而言，其在人类交际中存在以下不足之处：第一，机器和人对同一种语言的使用和理解程度，而且这一点是实现机器交际成功的关键所在。如果这一点都无法保障，那么在人使用机器交际时便产生了交流障碍。第二，人们对地域文化的差异等理解不足，会产生理解偏差。第三，每个人都有自己的想法。第四，有没有抓住正确概念的能力是传导隐喻的关键。虽然雷迪在传导隐喻理论中明确了解释是客观的，这看似很有道理，然而当不同的个体在讨论问题时，往往会掺杂主观意识。

总而言之，计算机可以进行大规模的信息计算，但是缺乏深层情感，除非设计师在编程时，将深层情感植入其中。

（三）交际中传送的内容

从一定程度上来讲，传导隐喻陷入了概念漩涡，从传导隐喻的理论分析可以得知，词汇项的语言学意义是通过整体方式得到的。然而在人际交往过程中，说者传递给听者的仅有音波，也就是说只有说者和听者同时使用一种语言符号系统，并掌握一定的知识结构，听者才能通过说者的语言符号理解其意义。

（四）框架理论的不可证性

不可否认雷迪的框架理论有着积极作用，通过对雷迪的文献进行梳理不难发现，雷迪始终认为他的框架理论与沃尔夫（Whorf）的语言决定论和语言相对论十分吻合。然而并不是所有的学者都认同他的这一观点，如学者布莱克（Black）。布莱克认为，如果沃尔夫的假设是真实的，那么从定义上是无法证明的。布莱克反驳的理由十分简单：如果两个人的语言不同、文化背景不同、知识结构不同，那么他们双方很难坐下来相互交流。

（五）副语言因素常被忽视

传导隐喻往往突出过程的某一部分，在这种情况下必然会使某些内容被忽视，从而使其处于陪衬的位置，并最终产生扭曲。通常情况下传导隐喻会忽视副语言因素，而对副语言因素的忽视会导致传导隐喻的本体与思想、内容与形式等方面产生分离，这对语言的理解并没有积极的作用，相反还会阻碍语言的理解。由此可以看出传导隐喻在思想解放上是一把双刃剑。

（六）对学习是否有利

目前关于传导隐喻对学习是否有利也产生了一些讨论，从雷迪的传导隐喻理论观点中不难发现学习是一件十分简单的事情，只要掌握了语言观点，学习便是小菜一碟。波沃斯（Bowers）并不赞同雷迪的这一观点，这主要是由于雷迪的观点将学习视作被动过程，换句话说就是学习者只需要从语言中提取相关信息内容即可。但是波沃斯认为书中有的是词语，而非信息，信息只能产生于说者与听者交流的过程当中。总体而言，波沃斯认为信息不是用来提取的，而是用来构建的。波沃斯的观点也仅为一家之言，不能证实词语中原理不含信息。这就好比我们在解读甲骨文时，我们之所以提取不出其中的信息内容，在很大程度上是由于我们对甲骨文的理解较少，为此很多信息内容我们无法得知。另外，我们也可以从考古学角度出发，假设词语中真的没有信息，那么考古学家完全可以凭借个人的意志去构建考古信息。

（七）未提倡创新型教育

随着教育的发展，人们对教育与技术的关系也有了正确的认识，二者相辅相成、相互依存。长时间以来由于受到教科书编写等方面因素的影响，教师的传导作用在人们心中打下了深深的烙印。在互联网信息技术发展的时代，教师的传导作用更加明显。一些远程教育一直在宣传其创办思想，宣传其教育方法比传统教育更加有效，而后许多人便将这些信息通过互联网方式传送至世界各地学生的脑海之中。除此之外，目前"社团"思想的传导已经超过了"知识"传导，学生只有来社团才能够接受社团的价值观，从而让学生产生接受社团的愿望。由此可以看出，这种传导更加突出社团地位的传输，而固定知识内容的传播则放在了次要地位。在这种传导背景下，提倡将项目基地建设与基础教育结合起来。

通过对传导隐喻理论的分析不难发现，在传导隐喻的引导下人们往往会将思维误认为具体的物体，如桌子、台灯等，同时思维也如同这些物体一般在人与人之间传递。在这种思维物化的影响下，人们对交际系统的重视程度会降低，而交际系统又是必须重视的。

虽然目前学术界对雷迪传导隐喻存在不同程度的质疑，但是也不能否认其价值，如雷迪传导隐喻在技术信息交流方面的分析。世界是客观的，人们往往会通过不同的角度，采用不同的方法观看这个客观的世界，也正是人们在观看世界时的角度不同，才为隐喻的产生提供了条件。假如人们都使用一种方式去看世界，那么其最终结果就没有了可比性，隐喻也自然不会产生。透过隐喻产生的条件，不难发现隐喻有着强大的包容性，它允许人们从各个角度去看世界、理解世界，并根据自身理解作出不同的解释。就传导隐喻而言，它对后世隐喻学理论研究起到了极大的启示作用，如莱可夫的概念隐喻和约翰逊的基本隐喻都受到了雷迪传导隐喻的影响。

第二节　概念隐喻

随着隐喻学理论研究的深入，其受关注程度也日益提升，并逐渐成为多个学科的中心议题之一，如哲学、人工智能、心理学等。隐喻是人类日常认知活动的工具，同时也是人类认知活动的结果，从某种意义上而言，隐喻已经逐渐摆脱"两个事物象似性对比"的境地。随着隐喻理论的发展，它逐渐为两个不同的事物之间建立起联系，并通过隐喻的方式帮助人们更好地理解事物。隐喻对于人类认识世界、进行思考并最终作出推理具有十分重要的作用和意义。

一、概念隐喻的基本要素

（一）始发域和目标域

概念隐喻有两个基本要素，它们分别是始发域和目标域。其中，始发域表现得较为具体，而目标域则与之相反，表现得较为抽象。那么如何区分二者，这就需要我们分清"非隐喻"和"隐喻"的概念。如果说一个概念是通过非隐喻的方式表达的，则该概念便主要是由其本体建构而成的，人们通过对其本体的理解而理解此概念。

通常情况下，隐喻概念往往采用的是抽象范畴的词语表达，如"经过"等，而非具体的意象，如"飞""爬"等。从概念隐喻的工作机制来讲，其往往将自身定位在上位层面，这些与学者莱考夫的"概括的承诺""认知的承诺"等理论观点一致。

（二）经验基础

经验在认知语言学当中同样占据重要的地位，它是认知语言学中的一个重要概念。从人脑概念方面来讲，其本身便是隐喻，为此隐喻的经验基础便是人的认知基础。与此同时，此认知基础便是动觉感官意象图式。无论动觉感官意象图式是哪种类型，其始终基于人的经验。具体而言，动觉感官意象图式主要有以下几种类型：容器图式、上－下图式、部分－整体图式、前－后图式等。接下来我们举几个简单的例子来加以说明，如"范畴"便是"容器图式"，"等级"则是"上－下图式"。此种例子不在此一一赘述，接下来对"容器图式"进行详细阐释。通常情况下，容器图式的经验基础源于我们自身，即将"我们的身体"看作一个容器，而身体容器又被分为容器内部、容器边缘和容器外部，如概念隐喻中的"视野容器"。

人类经验的产生并不是一蹴而就的，往往是在一定的文化背景之下产生的。换句话来讲，经验是文化的，二者难以分割，经验时刻散发着文化的味道，我们通过经验去体验世界，又通过经验来展示文化。虽然经验都处在文化预设场景之中，但是我们也可以区分开身体经验和文化经验，而区分二者的关键在于经验中身体成分的多少，如"起立"这一经验，其中包含了浓厚的身体成分，而"参加结婚仪式"则包含的文化成分较多。

（三）映射

关于概念隐喻的映射，其主要指的是由始发域向目标域的结构映射，整个映射过程主要表现为系统性、部分性以及不对称性。从整体上来讲，映射主要细分为三种对应关系，具体如下：

第一，本体对应。所谓的本体对应主要是在映射过程中始发域和目标域的实体之间的对应。接下来以"爱是旅程"（概念隐喻）来举例说明。

"爱是旅程"映射：

① "相爱的人"与"旅行者"形成对应。

② "相爱"与"交通工具"形成对应。

③ "相爱""旅行"二者的共同目标形成对应。

④ "相爱""旅行"二者的困难、障碍形成对应。

第二，推理模式对应。此种关系往往建立在本体对应基础之上，也就是说当本体始发域与目标域本体对应形成时，映射也可以将始发域的推理模式映射至目标域。这里接着以上面"爱是旅程"来举例说明，假如在旅途中遇到困难，其主要有以下几种选择：

①旅行者在旅途中遇到困难时，积极面对苦难，并尝试各种方法去解决问题，克服困难。

②旅行者在旅途中遇到困难时，知难而退，放弃旅行。

③旅行者在旅途中遇到困难时，结合实际情况，舍弃交通工具。

而当始发域的推理模式映射到目标域时，相爱的人可能会作出如下选择：

①相爱的双方齐心协力，共同克服眼前的困难。

②面对困难选择退让，双方分手。

以上的选择并非全部，不同的人还会有不同的选择，这就取决于人们对"爱"的理解。

第三，推理模式间的开放性潜在对应。通常情况下，无论是始发域还是目标域的本体和推理模式都具有较强的开放性，也正因为如此，概念隐喻具有一定的突出性和掩盖性，而当掩盖性被激活时新的隐喻也会随之产生。

学者莱考夫在研究概念隐喻映射时，通过参考大量概念隐喻资料，最终总结出概念隐喻的四种映射形式。

第一，复合图式映射。复合图式映射主要是将一个经验区域中的复合图式映射到另一经验区域当中，且映射会涉及多个实体。简而言之，复合图式映射就是将始发域的知识映射到目标域当中。

第二，意象图式映射。所谓的意象图式主要指的是动觉的拓扑结构和方位结构，在这些结构当中，人们有充足的空间进行推理，正如上文中提及的图式，通常情况下常规隐喻都是意象图式映射。

第三，一次性纯意象映射。以单词 dunk 为例，该单词的含义有两种：一是（食前）把（面包等）在饮料（或汤）中浸泡或将……按入水中浸一下；二是扣篮，灌篮。从概念一的解释到概念二的解释是一次性纯意象映射。

第四，亚里士多德式的隐喻映射。从某种意义上来讲，可以将此种映射形式称为"古典隐喻文献"，这主要是由于此种隐喻映射方式在古典隐喻文献中出现得较多，如"亨利是猪"这一例子，其之所以会形成隐喻，主要是由于始发域和目标域的主体在特征上存在相同之处。

二、概念隐喻的系统性

概念隐喻具有一定的系统性，而其系统性的分析往往通过语言层和概念层两方面。语言层上的系统性主要指的是某个概念隐喻所派生出的两个及以上的隐喻，它们在隐喻表达方式或者是语言隐喻方面呈现出一定的系统性，而导致这一结果的原因主要是经验具有完形感知结构，在这种多维度的结构整体中，其内部映射也具有了一定的对应关系。接下来重点探讨概念层面的系统性，从宏观角度来讲，此方面的系统性主要分为两种情况：一是概念隐喻内部的系统性；二是概念隐喻之间的系统性。

（一）常规隐喻、死隐喻与新隐喻

学者莱考夫所研究的概念隐喻通常情况下仅包括常规隐喻，并不包括死隐喻和新隐喻。所谓的常规隐喻往往指的是那些构成文化的普遍概念系统，这些概念系统更加贴近人们的日常生活语言。

反观死隐喻，它们往往是孤立的、特有的。除此之外，死隐喻也没有形成一定的系统性，如"桌腿""河口"等词语，虽然它们也是隐喻，然而它们是孤立存在的，不与其他隐喻词语发生交集，也没有在人类日常生活中得到较为系统性的运用。在研究隐喻的过程中，如何区分常规隐喻和死隐喻具有十分重要的意义和作用。

新隐喻是部分学者较为重视的研究对象之一，如莱考夫及其同事。从某种意义上来讲，新隐喻和常规隐喻具有一定的相似之处，即具有一定的系统性。假如一个新隐喻进入我们日常概念系统之中，它会在一定程度上改变我们的行动方式以及概念系统，随着时间的流逝，一代人的隐喻极有可能会成为下一代人的常规表达方式。不难发现，新隐喻并不是对现有概念的另一种解释，而是对现实的创造，在这种理论下我们也不难理解新旧文化的更替变化，亦可将其理解为新旧隐喻的更替。

（二）结构隐喻的系统性

1. 隐喻蕴含

概念隐喻之间可以通过蕴含关系构成一个连贯的系统，如图 2-2-1 所示。

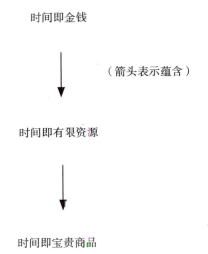

時间即金钱

（箭头表示蕴含）

时间即有限资源

时间即宝贵商品

图 2-2-1　概念隐喻的蕴含关系

概念隐喻的目标域之所以具有蕴含，在很大程度上是由于该隐喻的始发域具有蕴含。例如，"争论是旅途"这一概念隐喻，其始发域为"旅途"，而"旅途"的蕴含是道路，众所周知"道路"有"路面"，为此目标域"争论"也具有了相应的蕴含。与此同时，该隐喻的语言表达方式也构成了一定的系统性。

2. 突出与掩盖

结构隐喻的映射主要是通过部分映射，也就是将始发域的部分内容映射到目标域中，这种突出部分的映射方式，必然会掩盖其他部分。例如，在分析、理解"争论是战争"这一概念隐喻时，大部分人会将分析理解的重点放在争论上，而在争论的引导下必然会全身心关注采用何种方式攻击对手来维护自己的观点，而忽视了理智、合作等方面。

在分析概念隐喻的蕴含时，我们很难发现概念隐喻本身掩盖了什么内容，然而细细品来则发现词语与句子本身就蕴含着自身含义，而且它并不一定随着说者语境的变化而变化。反观传导隐喻，它的表达则更加注重语句本身的含义，在很大程度上掩盖了说者的语境。也正是由于概念隐喻具有突出和掩盖的特征，从而使其在政治、军事以及道德宣传方面受到极大推崇。

（三）方位隐喻的系统性

所谓方位隐喻主要指的是通过一个概念去构建另一个概念。例如，"上—下""左—右""深—浅""中心—边缘"等，又如英语当中的"on-off"。总之，方位隐喻受人身体经验的影响，同时也受文化经验的影响。

由于方位隐喻是通过方位构建而成的，即使有着同一个始发域的方位隐喻，其方位程度也千差万别。例如，up 一词形成了不同的方位隐喻，且多个方位隐喻之间形成了连贯的系统，如"Good is up."（好是上）、"Happy is up."（高兴是上）、"Health is up."（健康是上）。与 up 对应的 down 则形成了相反的隐喻系统，如"Bad is down."（坏是下）、"Sad is down."（悲哀是下）等，此类隐喻从不同程度反映了人类的消极面。

方位隐喻的发现对于后世学者的研究起到了积极作用，此外方位隐喻也成为认知语言学体验哲学研究的出发点。方位隐喻是由学者莱考夫及其伙伴发现的，随后莱考夫在研究隐喻中将空间作为最基本的始发域，并以此来阐释部分结构隐喻、本体隐喻以及概念隐喻的映射。

（四）本体隐喻的系统性

事件、活动、情感等经验本身是不具有实体的，是抽象的且具有连续性质的，如果把这些内容看成不连续的实体或者物质，这种隐喻的方式就是本体隐喻。本体隐喻有多重意义和作用，同时，如果想要对一些抽象的、虚拟的、不存在实体的经验进行一系列操作，比如量化、辨识、调整目标等，就可以使用本体隐喻这一方法。

三、概念隐喻的连贯性

概念隐喻的连贯性发生在多个概念隐喻同时出现的时候，由于这几个概念隐喻具有共享的隐喻蕴含，因此它们的隐喻表达式也产生了连贯性。概念隐喻的连贯性分为两种。

（一）两个概念隐喻之间的连贯

下面举两个概念隐喻的例子（在以下的讨论中我们用①②③④⑤表示不同的概念隐喻）：①"争论是容器"（An argument is a container.）；②"争论是旅途"（An argument is a journey.）。容器的表面越大，容器所涵盖的内容会越来越多；体现在①上就是随着争论的进展，争论的面会越来越广，争论的内容越来越多，体现在②上就是随着旅途的进展，走过的路越来越多，从而争论的范围越来越大，争论的面也越来越广。可以看出这两个概念隐喻的最终结果都是争论的面越来越广，说明它们的隐喻蕴含相同。如图 2-2-2 所示：

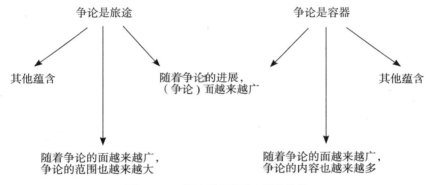

图 2-2-2 两个概念隐喻之间的连贯

虽然这两个隐喻的目的不一样，①主要突出的是内容，而②突出的是目标和进展，但是它们都具有相同的隐喻蕴含，这样两者就可以形成一个连贯的系统。使用语言的时候，可以单独使用其中一个，也可以两者同时出现。

（二）多个概念隐喻之间的连贯

1. 同一目标域的概念隐喻之间的连贯

上文中①②共享的隐喻蕴含，也可以称为"规定内容的面"。当争论的面越来越广的时候，其所代表的内容也就越多。概念隐喻③"争论是建筑物"也存在这个蕴含，但是在这里，隐喻的内容不在建筑物内，而在外部构造和根基上。

除了"规定内容的面"这一方面，还有其他方面的隐喻蕴含，比如"规定深度的面"等，虽然它们代表的角度不同、方向侧重点不一样，但是由于它们的使用目的一致，即为了更加全面地了解目标域，所以它们有共享的隐喻蕴含。

2. 不同目标域的概念隐喻之间的连贯

概念隐喻④为"理解是看见"，可以看出②③与④的目标域是不一样的，那么这三者之间是不是连贯的呢？随着旅途的进展，所遇到的、看到的只会越来越多，看到的越多，所理解的内容也会越来越多，从这方面来说，它们的内容还是有连贯性的。

怎样知道争论的点是什么，只有当我们真正看清了建筑物的面貌外形才能弄明白，由此可知③与④其实也是连贯的。

虽然有时候隐喻都具有连贯性，但是它们之间的连贯的方式是不一样的，这是因为它们之间的隐喻蕴含不一样。针对下一个概念隐喻⑤"更多是更好"和①②③之间的连贯，具体分析来说，争论的数量越多，争论的质量越好，内容也越多，力量越大且越清楚，①②③④所共享的隐喻就是⑤，所以就会出现重叠的效果。

其实关于"争论"的概念隐喻不光这几个，还有很多，甚至对于这种概念的研究是无穷尽的，所以，针对它们之间的连贯性的研究也有待发展。通过对这些概念隐喻的研究，可以看出概念隐喻具有一定规律性，所有的概念隐喻及其连贯构成了对"争论"的概念化，这对于所有的概念化都适用。

第三节　诗性隐喻

莱可夫与特纳（Turner）在 1989 年出版的《超过冷静的理性：诗性隐喻分析指南》一书中只谈了诗性隐喻和基本隐喻的相同点，却没有解释它们的不同点。非常规性是诗性隐喻的独特之处，是它的必要条件，只强调诗性隐喻和基本隐喻的"同"而忽略"不同"，诗性隐喻也就失去了其独特之处，失去了文学色彩，因此，莱可夫和特纳对诗性隐喻和基本隐喻的关系无法自圆其说。这里就来探讨一下诗性隐喻的典型特征。

一、原创性

英国哲学家巴菲尔德（Barfield）曾在《诗性语词》一书中对两种隐喻进行了区分：一种是原始的、最基本的隐喻，另一种是经过加工后由意识思维产生的隐喻。原始的隐喻指宇宙万物是客观存在的事物，是统一且相互联系的；而由思维产生的隐喻指出现实世界如果产生了隐喻，那么就是由诗人去构筑这些隐喻，当意识进行演变，诗人可以利用现实世界是相互联系、相互统一的这一特点，利用不同事物之间的联系来进行创作，普通人无法联想到这些联系，诗人就需要用隐喻的表述去带领读者来认识。也就是说现实世界是客观的、自显的，不是某一个人的观念和经验，只有通过思维的努力才能理解隐喻的表达。这是诗性隐喻的真正内涵。隐喻的使用只有联系现实，联系客观存在的事物才是"真实的"。根据上述介绍，可以总结出巴菲尔德思想的轨迹：隐喻存在的依据是世间万物都是辩证的相互联系着的，语言是对客观世界的描述和反映，同时现实的隐喻也不是轻轻松松就能被发现的，是要经过理性的思维进行思考想象才能看到其中的奥秘，而诗人对于这种思维的努力比较得心应手，所以能写出美妙的诗句，这就是"诗性"作为修饰语的原型意义。

原创性又往往和新颖性联系在一起，有的隐喻在使用的初期是属于原创的，但是经过时间的推移，这种隐喻使用的太多，也就失去了原创的意义，比如说把鲜花看成少女，河流喻指生命，曙光喻指希望，等等。这些隐喻由于年代久远，没有什么新意也就谈不上什么原创性了。如果要使隐喻起到作用，就要考虑到世界万物的变化和联系。比如"A rose-red city, half as old as Time."（一座玫瑰红的城市，有时间一半老），这是伯恭（Burgon）1845 年做的一首诗中的一句，其中"有时间一半老"这里就十分精妙，体现出诗性隐喻的千变万化。由于原创性，诗性隐喻并不能归为任何一个现有的类型。

二、在不可能性掩盖下的真实性

吉奈斯提和斯卡特－洛姆（Gineste and Scart-Lhomme）在《诗性隐喻的表达阐述和特征的涌现》中引用了亚里士多德的观点："谜语的精华在于它在不可能结合的情况下能表达真正的事实。"而作者创造性的精华之处就是这些"不可能的结合"，他们构筑了一个个创造性的世界，又让读者能够在他们的世界中理解这些不可能的结合。两人也描述了如何构建共语义表达的办法，借助互动理论总结了六个特征：

①隐喻的建立同时也出现了新的意义和相似点。

②隐喻不能太简约，甚至只有比较或类推。

③隐喻不能直译从而失去了原来要表达的意义。

④隐喻的成分是会相互影响的，同时它的意义是会有所变化的。

⑤隐喻同时使用了存在于各自成分中的相似点和不同点。

⑥隐喻是本体和喻体之间的张力。

不可能性底层的真实性是怎样的，对于一则诗歌，如果其中引用的隐喻是"真"的，是大家都能想到的事物，那么这首诗歌不是一篇令人耳目一新的成功诗歌，对于隐喻的表扬词一般使用"insightful"（有洞察力的）诸如此类的词语，具有成事力。指事行为和成事行为的关系是人们普遍容易聚焦的点，这种关系是后期构筑的。隐喻真理的理论与提取意义的理论有关。

三、义域的不一致性

吉奈斯提和斯卡特 – 洛姆虽然谈到了诗性隐喻乍看起来的"不可能性"，并提供了六个特性，但这六个特性均未触及"不可能性"的真正原因。这就是本节要提到的义域的不一致性。

吉奈斯提和斯卡特 – 洛姆虽然提供了六个关于"不可能性"的特征，但是并没有说明"不可能性"的真正原因。当一个合适的隐喻概念和本体概念放到一起时，隐喻使用了与它相关联的特征去描写，但是理论上这些特征是不能用在常规本体上的，于是隐喻可以使用一个次隐喻的组合，这个次隐喻的组合的特征在两个义域中表述的意义是不同的，这种不同渗透在诗性隐喻之中，有助于构筑主体结构的层次感。举帕拉摩尔（Paramore）的《育空·吉克民谣》为例：

Oh, tough as a steak was Yukon Jake,

Hard-bolied as a picnic-egg.

（哦，育空·吉克硬得像牛排，又像煮熟的野餐用鸡蛋。）

将本体域（Yukon Jake：人类）与喻源域（steak 和 picnic-egg：食物）联系起来的桥梁不能采用两者共享的义词，因为隐喻规定的喻基（tough 和 hard-boiled）不能按其本义应用于本体或喻源。义域的不一致性表明在隐喻底层的基础本身具有隐喻意义。对"hard-boiled"和"tough"的解释清楚地表明它们在家庭食物义域之外使用时意义是不一样的，这里的隐喻中它们用来描写人，描绘一个愤世嫉俗的、粗鲁的，但有些胆怯的人物。由此可以看出义域的不一致性说明越不可能的描写越能体现差异和张力，效果就越好。

四、跨域性

不一致性还不能完全阐述诗性隐喻的不可能性的内在特征，这是因为成功的隐喻会涉及两个不同的义域，这两个义域在常规和经验看来是没有联系的。诗性隐喻就是将不相干的事物联系在一起产生不一样的效果，这样，还能在思想上发现新的关系。比较两个没有联系的事物的不相像因素是隐喻的作用，常规上看，人们使用隐喻往往是找两个事物之间相似的点，比如说我们常常把青少年比作早上八九点钟的太阳，早上的太阳正是蓬勃向上的时期，正好对应人的一生中青少年时期的活力。但是"my love"（我的爱人）和"a red, red rose"（一朵红红的玫瑰）这两者之间的相似点是很难发现的，因为它们一点都不"像"，给人的感觉不同，人们的认识也是不同的，但是在这里，这两者可以结合在一起，这就体现了诗性隐喻的奥妙。

隐喻可以发现跨范畴的相似性，不同事物的相似性都可以通过隐喻找到。以毕加索（Picasso）的一幅画《公牛的头》为例，虽然画的名字是叫公牛的头，但是实际上画的是自行车的车把和坐垫，这里自行车的车把和坐垫就像公牛的头上的角一样充满力量，它们的外形是具有一定的相似性的，同时象征意义也是一样的，代表了控制、力量。

五、美学性

为了更好地理解诗性隐喻的特殊性质，有以下两点要考虑，这关系到理解时的美学特性，即隐喻的诗性。

第一，任何语篇都需要隐喻的表述，用一般性的常规语句对应诗性语境并不合适，按照美学语境，每句语言的表达性一定要是相当高的，要超越一般的语言学意义，是可以作主观的解释的。在了解一首诗的时候需要做义域的选择，在解决问题的任务中，目标域是固定的，需要的是构筑新的喻源网络。

第二，美学解释是一个开放性的过程，在这里解释的目标并不固定，也没有标准。诗性隐喻的解释不限于重组，容许连续的再现过程，这时候喻源和目标可以相互投射。

诗性隐喻和启发式类推不只在修辞学上有差异，两者的任务也不相同。启发式隐喻具有开放性的特性，而诗性隐喻是对常规的延缓，它们都改变了投射的认知力。第一个决定两个义域的性质，第二个决定解释的性质。

六、趣味性与互动性

在汉密尔顿（Hamilton）的观念中，一部文学作品是否成功，在很大程度上取决于读者和作品的互动。不难发现，有效运用诗性隐喻，可以使文学作品更加幽默风趣，给读者带来更好的阅读体验。并且，隐喻具有抽象性，这种特性可以增强读者的创造性思维。可能会有人发出这样的疑惑："文学创作中为何要使用隐喻的手段，为什么不表达得更直接一些呢？"这是因为，倘若没有隐喻这种修辞手法，那么文学作品的娱乐性便会大大降低，失去趣味性。一般来说，诗人对隐喻有着较强的依赖性，而诗性隐喻能够唤起作者的创造力，使其作品具有个人的特点和风格。作为一个诗人，其创作目标就是让自己的作品具有生命力。要想实现这一目标，诗人在创作过程中，要采取一定的策略，合理应用意象，最终将自己的想法转化成可视的语言，达到引导读者走进诗歌的目的，最后让诗歌的作者能够和诗歌的读者在作品中展开对话。对隐喻的超现实主义的使用，是一个抽象的极端例子。超现实主义者的目的在于不暴露内心真实的情感，将其藏匿起来，并将其投射到日常所使用的隐喻中。作为创作者，也常常在无意识的思维和有意识的思维之间辗转流连，允许非逻辑的无意识的思想，进入逻辑的思维之中。我们可以来分析一下汉密尔顿是如何通过举例来阐述自己的看法的。

众所周知，诗歌的语言是十分特殊的，能够引起读者的兴致，能够让读者感受到喜悦和满足。所以，人们常常把诗歌和隐喻进行对比。如斯潘德（Spender）的一行诗句"the word bites like a fish"，形容的是一个刻薄词的使用效果。当然，这只是这句诗的本义，即最基础的含义。实际上，诗的作者真正想要表达的意思并非如此，他是想说，这样的词汇远远比其他刻板单调的词语，更能凸显诗歌的活力和情趣，更能提升诗歌的艺术价值。

作者也可以合理运用自己的想象力，通过隐喻的手段，让自己的诗歌富有生命力。如艾特沃德（Atwood）的诗歌《你适合我》，这首诗能够激发读者的情绪，常常使读者的内心感到震撼。作者艾特沃德在这首诗中运用了两个意象，这两个意象具有对比的意义。其中第一个意象是常见的衣钩，这种衣钩的作用就是钩住女性衣服或裙子上面的纽扣。第二个意象则是起床铃。在诗歌中，鱼钩好似睁开的眼睛。作者大胆地把鱼钩和眼睛进行关联，所形成的这一视觉影像，能够给读者的脑海中投射一种刺人的意象。

在文学作品中，一则有趣的隐喻能够吸引读者的注意力，激发读者的好奇心，让他们感到兴奋和激动。超现实，顾名思义，就是超越现实的、不合逻辑的、不可置信的、不可思议的，准确来说，超现实不受理性和逻辑的控制。而我们所要讨论的超现实主义的隐喻，也就是对隐喻的艺术性使用，让读者去思考、分析并讨论一些比较荒诞的、不可思议的事物以及现象。从成效上来看，荒诞的诗能够长时间吸引读者地注意力，作者能够做到这种程度，起关键作用的因素就是，作者具备丰富的想象力，创建了荒诞的、具有不可能特性的某些意象。格勒克（Glück）有一首诗的第一行为"Fish bones walked the waves off Hatteras."，意思是在哈特拉斯外的波浪上，有鱼骨在上面行走。她将名词"fish bones"（鱼骨）用到

"walking on waves"（在波浪上行走）这个动作上。这种关联是不可想象的，是十分荒诞的。但是作为读者，要联系语境和背景，分析这句诗内在的、隐含的意思。

作为读者，必须重复阅读、深度分析，才能理解超现实主义。这对有些人来说是比较复杂且烦琐的，但是另一部分人却感到兴趣十足。在弗兰西斯（Francis）的诗《投手》中，作者使用了"eccentricity"（异常性）这个词，将读者引入诗歌的世界中。eccentricity 被用来描写投手技术的怪异风格。

七、符号的完整性

海勒（Haley）为了合理解释诗性隐喻，采用了皮尔斯的符号学理论。海勒是这样论证的，所有不完整的语符，都包含一个标志，所有完整的标志都包含一个图标。诗性隐喻是最完整的（语言）符号。诗性隐喻的本质是一个我们能够触碰到的图标，它的最核心、最关键的部分是一个互动式标志。这个标志通过延伸、拓展隐喻的图标来深入语言和思维的发展过程中。

海勒通过分析莎士比亚（Shakespeare）、济慈（Keats）、艾略特（Elliott）等诗人的作品，得出一个观点，即一个隐喻能够在不同的图标层面解释，从比较抽象的认知方面到比较具体的感官认知，将时空的维度组成"认知域"。

在诗性隐喻中，图标和空间标志的关联更加引人注目，事实上，它们两者都是可以回复的。一方面，物理空间的标志可以当作认知空间各种有关联的图标；另一方面，隐喻在认知空间构建新的图标，一般能够投射物理空间的更加微小轻细的标志。以上所述，就是诗性隐喻能够把一个不复杂的图标拓展到更为广泛的认知语符的重要因素。

八、扩展性

在这一段的描述和讨论中，我们可以再次联系莱可夫以及特纳的想法，他们认为，诗性隐喻是比较简单的，没那么复杂深奥，自然也不是神秘莫测的，简单来说，它不过是隐喻的一个类型而已。但是，对于他们的这种论点我们不能全盘接纳，需要对此进行认真、科学的探讨。按照他们的想法，诗性隐喻只能在基本隐喻的框架下被使用，进而发挥其作用，这也就是说，隐喻只能维持原有的状态，不能被创新，更不能被发展。但事实却告诉我们，这是不正确的，只要遵循某些规则、满足某些条件，诗性隐喻就能够充分唤醒作者的想象力，激发作者的创造力，提升作者的认知能力。

在人类社会的发展进程中，我们可以发现，人的认知能力处于不断提高的状态中，并不是停留在某个位置不再变动的。对于怎样有效提高人的认知能力这一问题，诗性隐喻可以发挥其特性，也就是说诗性隐喻对于提高人的认知能力有明显的效果。也正是因为诗性隐喻有着这样的价值，所以很多学科和领域会充分利用诗性隐喻的创造性思维来实现自身的重大发展和飞跃。一般来说，只要是在本学科、本研究领域中冒出一个与以往不同的、风格新奇的，从其他学科及领域引入的，并且还具有创新性的表述，就可以被当成诗性隐喻。可以分析一下下面所举的例子：

（一）宗教

从注重诗性隐喻这一特征和角度来看，诗歌语言和神学语言或者说宗教语言有着十分紧密的联系。在利用诗性隐喻进行表达时，原来的意思往往发生变形，这就导致诗歌的语言在形态上比较接近宗教的语言。

但是我们要明确一点，之所以这样表达，并不是要强调诗歌的语言必须和宗教的语言一样。我们产生不同观念的要点在于，信仰具有对话性的特点，在作者的隐喻思维和概念思维之间变动，使用概念对隐喻展开阐释，更重要的是，利用隐喻来对概念展开阐释。

（二）电影艺术

法国影评家丹奈（Daney）创造了一个十分有意思的词语，直译成英语为"clothes pegs cinema"（衣钩电影）。丹奈作如下解释，要想从更深的层面理解一部电影真实的内涵，我们就不能仅仅用眼睛观察它、欣赏它，更重要的是在眼睛的深处、心灵的深处走近它。就好比衣钩，倘若没有衣钩，衣服是挂不上去的。这些所谓的"衣钩"，可以理解为我们能够理解电影核心含义的关键要素。这个表述或者说形容是十分有道理的，是一种诗性隐喻。究其原因，在于我们能够对眼前这部电影产生真实的感受，并能深刻地理解其含义。

（三）科学技术

即便是在科学技术这一比较严谨的学科范畴内，人们也不可避免地使用诗性隐喻。主要原因是，要想认识、了解科学技术中的创新过程，就要考虑具有创造能力的人，还要考虑有相关文化环境和理论背景的社会因素。在以前，我们常常关注某位科学家的个人传记，借此探讨创造力。其实，这种相关性应当就更大社团的互动来肯定。我们不能单纯地把创造性思维当成一个人脑海中进行的心理过程。当建立一个新的发现时，科学的集体性和客观性总是被我们抛在脑后。然而，当科学家反复强调，艺术不能流于凡俗，必须具有创造性时，他们基本上是凭借艺术作品感性的、主观的概念，就好像新的作品是凭借想象得来的，并没有被智能的积累或知识所影响。可以发现，在科学中，当构建一个新的观点时，人的思维要接纳一种创造性感觉的形式，这跟诗性隐喻十分相像。但是，在科学的范畴内，我们必须十分认真、仔细，且从本义出发来阐释隐喻的意义，然而在诗歌中，隐喻就可以维持相对的内隐性。

（四）政治

在相对严肃的演讲过程中，演讲者经常使用的策略就是合理运用诗性隐喻来说明某个政策。

我们所研究探讨的诗性隐喻，并不是只能或必须应用在诗歌作品或者其他体裁的文学创作之中，我们完全可以打开思维，将诗性隐喻应用到电影艺术、宗教、科学等范畴和领域之中。更进一步来说，在电影艺术中，诗性隐喻的应用常常涉及对意象的运用；在宗教的范畴内，人们常常利用诗性隐喻，将想象中的、实际上并不存在的上帝比作人类社会中的皇帝，但是，这个想象中的、非客观存在的上帝，一般不具有作为人世间帝王的所有特点；在计算机编程的范畴内，诗性隐喻也可以发挥作用，比如成为各种代码之间互相交流的媒介和渠道。由此看来，我们所谓的诗性隐喻，并没有建立在一种等价的替代上，也没有建立在比较的基础上。诗性隐喻在文学、电影、宗教、科学等领域的应用，让我们更全面、更深刻地了解到诗性隐喻所具有的评价意义，并且这种评价意义往往是褒扬的、赞美的。

总而言之，隐喻确实被广泛地、大量地应用于诗歌创作，尽管如此，诗性隐喻最核心的本质是不变的，那就是创造性，以及由创造性所衍生的突然性、创新性和美学性等。倘若我们对此视而不见，仅仅用最基础的、最简单的隐喻的概念来阐释和描述诗性隐喻的内涵，就忽视了诗性隐喻最关键的特点。

九、质疑和讨论

意大利学者维柯（Vico）认为，隐喻是原始诗性民族经常甚至是必须采用的表现方式。在维柯看来，诗性语言是各种语言的根源。

在最开始，人类一般用诗性的文字来思考，用寓言故事来表达和交流，用象形的文字来书写。维柯还有一个观念，就是人类的智慧是以诗歌作为开场的，最原始的智慧就是诗性的智慧。原始人类用诗意的眼光来看待世界。这就需要我们进一步思考和回答：何谓"诗性民族"？如果有"诗性民族"，是否也存在"非诗性民族"？二者如何区别？就文字而言，既然人类最初使用的是"诗性文字"，那么"诗性文字"与"诗性隐喻"如何区别？对此，束定芳曾就"诗歌语言"进行讨论，他认为"诗歌语言"最本质的特点并不是意义和语言之间的相互交融，而是意义与被唤起的意象的融合，这一融合构成了真正意义的相似性。所以我们可以这样理解，诗歌语言实际上是一种语言游戏，它能唤起或者引发某种意象，当意义向意象无限拓展和延伸，我们对诗歌语言的理解就更加多样化。

从认知语言学的角度来看，隐喻是具有认知性质的想法。根据概念隐喻理论的解释，诗歌的意义是可以理解的，因为诗歌丰富多彩的隐喻只是一个任何人都能理解的基本隐喻的延伸。在这种理解下，诗人仅仅创造了诗歌，并没有创造作为诗歌基础的基本隐喻。因此，从基本隐喻到诗性隐喻，都不能忘记诗人非凡的想象力和洞察力，他对基本隐喻有着非同寻常的理解，懂得如何处理基本隐喻。

就诗性隐喻的理解而言，尽管诗性隐喻和基本隐喻有一定的联系，诗的作者和大多数读者都依托于对平常生活的认真挖掘，但我们必须得认同，对于一些诗性隐喻的理解，特别是当这个隐喻具有较强的抽象性和复杂性，我们就需要考虑作者的真实经历、创作背景以及作者的认知特点。倘若有这样一种情况，也就是作为读者，他具有和诗歌的作者类似的生活环境和文化经历，那么他们就会有类似的情感体验和认知，从而能够更深层次地理解诗性隐喻。然而，如果这种考察是在不同区域以及不同的文化背景下进行并发展的，读者与诗歌的作者并没有处于同样的环境之中，他们之前身体和心理体验的区别，就在很大程度上导致读者不能对诗歌中的隐喻进行贴切的、深刻的解读。

再进一步说，在一种比较特别的环境中所形成的诗性隐喻，仅仅通过直译，其他环境中的人是无法理解诗性隐喻的真正含义的。就好像在英文谚语中，经常可以发现用狗来比喻人的现象，而且这种比喻很多都具有正面的意义："Every dog has its day."（凡人皆有出头日），"A good dog deserves a good bone."（有功者受赏），"Love me, love my dog."（爱屋及乌）等。而在汉语文化中，狗更多地被认为是带有强烈负面色彩的动物，如"丧家之犬""鸡鸣狗盗""偷鸡摸狗""狗仗人势""狼心狗肺"等，所以对于此类隐喻，仅通过字面直译，不仅无法实现意义的准确传递，甚至会造成目标语读者的困惑。

我们可以确认诗性隐喻中存在共通隐喻和非共通隐喻，随之而来的是对非共通隐喻进行翻译的问题。翻译界有人提出"归化"的观点，其充分考虑了目标语群体的体验环境。例如，将"west wind"翻译为"东风"，笔者认为这种译法有待商榷。翻译毕竟是两种文化的桥梁，如果把"west wind"译为"东风"，会使目标语读者误认为两个民族对"东风"具有同样的理解。反之，保留"西风"的翻译方法会促使我们更好地了解英格兰民族对事物的不同体验和不同表达方式。这有待我们进一步思考和讨论。

第四节　基本隐喻

莱可夫与约翰逊在1980年合作发表了《我们赖以生存的隐喻》一书，这本书是当代语言学的经典著作，是首次对认知语言学隐喻系统研究的发表。这本书说明隐喻的本质是概念的，人类通过概念来认识世界万物，并了解各种事物之间的联系。之后1989年，莱可夫和特纳合作发表了《超过冷静的理性：诗性隐喻分析指南》。这本书与前一本有所不同，主要论述诗性隐喻是在"基本隐喻"的指导下运作的，而不是谈论诗性隐喻这一点，最终的落脚点在基本隐喻。

一、从诗性隐喻到基本隐喻

（一）诗性语言和隐喻

在《超过冷静的理性：诗性隐喻分析指南》这本书中，首先对一个问题发起了讨论，即诗性语言和普通语言哪个更优。有人认为诗性语言优于普通语言，是因为诗性语言是一种特殊的语言，可以看作一种高雅的工具和技术，隐喻和转喻就是这种诗性语言。但是笔者对这一看法并不认同，笔者认为两者之间并没有什么不同，诗人其实也是使用了普通的语言，诗句给人美的享受是因为诗人比普通人写作时使用工具更加熟练，更富有才华，而归根结底是因为诗人更加善于观察生活、记录生活，富于联想。

不管是什么语言，在使用隐喻的时候都具有如下特点：

①平常：隐喻的使用其实是潜移默化的、不知不觉的，人们往往会不假思索地使用。

②无处不在：隐喻在人们思想的每一个角落。

③规范：隐喻十分重要，是日常生活中人们的思想和语言的重要组成部分。

④不能置换：隐喻是人们了解世界和自己的最好的方式。

⑤隐喻更加属于思想范畴。

（二）基本隐喻

《超过冷静的理性》一书提出了"基本概念隐喻"的理论，简称"基本隐喻"。笔者认为人们之所以能理解艾米莉·狄金森（Emily Dickinson）的诗篇中关于死亡等隐喻的描写，是因为狄金森根据人们早已建立起来的死亡和生命之间的联系来编排诗句的。

例如，*People Are Plants*（《人是植物》）这首诗中把人隐喻为植物，"a young sprout"（一株幼苗）即为人的一生中的孩提时期，"in full bloom"（茂盛）即为人的一生中的壮年阶段，"withering away"（凋萎）则为人的一生中的老年部分或者即将迎来死亡的时候。

狄金森正在用一种全新的方式来构筑隐喻，根据书中的描述脉络，可以总结出以下几点：

第一，虽然诗人的诗歌是全新创作的，但是诗歌中所用的隐喻并不是诗人创作出来的，而是诗人利用日常生活中大家约定俗成的、已经用过千万遍的就基本隐喻来组成的诗句，这些隐喻可能早就存在了，已经融入人们的日常生活中了，诗人只是拿来加工利用而已。

第二，这里的"基本隐喻"其实是概念隐喻的一种延伸，但是这种理解只是从字面的意思出发，如果深入解释的话则会有质的变化。

第三，隐喻实际上是两个不同的义域在概念上的映射，涉及概念的时候是基本隐喻，但是涉及个人的理解就不那么统一了，因为个体的语言表达都不相同，如果只是在表达自己的观念，就是观念隐喻。

二、映现

映现是指两个观念域的对应，例如，"目的是目的地"这句话中，目的看作目的地，目的地映现在目的上。

简单总结就是在"A 是 B"的结构中，B 的知识结构有一部分是映现在 A 上的，B 为喻源域，A 为目标域。

要读懂一篇诗歌需要储备一定的知识量，知识结构分为常识通识和专业知识，如果是常规隐喻那么只需要常规的知识就够了，所以人们只有对喻源域的知识有所了解才能明白目标域。这里举个例子，"爱情是一次旅行"这句话中涉及两个知识需要了解：

——需要对旅行的结构有所认识。

——需要有可以将这个知识映射到爱情这个概念的能力。

这样，"爱情是一次旅行"隐喻就是将"旅行"结构映现于"爱情"域。

（一）图式和隐喻

概念系统的各种结构是由图式和隐喻组成的，当我们学习了一个新的图式后，这个图式就会在我们的概念系统中变成常规化的图式，后期并不需要再去学习巩固就可以拿出来使用，这体现了图式对认知的威力。同时当我们使用的时候也不用费力去寻找，直接就可以拿出来使用，同样的道理，当我们学习了一个概念隐喻，也可以当成一个常规化的工具去使用。

常规化的图式和隐喻有一定的劝说能力，这是因为我们在使用的同时也在接受他们的效度。

隐喻具有内部结构。隐喻映现包括以下几方面：

①喻源域图式比如说"一次旅行"，映现于目标域"爱情"的空槽。有的时候，目标域的空槽可以不用和隐喻映现联系起来，例如，旅行者空槽映现于情人的空槽，这些空槽虽然在爱情域之中，但是却和隐喻映现没有关系。其他目标域是由映现创造的。在一个人恋爱时会经过恋爱的各个阶段、各种事件，这里可以创造出一个"恋爱过程"的空槽，途经各个恋爱过程就是途经"旅行"图式的各个点。

②喻源域（如旅行）中的各个关系映现于目标域（如爱情）的各个关系。这里还是以旅行者到达旅行目的地为例，当一个人到达了他的目的地，就可以看作这个人实现了爱情目的。"旅行者"和"目的地"是以"到达"串联起来的，"情人"和"目的"是由"实现"串联起来的，前者是喻源域，后者是目标域，就是说旅行者的强弱、经验等会影响他的旅途的进行，映现在爱情上就是这个人有没有能力处理爱情的各种问题。

③喻源域和目标域的知识也是相映现的，当一个义域作为一个喻源域时，它的推理程式可以映现在目标域，例如，当一个人走进死胡同的时候要想走出去，就必须掉头或者想办法翻过面前这堵墙，因此，在爱情中遇到问题的时候也要想办法来解决问题。

（二）隐喻映现和概念映现

隐喻在概念上或者外形上是对两个存在的实体的比较。常规来说，语言上创造隐喻会比较容易一些，但是有时候图形的隐喻也是十分方便的，可以将两个比较的概念相联系，比如说"family tree"（家庭谱系）。

图形隐喻可以不改变隐喻的特性，这是因为隐喻本身是两个观点的"概念映现"，同时还存在"感知映现"，要把观点和一个词或者一张图联系起来。

映现其实并不是一个过程，也不是机械的运算方法，而是两个义域之间语言发生对应的固定格式。在喻源域当中如果属于常规的词项在目标域中可能并不是常规的，喻源域词项的利用也是视情况而定的。有时候这个词项在目标域中具有引申的意义，但有时候如果没有引申的意义，在新的隐喻中是可以映现的。

（三）上义层次

在"爱情是旅行"的映现中，爱情关系可以看作运载工具，运载工具是上义词，下义词就包括了很多交通工具。这种情况不是偶然的，映现只会出现在上义层次，不会出现在下义层次，所以我们不会发现"爱情关系是汽车"这样的映现。下义层次的思维意象是极其丰富的。喻源域丰富的概念结构之所以能够成功地映现到目标域上是因为有上义层次，因为这些上义层次包含了丰富的实例。

（四）映现是对应的组合

"爱情是旅行"这个映现说法和映现并不是一个意思，映现是对应的组合。如果把上述两者混淆，最终会导致产生一些错误。映现本身虽然常常以命题的形式出现，但是他本身并不是命题，如果产生误解，会让人产生隐喻是命题性的想法。可以将旅行的知识和爱情的知识映现，结果就是可以将旅行的知识使用在有关爱情的问题探讨上。

（五）映现是第一性的

"爱情是旅行"之所以能使用隐喻，还是因为语言发生学的映现。隐喻不是只是语言的问题，更包含思维和理性的关系。语言在结构上属于第二性，映现属于第一性，也就是说，只有映现才能使目标域概念使用喻源域的语言和推理范式。映现本身是常规的，是组成概念系统的重要部分，是概念化最常用的一种常规方法。如果把映现只看成语言表达，那么我们就会产生所有不一样的语言表达都是隐喻的结果。所以，当代的很多文献资料会将两者区别开来，避免产生混淆，发生使用的错误。这恰恰说明映现是第一性的。

（六）认知研究

最近几年，我国的学者致力于从认知的角度分析温度概念结构语义的各种延伸和体验。通过研究发现,温度感知由于可以直接在身体上体验,效果真实。温度感知是完全可以明确表达出来的,同时也可以在不同语言的民族中使用,这是因为不同国家和民族的人的生理结构是一样的,所感受到的温度变化也是相同的,所以无论是说英语的西方国家还是说汉语的中华民族,都可以通过温度感知来描述不同的隐喻,最终产生温度隐喻和隐喻概念。不同民族的温度隐喻是相同的,所以完全可以用温度类的词汇去表达,比如说色彩、光线、时间、情感等。

虽然温度感知可以让不同语言民族的词汇描述相通,但是不同的语言习惯也让不同的语言在隐喻变为隐喻现实的时候选择不同的途径。比如说,英语温度类的词汇具有代指空间距离和味觉等作用,但这在汉语里是行不通的,同样,汉语中温度的词汇可以指代疾病、食物或者药物,但是这在英语里又不适用,这是因为人是具有主观能动性的,不同的人在进行不同的语言活动时所产生的心理状态是不一样的,心理状态不同,所产生的意识也就不相同。英汉温度概念之间虽然具有相通性,但是并不说明它们的隐喻表达就完全一致。

三、质疑和讨论

(一)系统性和不一致性

基本概念隐喻是普遍概念库存的重要组成部分,具有系统性,比如需要理解的义域结构和正在理解的义域结构之间是有固定的对应关系的,虽然没有进行系统的学习和巩固,但是我们完全可以按照经验去理解,进行认知操作。这对于一个隐喻的对应来说比较简单,但是如果面临不同的隐喻则会看到不一致性。

总体来说,对于书中系统性和不一致性的解释我们可以理解,基本隐喻属于一个文化的成员共享的普遍概念。但是这里又会出现另一个问题,有没有一个普遍概念的基本隐喻来解释所有文化,理解其他文化的常规隐喻、诗性隐喻等。

(二)诗性隐喻的本质

莱可夫和特纳试图解释诗性隐喻的本质也遭到了其他人的讨论非议。有学者认为,莱可夫和特纳的理论包含三个基本概念和两个层次,即概念层次的概念隐喻、语言层次的常规隐喻和诗性隐喻,但对于这两个层次的区分并没有解释清楚。莱可夫和特纳认为,无论是认知层还是语言层,在进行隐喻处理时都属于常规的隐喻。这就出现了问题,因为常规隐喻不能解释诗性隐喻,而诗性隐喻本身就代表非常规，两者相互矛盾。同时，虽然莱可夫和特纳致力于解释诗性隐喻的独特之处，但是不可否认的是这种独特之处是一直存在的，对于这个问题，他们并没有一个清楚的回答和解释。

莱可夫和约翰逊早先认为所有语言都是隐喻，而隐喻所创建的世界是体现出本义性和真实性的，概念的本义性是诗性隐喻的核心。但是对于莱可夫和特纳后来的观点——诗性隐喻也是常规隐喻，其他学者也有不同的观点，他们认为常规隐喻虽然使用很广，但是终究不能创造出新颖的事物，真正能让诗句有别于常规语言的隐喻是诗性隐喻而不是常规隐喻，诗性隐喻可以创造出"树木真的会哭泣"的诗句，这放到常规隐喻上是不可行的。诗人的独特性可见一斑。

诗性隐喻真的这么重要吗？在文学创作的时候可不可以不要隐喻？这里给出了诗性隐喻的几点用途：

对于作者来说，隐喻的使用是必不可少的。使用了隐喻，可以让作品更加具有创造性、想象力，也更加激发作者的写作热情，使作者的创作思维源源不断，同时作者笔下刻画的人与事物更加栩栩如生、更加立体，也打上了作者更加鲜明的个人印记，也让作品蕴含的意义更加深奥。

对于读者来说，成功的隐喻可以让读者在阅读一部作品的时候顺着作者的隐喻找到他想表达的东西，帮助读者更好地了解作者想要表达的意思，同时风趣独特的语言也让读者更加感兴趣，更好地接受作者的思想。诗性隐喻可以将作者的思想转化视觉语言，理顺语句中不合逻辑的地方，赋予普通的名称不同的用处和范畴，使其内涵更加深刻。同时，阅读的文学作品越多，我们所见到的隐喻越多，无形中读者将这种隐喻刻在脑海里，提高了自己的语言能力，也使自己的文学水平有所提升。

诗歌是一种焕发欢愉的特殊的书面语，隐喻的使用可以使读者更加享受、愉悦，所以，诗歌离不开隐喻。

（三）基本隐喻的威力

莱可夫和特纳分析认为基本隐喻十分重要，在诗歌中所使用的就是基本隐喻，这些基本隐喻是普通人也常常使用的，可以看出基本隐喻的威力非常大，主要体现在以下几点：

①结构的威力。隐喻映现可以让我们向一个概念传递独立于隐喻之外的没有在这里出现过的结构。

②选择的威力。图式虽然是普通的，但我们可以覆盖不同的可能性，在一般的图式基础上在不同的层次方面选择不司的细节进行填充，进而丰富了不同层次的图式。

③理性的威力。隐喻所推理出来的范式可以将喻源域投射到目标域当中。

④存在的威力。常规观念的隐喻的力量是巨大的，这种隐喻已经成为我们日常语言的必备工具，同时也是我们使用最方便、最高效的手段，我们可以顺理成章地使用这种隐喻而不用去刨根问底，因为这是大家共有的认知。

第五节　根隐喻

所谓根隐喻是美国哲学家派帕（Pepper）提出的观察世界的隐喻理论。派帕的工作侧重于元哲学、价值论、定义和美学，其中"世界假设"理论和"根隐喻"理论影响最大。实际上，这两种理论是同一问题的两个方面。"世界假设"主要解释了元哲学对世界假说模型的讨论；"根隐喻"是指一个深刻的隐喻概念，它是对这一假设的总结，两者是相互匹配的。

一、根隐喻理论

人们使用派帕的根隐喻理论来解释人类如何认识和理解世界。一般用来理解世界的工具是哲学家和理论家用来建立范式的隐喻、原型或概念。派帕的"世界假设"包含了这一重要理论。在探索哲学体系源头的过程中，派帕了解到，在哲学发展的每一个阶段，都有几个概念不断被用来解释世界。例如，简单的机器随着时间的推移形成机械世界观，将世界视为引导人们思考和工作的机器，但其他人可能不会这样认为，他们常常把世界当作一个相对静止的状态。出于这个原因，派帕确定了六个隐喻：形式、机器、有机体、情境、洞察力和权威。前四个是他认为非常重要的。

派帕在观察和思考的过程中，发现人类的世界观总有一些相互联系的中心范畴，而它来自根隐喻，所以他提出了根隐喻的概念。要明确的是，各范畴的联系是逻辑蕴含关系，并非偶然，例如，我们一般是根据事物的相似性或者差别性来说明我们对不同类型、形式、范畴、语类的理解，这也就说明，关于"类型"的概念逻辑上来自相似性的根隐喻。

二、世界假设理论

派帕对他的研究和理论有独到的见解，认为他的世界假说是形而上学理论，而不是形而上学。这种理论总结了所有的事实，并试图通过合理的手段将这些事实组合成相关的系统。

在派帕的认知和观念中，经验科学假说基本上是和经验世界假说一样，没有什么区别，只是范围不同。世界假说研究证据。基于此，世界假说可以看作各种哲学假说的起源和发展过程。

派帕还有一个观点，世界假设理论在学科门类上是没有任何限制的，在证据的范围上也是不受限的，这跟对特定的学科做有限的假设完全不一样。例如，关于光学的假设可以否定与光学现象或定律无关的事实。这适用于声学、地质学、天文学、语言学和社会心理学。但实际上，在世界假说中，每一个事实都必须有内在的联系。

我们现在需要重点考虑的问题就是，"世界假设的来源是什么"。派帕认为，世界的起源跟我们每个人在处理一些生活问题时所做的假设是相似的。我们常常会回想自己曾经的经历，只是为了搜寻与当前相似的情况。同样，哲学研究者对于宇宙本质的假设，依旧是参考自己以往的经历和经验，那是事物本质的最佳模板。这就是派帕根隐喻的含义。哲学研究者探讨它的样板，研究它的结构成分，并把这些无限地域的世界假设的各种成分进行概括，成为世界假设的指导概念。这些概念的集合成为他的世界假设的范畴集合。

倘若，这些世界假设得到大众的认可，被广泛地传播，并且被成功地应用于社会的各方各面，而且吸引到很多认同者、追随者，那么一个哲学流派就诞生了，它在世界观的发展过程中可以起到一定的作用。世界假设的各范畴可不断改正和完善，从而更好地应用于世界的方方面面。在这个历程中，根隐喻也在不断发展和完善，从而适应各种事实。

三、世界假设的分类

（一）形式论

这种世界假设所根据的根隐喻是形式的相似性，即某一形式在许多实例中是相同的。形式主义的世界观关注概念的和物理的类型、种类和语类。它不太在乎经验的即时性，即事物是如何工作的或者是如何联系的，而是重视发现相似的事物和思想，并把它们组合成各种范畴，归类正确。

（二）机械论

这种世界假设的基础是机器或物质被不断加工的根隐喻，或在电磁引力场被吸引或排斥的根隐喻。具体来说，所有部件要按统一方式运作，使整个机器得以工作。

（三）肌体论

事物被看作按照预定阶段向某一终端发展（如皮亚杰理论中的发育阶段）。真理标准为连贯性，所有系统都是在时间中前进的，表示逐步增加的连贯性。其含义为所有变化都是有序的，都在进步。

（四）情境论

其根隐喻为有关历史事件的和在环境中进行的行为。这种世界观认为世界变化是恒定的，但不一定向一个方向发展，导致过程变化的因和果不可分离，且在它们所发生的情境之外不能理解。因此，真理标准要看在一定情境下过程能否实现，如找到奶酪的老鼠说明它已经发现了通向该奶酪所在的路径。

四、根隐喻理论的应用

（一）政治

政治是指政府管理国家和民众的行为，可以说政治对于一个国家和民族的发展具有十分重大的影响，政治同样是我们当下重点研究的领域。

"对话"有着特殊的作用，那就是可以当作民主的根隐喻。在"对话"与民主关系起源和特征的研究过程中，对话是所有学科的基本组成元素。民主并不是一个客观的存在，民主实际上是知识交流与对话的成果。对话能够帮助人们更透彻地理解"民主"的含义。对话可以帮助人们摆脱对民主的消极的、负面的理解，使人们从积极的角度重新认识民主，这种认识是有开创性的。

要想让民主真正存在，首先必须保证对话的存在，后者是前者存在的必要条件。我们所讨论的对话的方法，就是确立参与者的主体地位，但同时又让他们成为受体，也就是说，作为一个参与者，他不只是说话，不仅仅作为说话的主体，同时他也要接受话语，也就是作为一个"受话"的主体。在这个前提下，我们必须重新定义和理解"民主"这个名词。民主的真正意义是汇总、汇合，不仅仅是针对个体而言的，也针对集体而言。真正的民主，不是个体之间的相互理解，也不是社会的相互认同，而是个人和社会都共同、平等参与而达成的理解和认同。

所以说，对话实际上就是双方借助交流的手段，达到互相理解的过程。对话不断被用来重新定义人如何在统一的状态下独立生存、共同成长。对话是一种人与人之间交流事实、意义、意见，或提出争议、反对或同意意见的方式。

总的来说，民主能够发挥作用，其关键的内在因素就是对话。在政治领域，民主的运作并不能代表在不同形态的真理中作出选择，而是代表，通过平等地对话、交流、互动达成所有人共同的决定。对话不仅为众多政治家之间提供了协调的机会，也提供了不同意见共存的可能性。

（二）科学

科学是认识世界的一种方法，它是人们在生产生活的过程中，以及在观察和探索世界各种现象的过程中产生的，它推动着人类文明的发展，是推动社会生产力进步的第一动力。在当今时代，计算机科学、信息科学成为我们重要的研究方向，同时它也改变了我们生产生活的方式。

我们在发展的过程中可以认识到文化的重要性，一个人有着不同的文化背景，接受过不同的文化教育，那么他们就会形成不同的看待问题的思维和方法。也就是说，文化不同，那么人们认识世界的方式以及对世界的看法也是不同的。比如，今天我们应该重视的是"大师思想"或神话特性的描述（根隐喻），是信息产生意义的图式，如同在16世纪，很多人觉得生命过程的本质、一个人从生到死的本质，就是机械的，这成为当时西方思想家的思维模式。实际上，科学并不是稳固的，科学本身也会被错误的概念所影响，包括客观的发现和理论，特别是机械主义的根隐喻。

（三）信息

信息的概念十分宽泛，我们可以认为信息是人类在生活中所传播的一些内容，当然，也不仅仅限于人类，大自然中存在着各种各样的信息，传播信息的媒介也是多种多样的。在当今时代，互联网成为信息传播的主要载体。如今，随着信息技术的迅猛发展，我们对互联网并不陌生。顾名思义，互联网就是将很多网络进行连接，构成一个庞大的"网"。那么这张庞大的"网"有什么意义呢？自然是方便信息的传递。只要有足够条件的支持，我们可以在任何时间、任何地点来完成信息的发送、接收和查找，可以说，信息时代互联网改变了人们的生活方式。接下来，我们讨论根隐喻在信息领域中的应用。

首先，机械论根隐喻能够解释互联网是怎样工作的，也就是说明互联网的工作原理。其次，情境根隐喻能够给我们经验上的启迪，真理就在人类生产生活的经验之中，任何事物都是相对运动的，是变化的，而非静止不动的，这也是互联网的主要特性。最后，形式论根隐喻与其他隐喻是完全不一样的，它利用事物所具有的相似性、层级性、可标记性和可分类性，将互联网与其他信息传播的媒介进行对比。

从信息文献这个层面来分析，人们应当从形式和机械根隐喻向情境根隐喻转移，从而落实从局部向整体转移，从直线向流体转移。以上这些都说明，派帕的根隐喻理论能够引导我们深刻理解互联网的特征，比如互联网的整体性和变异性。

（四）社会

所谓社会，就是由人或者说由某一类人、某些阶层的人所组成的群体。在讨论根隐喻的应用时，我们必须讨论根隐喻在社会中的应用。

在特纳等社会学研究者的观点中，每个社会都有其独特的根隐喻，但是，所有不同的社会都存在相似的阶段，在这一阶段，它们有着相似的利用根隐喻的表达方法。特纳认为，对隐喻的使用应该是非静态的，根隐喻应该具有"就是如此"和"就在那里"的特性。

人类创造并应用根隐喻，在根隐喻的助力下，人们能够更准确、更生动、更形象地来表达他们的社会形态，说明他们社会所衍生的各种文化，并利用最基础、最核心、最根本的知识来探究其他的生命范畴。在创造和使用的过程中，他们体现出根隐喻的结构特征，确定了范畴集，并利用这些术语来发现、探索、研究新的事物。当然，也有些人对根隐喻的理论不以为然，持反对的态度。但是，在这些反对根隐喻的言论中，也可以发现隐喻的应用。举个例子，很多关于真理、知识和认知的哲学，都以根隐喻为基础。隐喻是不能超越的，因为它首先构建了它的客体，没有隐喻，就不能对真理产生认知，就好比我们在汉语中提到的"启蒙"一样。这种不能被简单表述的绝对的隐喻不能译述为常规语言，它们是哲学语言的基本成分，是形成概念的"催化剂"。

（五）教育

掌握根隐喻理论有利于外语教学。如英、美国家是信奉基督教的国家，单就有关死亡的根隐喻"Death is a departure to God."（死亡是启程奔向上帝的怀抱）而言，可以演化出一百多个派生隐喻，如"be asleep in the arms of God"（主怀安息）、"be called to God"（蒙主召回）、"be promoted to glory"（荣升天国）、"yield up the ghost"（魂归圣灵）、"join the heavenly host"（与主相会）等。这表明，教师如果能掌握根隐喻的概念，有助于在课堂上进行举一反三的讲解，也有助于外语学习者的理解。

（六）文化

文化是人类生产生活中最伟大的创造和产物，同时文化记载着社会发展的足迹，引领着社会发展的方向和脚步。接下来，我们讨论根隐喻在文化中的应用。

中华民族虽然没有统一的宗教信仰，在历史发展过程中还是受到道教和佛教的影响。道教是我国唯一的本土宗教，它诞生并形成于东汉时期，以老子思想为核心教义，同时涵盖了方术、科仪等多方面的宗教元素。长期以来，道教对我国的政治、文化都产生了深刻的影响。汉明帝时期，佛教传入我国，并且在我国宗教领域一直以来都占据着重要地位，甚至一度与我国本土宗教——道教相抗衡。在这里不得不说，佛教的最初传入在很大程度上依附于道教，正因二者在教义上有一定的相通之处，佛教才能在我国吸引更多的受众和信徒。在我国历史的发展中，佛教、道教都深刻地影响着我国的政治、经济和文化。

中华民族在历史发展进程中被佛教、道教所影响，因此接触到了与死亡有关的根隐喻的不同表达形式，如仙游、仙逝、驾鹤、羽化、坐脱、圆寂等。这表明，根隐喻与文化有紧密联系。例如，水便是中国古代常用的根隐喻，以水比德、以水喻道、以水论政、以水谈兵等以自然之水隐喻社会人事的做法是中国古人基本的思维习惯和修辞倾向。像水到渠成、水土不服、水泄不通、水涨船高、水中捞月、滴水不漏、滴水穿石等，都是从"水"这个根隐喻中派生出来的。

五、质疑和讨论

（一）信念的确证

在一次专门讨论派帕学术思想的会议上，有学者认为派帕的认识论着重的是信念，但派帕为其所谓的知识所包含的信念提供的证据，仍引起人们不少的评论。

派帕区分两种确证：增殖性的和结构性的。前者指人与人的确证，后者指事实与事实的确证。增殖性确证提供的是"资料"，结构性确证提供的是"根据"。

派帕认为实证主义在科学中强调资料的作用是可行的，但过于绝对或排斥理据是不对的，因为实证主义在接受证据和信念时很不一致。世界假设是"所有事实互以为证的假设，是有无限范围的假设"。世界假设的适宜性取决于它的范围和精确性。世界假设以世界所包含的一切事物为对象，每个成员不能把其他东西以不相关为理由加以拒绝。

（二）哲学隐喻和诗性隐喻

派帕用根隐喻来解释一些哲学问题，但他的思想和实践是否受到诗性隐喻的影响？在派帕自己的观念中，诗性的隐喻和哲学的隐喻是完全不同的。让我们先谈谈诗性的隐喻，其主要目的是体现比喻的审美特征。接着让我们来谈谈哲学隐喻，其主要目的是体现比喻的描述功能，即更清晰、更直白、更坦率地解释哲学要点。这实际上有助于我们理解一些概念和定义，介绍哲学思维方式，探索问题领域和哲学话题，甚至思考整个哲学体系。当然，我们也必须承认，诗性隐喻和哲学隐喻之间的界限往往难以区分。例如，哲学家可以刻意采用隐喻来表现美学的生动性，但是有关隐喻的这些问题仍然要依托于解释功能。

可以发现，当诞生一种新的思考方式，或者诞生一个新的哲学流派时，隐喻便得到使用。但是，这不仅仅是去掉明喻中的比喻词的问题，而是通过某个经验来说明另一个经验的问题，从而帮助我们理解不容易表述的概念。

在派帕的观念中，弗朗西斯·培根（Francis Bacon）是首个发现隐喻具有强调功能的人。他是在讨论"幻想"，特别是"剧场的幻想"时提到的，这用来阐释人在使用神话语言和荒诞语言时有发展综合系统的倾向，它的作用远远胜过眼睛看到的资料。培根本人不支持隐喻的使用，甚至有贬低的态度，但是他自己在做假设时却使用隐喻。近些年来，利用隐喻作为建立假设的工具，是科学研究和哲学思考中十分常见的做法。

（三）元哲学和美学

"元哲学"是一个比较新颖的概念，它是指以哲学本身为研究对象的哲学理论。研究元哲学，能够帮助我们更系统、更深刻地了解哲学，并对事物产生最本质的认识。

美学是哲学的一个分支，它研究的是人与世界的审美关系。研究美学，必须有足够的哲学功底，并且美学还与心理学、语言学、神话学存在紧密的联系。

派帕的元哲学是在审美语境中创造和发展的。当时派帕的写作计划包括世界假说是所有美学批评的实证性支持，之后他详细阐述了世界理论下形成的美学理论。然后他研究了对权威影响的批评，权威使用的批评标准是基于美学理论等。

　　派帕的手稿后来发表了一些，书名改为《美学的质量》和《艺术批评的基础》。我们需要关注的是，派帕将书中形而上学的部分挑选出来，整理成《世界假设》一书。派帕的认识论是从流行的实证主义发展起来的。显然，他的根隐喻理论受美学的启示。这是他元哲学的两大柱石：认识论和根隐喻。

第三章 隐喻认知的理论基础

隐喻不只是一种修辞手法，同时也是我们了解世界的一种方法。本章从隐喻认知的本质、隐喻的类型、隐喻的基本特点和隐喻认知对人类的影响四个方面对隐喻认知的理论基础进行了论述。

第一节 隐喻认知的本质

在人类对自然界事物的探索中，隐喻作为一种情感体验，在人与世界相似的基础之上，牢牢保留着两者之间的内在关联，诠释着人对世界万物的开解。由此可知，隐喻的本质含义就是用生活中可以具体描述的事物比喻抽象化陌生的事物。

从认知领域的宏观角度看，人类从诞生到现在的历程，就是对大千世界主观认识的过程，从这一历史发展的过程中，了解到以人为主视角与外界环境相辅相成的作用，其中最原始的语言符号起到了根本性作用。人类是用语言符号与世界交流的，并传承下来形成自己的语言文明，也就是现在所见的历史。理查兹（Richards）作为隐喻互动论的创始人，最早提出"语言是不同领域的交汇点，交汇不仅仅是外在的表现形式，而是组成部分。它是由人在日常生活中点点滴滴的经验积累过程的语言应用心理基础"。总而言之，在语言的初步创造中，人类最早用语言表达的事物都是自然界中的一些具象化事物。人类从这些具象化事物中逐步获得抽象化思维，然后用表述具体事物的一些词语形容脑海中一些抽象概念，久而久之，逐渐构成了隐喻思维体系。通俗来讲，隐喻思维就是将两种毫无关系的事物，通过脑海中的联想融为一体，并借助两种事物表达、评价或者解释人们脑海中想要阐述的真情实感。

相似性是隐喻认知的基础。相似性的建立是人与世界万物建立的关联域，形成一个始源域（喻体）和一个目标域（本体），两者之间是相互独立的，都有人们之前对事物的认知经验。这两者之所以能够联系在一起，是因为两者之间具有相似性。这种相似性关联是人们大脑中对语境的认知决定的。认知语境可看作系统化的知识结构，该知识结构由三个部分组成，分别为语言、知识和社会心理。若是两者发生关联和互动反应时，就会激活人的大脑中的联想系统，将日常生活中一些熟悉的事物投射到一些陌生的物体当中。因为隐喻可以帮助人们更好地理解目标域的结构及其特点，也就代表人的大脑也具有相应的功能。隐喻用通俗的语言来讲，就是借助一个常见物体或概念去形容另一种人们见到的抽象物体，暗示两者之间有共同之处。

由上可知，隐喻是创造性的比喻过程，需要人们充分发挥大脑的联想机制，也体现出人们对当前环境中出现的固有事物的重新认知。隐喻是动静结合的认知结构，通常情况下，为了更好地了解外界事物，人们都是借助两个关联领域的事物来认识自己所处的自然世界，加深对外部的认知。

第二节　隐喻的类型

隐喻可以分为以下三种类型。

一、结构隐喻

结构隐喻，顾名思义就是在两个事物结构不变的基础上，用一个概念来构建另一个概念，两者之间的相似性是结构构成中存在对应的规律。举个比较复杂的案例，莱考夫和约翰逊两个人对"Argument"的概念进行了更加细致、精确的研究分析。它包含四个主要成分，即"Argument is journey."（争论是旅行）、"Argument is war."（争论是战争）、"Argument is container."（争论是容器）和"Arguments are buildings."（争论是建筑物）。上述的论证都是围绕某一核心点，然而，其论证的事物并不是论证内容的全部。举个简单例子，比如"论证是容器"，容器就是单纯一个事物，但是代表产出内容，就是一个虚拟事物，"论证是战争""论证是建筑物"也是同理，就是用这个物代替虚拟的质量、方法和结果。

以上四个隐喻都可以看作结构隐喻，比如"Argument is war."隐喻里，形容"战争"中出现的各个环节都可与"争论"相结合，比如：战争双方中占据根据地的初始位置，战争双方攻击彼此战队的薄弱点，防御或蹲守根据地，防守地撤退，进攻或反击，胜负，停战。以上都是结构隐喻的映射，也就是将始源域的模式映射到目标域的映射当中，前者对应后者的某个位置点，两者之间的点串联在一起形成系统。由以上内容组成的"争论"隐喻就是结构隐喻的具体概念表述。

日常的语言运用中，还有很多结构隐喻，具体如下：

① Anger is dangerous animal.（愤怒是危险的动物。）

② Communication is sending.（沟通是发送。）

③ Death is departure.（死亡是离开。）

④ Lifetime is a day.（一生只是一天。）

⑤ Love is war.（爱是一场战争。）

⑥ Time is money.（时间就是金钱。）

⑦ Understanding is seeing.（理解是看到。）

⑧ World is a theater stage.（世界是一个大舞台。）

比较左边位置的目标域与右边位置的始源域，能总结出非常切合人体直觉的结论，就是人们通常都是用比较具象化的事物（右边始源域）来理解脑海中比较抽象化的概念（左边目标语）。简而言之，人们对一些复杂化、抽象化的概念的理解，一定是建立在日常所见的可视物当中，用它代替那些复杂的抽象概念。至于日常所见事物的概念理解，则是建立在人们对这些物体的熟悉程度和经验积累中。

二、方位隐喻

方位隐喻则是参照空间概念进行搭建的隐喻概念。方位隐喻采用空间对照的方式，用一个空间位置去描述另一个空间位置，其相同点是，两个事物或者概念在同一个概念系统当中。比如上下、前后、中心等空间词组合起来。空间方位的根本是人与自然的相辅相成，空间感知力是人获取的基本自然力，空间感知经验也是人们在后期与自然的相处成长中逐步学会的能力经验，这一点在心理学中已经达成有效共识。因此，人们通过与自然相处中的经验积累去理解、感知抽象化概念，比如以上下和高低为基础的抽象化隐喻，具体如下：

① Happy is up；Sad is down.（快乐是向上的；悲伤是向下的。）

② Conscious is up；Unconscious is down.（意识是向上的；无意识是向下的。）

③ More is up；Less is down.（多为上；少为下。）

④ High status is up；Low status is down.（高位是上；低位是下。）

⑤ Rational is up；Emotional is down.（理性在上；感性在下。）

上述隐喻基础具体的解释有以下五种说法：

①低头垂首的身体姿势通常表示人处于情绪悲伤的状态下，直立的站姿则正好与之相反。

②人们在睡觉休息的情况下，大都是躺着的，但是睡醒后，身体是站立的。

③往一个容器中装入越多东西，平面就会越来越高。

④人所处的社会地位与权力息息相关，高位在上。

⑤西方文化理解中，人们自视过高，总将自己凌驾于一切事物之上，想要掌控一切事物，包括周围的环境，这都是理性的作用。

通过上述的说法可以明白，"施控是上"的隐喻，其实就是人在上方的意思，当然从隐喻的理解中也可以延伸为理性在上的意思。

上述案例中，人们所运用的概念都是建立在空间隐喻组织的基础上的。每一个空间隐喻都有一定的内在联系，即便是不同的隐喻也会有系统关联。比如"上"这一空间方位对应"好"，而"好"的具体概念描述又对应"快乐""开心""有地位"等一些比较好的词语。空间隐喻和关联概念之间的密切联系，使得人们想象不出其他更好的方式来完全替代隐喻，所以英语与汉语的隐喻概念都是用高低构想"社会地位"，这就是汉语和英语中对空间隐喻的相通性。

三、本体隐喻

人们对外界环境中实体和物质的经验可以看作最为基础的经验，但是这种经验却为人们描述表达抽象化概念提供了良好的基础。正因如此，本体隐喻这一隐喻概念出现。借助本体隐喻描述抽象化、模糊化的经验，比如人的行为动作、心理描述、情感等，将它们看作实体或者离散状态主要是方便人们的思维推导。比如"通货膨胀"这一概念名词，可以把通货膨胀经验看作实体，进而形成对它的本体隐喻。

在对本体隐喻的概念阐述中，容器隐喻具有鲜明的代表性。容器隐喻的物质基础较为明显，比如人体就是一个容器，皮肤是作为人体这一容器内外的分界点，人们为了生存、发展，必须从外界源源不断地获取食物、水等生活必需品，将它们装入容器中，也不断地将一些废弃物排出体外。在人们生活的周围，经常与容器打交道，可以说容器无处不在。在人类的认知中，任何一个有边界的物体都可以将其归类为容器，若是把容器放到隐喻中，就是各种形式的容器隐喻。

以上类型的隐喻举例，说明隐喻不仅是人们日常生活中的语言描述，也是人们思维理解的基础。这些语言形式逐渐普通化，导致人们下意识地运用隐喻，但是意识不到自己已经在使用隐喻。人们思维意识中的下意识概念将一些比较复杂抽象的思维概念借助现实中接触的日常事务表达阐述出来，让这些抽象化事物有具体化的特征。因此，隐喻的恩维方式就是人们的感知方式，其已经成为人们日常生活中不可缺少的一部分，也是人们认识世界的基本方式。

第三节　隐喻的基本特点

一、隐喻的普遍性

隐喻属于语言现象，但也是一种认知现象，是将某个领域中的概念和经验用于另一领域的概念和经验，以达到说明或理解目的。所以，隐喻的本质是一种认知方式，是人类对客观世界进行感知、理解并形成概念的方式。在人类的文化及文艺活动中，隐喻广泛存在。

在原始社会，人类以"近取诸身，远取诸物"为原则。也就是说，人类以人本身为标准去衡量周围世界，人与世界相互关联，互为符号。人体可以通过对自身的认识给客观世界的事物打上烙印，并在事物上显示自己的欲望，形成分割与统一。因此，从语言出现开始，人类率先使用的词汇都与客观世界的具体事物有关，用来表达具体事物的具体含义，并不是表达某种事物的抽象概念。

隐喻属于语言现象，人类可以通过语言看待整个自然，也就是从人体的隐喻影像看待整个自然，即从人体式的结构去看客观世界，所以人类的语言带有明显的倾向性、具体性与针对性。人类的一切语种都有一个特点，就是用人体各部分器官以及感觉和情欲来隐喻其他大多数无生命的客观事物，比如，头、眼、口、脚等，这些概念原本是人体的一部分。但当这些概念被用来投射到其他事物（山、河、树等）上时，就会产生隐喻的方式，比如"椅子腿""门口"等。

人是以实体存在的，并且相对于周围世界独立，人类认识周围世界是从认识自身开始的。人类将自己所熟悉的"人本身"这一实体向不熟悉的其他实体或者抽象概念进行投射，一系列隐喻概念也就出现了，这一过程就是认知过程。在此过程中，人类对具体事物的认识和体验是将抽象、未知的概念以"实体"进行表达的基础。换而言之，人类是将思想感情、情绪状态、内心活动等看不见摸不到的抽象概念看成有形事物，尤其是人体本身。这就表明将具体概念和抽象概念相提并论，并用具体事物去描述抽象概念的方式，是人类一种自觉的思维方式。只不过，随着隐喻词汇的频繁使用，天长日久，这些以隐喻方式产生的词语就成为常规词，从而逐渐被人类忽略隐喻性。人类通过隐喻，逐渐从具体事物的概念中获得抽象的思维能力，于是更加喜欢借助具体词汇去描述抽象概念，人类的隐喻思维体系也就由此形成。

由此可见，语言文字就是由人及物的隐喻系统。一方面，人类将身体部位与客观世界的万物相结合，用身体器官和感觉为客观事物定义和命名；另一方面，可以说客观世界的事物成为人体部位与感觉的隐喻符号。所以，人和客观世界之间的关联域由语言文字建立。

不论是语言中，还是人的思想或者日常行为中，隐喻都无处不在。人们的概念系统指导着人们日常的思考和行为，而其本质也具有隐喻性。所以，隐喻不单单体现出语言的特性，存在于语言范畴中，往下延伸，可以了解到隐喻其实与人类本质、人类文化都有着关系。首先，隐喻表现出人类的性质、特点，即人类所固有的根本的属性。其次，人类的全部文化也是由隐喻构成的，在构建人类文化的过程中，将整个自然、整个世界符号化，用符号表现出人类文化。隐喻是指在两个事物之间存在相似性的基础上，将具体事物本身的特点与抽象事物的特点联系到一起，引申出新的含义。在语言中，经常使用隐喻功能，是因为隐喻功能可以让语言大放异彩。人类的思维一旦与隐喻功能连接上，就会形成隐喻式思维，人类语言中出现的具体事物会作为喻体，将具体事物的特点对应到抽象事物上，以此形成新的语言效果。

二、隐喻的文化一致性

隐喻是通过对心理意象进行联想，认知主体发现两个不同的事物之间具有相似性，其中认知主体是社会语言人。社会语言人所处的语言环境具有具体的文化背景，因此，隐喻认知就难以避免地被贴上文化的标签。任何一种语言都有特定的使用团体，这些使用团体是在共同的历史文化、风俗习惯、价值观等长期影响下形成的，也必定会在该种语言中得到反映。因此，通常某种文化中的价值观和该种文化中基本概念的隐喻特点会保持一致。

隐喻除了和语言相关外，还和人的思想行为相关。隐喻中所涉及的内容都是人类记忆中长期存在的概念，并不是偶然出现的。也就是说，隐喻首先出现在概念上，然后才出现在语言上，在概念上用一个范畴隐喻另一个范畴，在语言上用一个词语隐喻另一个词语。例如，"高"是与"低"相对的，体现上下对比的特征，是一个空间概念。但是人们把这一概念所具有的特征向其他领域投射，就产生了"高血压""高水平""高手""高速""高能"等概念，并且被运用到语言中。如今，很多语言形式已经十分常用，但其实它们都经历了概念隐喻化到语言隐喻扩展词义的变化，比如英语中的 "needle's eye"（针眼）、"the foot of the hill"（山脚下）等。

由于时间和空间的改变，隐喻化的概念会变得有所不同。概念不是一成不变的，随着历史的前进、社会的变化以及人类认识的进步，概念也会产生变化。比如，公开、过度地追求金钱，在中国的传统文化中是不被认可的，因此有"视钱财如粪土"之说。但时至今日，人们谈论金钱时不会再小心翼翼、躲躲藏藏，而是大大方方的。由此可以看出，随着社会的发展，隐喻概念始终在不断变化着。

在不同的地理区域内生活着不同民族的人民，他们的风俗习惯和社会制度都有所不同，因此不同民族中形成的隐喻概念是多样化的。隐喻概念在不同的民族中，由于地域的差异形成了不同的概念系统，因此不同民族的隐喻概念的内涵和外延也有所不同。比如，中国的地理环境决定了气候多样，在多样的自然条件下，古代思想家将代表自然的"天地"和"人"统一起来，以人为核心，从人本身出发，体验自然万物。所谓"天人合一"概念就产生于先秦时期，人们以"天"为神，赋予"天"以人格和思想，认为它是大自然的主宰者。此种思想生成了古代的人民文化，即崇拜天神。因此，"天"在中国文化里远远不限于天空、天宇，它是主宰人类世界的一种超然的力量，蕴含着浓烈的人文色彩，所以才派生出"天意""天经地义""天网恢恢"等不同意思的词语。在英语中，表示"天"的有"sky"和"heaven"两个词。"sky"的附加意义是"高"，所以派生出"sky-high"（天一般高的）、"sky-way"（高架公路）。"heaven"与"sky"一样有"天空"的意思，虽然它还派生出"天堂"的意思，但比起汉语的"天"，它的外延就小多了。

三、隐喻的系统性

（一）隐喻的系统性界定

隐喻的本质是通过一件事去理解和定义另一件事，意思是运用经过简化和概念化的术语来了解客观世界，引导人们的认知和思维方向，帮助人们形成观念。隐喻概念如同文化是一种知识系统也具有其系统性。举例来说，在"理论是高楼大厦"这一隐喻概念中，高楼大厦显然是有结构和层次的具体事物，以此来想象理论的架构就如同高楼大厦一样，有"地基""架构"，理论应如同稳固的建筑物一般，成为一个整体系统，如此不至于动摇甚至倒塌。

人类喜欢用隐喻的方式来为客观事物下定义，其原因在于，人类具有独特的概念系统，这种概念系统决定了下定义的习惯方式。在隐喻的语言形式中，人类观察世界、认识世界、理解世界的过程被体现了出来。人类运用隐喻的方式将看似不相关的事物联系起来，并从中找到相类似的地方，说明人在理解事物的心理过程中，并没有直接概念化。比如，不管是汉语还是英语，提到竞技体育尤其是球类比赛，总是会将其隐喻为"战争"。其实，"战争"和"球赛"是两件不相关的事情，但这一隐喻则总结出二者之间的相似性：二者的最终目的都是分出胜负，二者在过程中都有进攻和防守等。所以，隐喻系统中就出现了以战争谈论球赛的情况。参与球类比赛的运动员被赋予战争中战士一样的称呼：负责进攻的球员叫前锋，负责防守的队员叫后卫。比赛中所设计的比赛策略被称为"战术"：阻止对方进球叫"防守"，自己想办法进球叫"进攻"，化解对方的进攻并得到球权后马上向对方进攻叫"防守反击"，帮助队友进球叫"助攻"；比赛顺风顺水被形容为"攻无不克""屡战屡胜"。决定命运的某场比赛被称为"生死战""天王山之战"，整个赛事的最后一场叫作"收官之战"。此外还有"佯攻""鸣金收兵"等词语被用在球类比赛中。

（二）隐喻系统的共性分析

在人类社会中，不同的人群被划分为不同的民族，产生出不同的文化。但是，人类总归都生活在地球之上，因此，纵然有诸多不同，但在这些不同的背景之下，还是会产生出一些文化共识。共识文化会在语言中产生共同的语义，也会产生出类似的隐喻方式。

不同语言中的共识文化语义的产生是由于对客观事物认识的一致性。例如，汉语的"辩论是战争"和英语的"Argument is war."的构词喻象相当一致。

不同语言种类中的共识文化语义说明人类语言系统不是处于封闭状态的，而是自由的、开放的。社会发展至今，人类之间的交往已经十分频繁，生活在不同地理环境中的各族人民在政治、文化、经济、教育等方面不断交流与融合，形成了更多的共识文化语义。"信息高速公路"（information superhighway）、"软着陆"（soft landing）等隐喻已经在多种语言中广泛运用。

（三）隐喻系统的差异性分析

每一个民族都具有独特的民族心理，它通过心理遗传影响着本国、本民族的每一个人，它决定了该民族人民的思想、气质和行为习惯。每一种语言都具有悠久的历史，该民族的风俗习惯、传统文化、历史典籍等都对其语言有所影响，形成了独特的内容。在隐喻概念系统中，由于各民族的认知方法不同，对客观世界的理解就不同，因此，形成的隐喻化概念也具有很大差异。

汉语里有"气是世界的物质本源"的隐喻概念。东汉王充提出："天地合气，万物自生。"(《论衡·自然》)因此，就有表示有自然之"气"，如"天气"；命运之"气"，如"气数"；生理之"气"，如"元气"；精神之"气"，如"气色"；表示人的个性及特点的"气"，如"气度"；文艺美学之"气"，如"气韵"；力量和形势之"气"，如"气势雄伟"。英语里没有"气是世界本源"的概念系统，更没有关于"气"的隐喻系统。

比如"怒气"一词，在汉语中，怒气是气体，其温度极高。而在英语文化中，"怒气"更倾向于"液体"，可被盛放于器皿中。因此，英文中的"怒气"一词，有"器皿中的液体"之意，当液体被加热时，就会呈现出"怒"的特点。比如，到了沸点会出现蒸汽，那么盛怒就像蒸汽一样——"He is steaming."(他在散发着蒸汽——他在盛怒之中)；如果器皿是封闭的，液体被加热时温度会一路上升，怒气也是这样——"The naughty students got a rise out of the teacher."(捣蛋的学生使老师一路上升——捣蛋的学生惹怒了老师)。

西方人强调个体，追求对人的尊重和理解，充分发挥个性，即西方的人本主义。中国人强调人在群体中，看重整个群体的重要性，即中国的人本主义。群体有很多种，"家"是其中比较重要的一种。在中国的传统文化中，"家"的概念十分重要，因为在中华民族的发展史上，"家国一体"是一种伟大的格局，即从家族走向国家，由血缘关系稳定国家制度。比如，一件事几乎所有人都知道时，可以用"每个人都知道"来表达，但更常用的则是"家喻户晓""大家都知道"，此处的"大家"就是指一定范围内的所有人。于是，汉语中出现此种隐喻："家"表示"有专门的学识的"，一个人在某些方向具有很高的水平被称为"什么家"；在学术研究方面有独特见解的，可以说"自成一家"；自己最擅长的本领叫作"看家本领"；在某些领域登峰造极的就是"做到家了"。反观英文，只需要加上后缀"-ist""-er""-or"就可以表示"什么家"，而这些后缀并不具有隐喻的意义，也不存在深厚的文化内涵。另外，汉语的"家"被英语翻译为"family"或"home"，其中"family"一词的隐喻概念仅仅表现在生物、化学、天体等领域中的"族""属""科"等上面；"home"一词虽然在表示"精通"上与汉语类似，如"He is at home in Spanish."(他精通西班牙语)，但也没有其他含义。

英语"upright"翻译成汉语是"正直的"，其隐喻也相同，但各有所强调：英语的重点在于"上"，汉语的重点在于"正"。因此，汉语的隐喻系统认为"正"是一种"好"，人品端正则可以说是"正人君子"，心地坦荡则为"光明正大"，不偏不私的风气是"正气"，处理事情没有偏向则是"公正不阿"，一切公正的道理皆为"正义",如果知错能改叫作"改正",商品来自正规途径便为"正品"。

隐喻概念可以通过一件事的经验去理解另一件事,原因在于隐喻概念具有系统性,对人类感知周围世界和学习、积累知识具有重要作用。如果世界没有隐喻,那么,人们不仅会失去了解客观世界的重要手段,还将不能读到诗一般的语言。隐喻概念系统在人自身的经历和所处的文化影响下形成、发展,因此,不同民族中的共识文化在不同民族的语言系统中形成相似的隐喻概念系统,不同民族中的非共识文化(不同的历史、环境等)又在不同民族的语言系统中形成截然不同的隐喻概念系统。这些具有共性或存在差异的隐喻概念系统,为人们进行英汉隐喻对比研究提供了理论基础。

四、隐喻的常规性

某个隐喻是否经常被使用,读者对此熟悉不熟悉,就是隐喻的常规性,此处所说的隐喻既包括概念隐喻,也包括语言隐喻。通常,人们在见到新鲜的事物时会充满好奇心,就像从没有见过熊猫的人,第一次见到就会感到十分新奇,但是如果是每天都会见到的东西,就不会投入太多注意力。即使是曾经感到好奇的新鲜事物,时间长了也就没有吸引力了。

谈回隐喻,人们如果想给事物赋予一个全新的概念,可能需要绞尽脑汁思考,因为全新的概念并不是现成的,没有那么容易被找到。同样,如果人们想要使用一个全新的隐喻,也需要仔细思考,因为全新的表达法也并不是现成的,全新的隐喻也没有那么容易被想到。反之,如果通过已有的概念进行隐喻,使用已有的隐喻进行表达,则会容易许多,省去冥思苦想,在不知不觉中就能找到并使用隐喻。所以,可以看到,一些著作中会出现"effortless"(不费力的)、"unconscious"(无意识的)一类词语,用它们来形容平淡无奇的、存在于思维和语言系统中现成的隐喻;还会有"effortful"(费力的)、"conscious"(意识到的)一类词语,用来形容新奇的、经过大量思考之后获得的隐喻。所以可以说,平淡无奇的、存在于思维和语言系统中现成的隐喻的常规性程度较高,而新奇的、不常见的、经过大量思考之后获得的隐喻的常规性程度较低。要判断隐喻的常规性程度,可以看日常生活中人们以沟通为目的使用的隐喻所出现的时间长短,以及这一隐喻是否已经融入语言系统中。值得强调的是,常规性与非常规性之间不是非此即彼,因为隐喻的常规性从弱到强是逐渐转变的过程。

因为图式是人脑本身所固有的部分,但意象则不是,意象是隐喻的临时材料。再根据上述定义,可以得出:意象图式隐喻所具有的常规性程度较高;意象隐喻所具有的常规性程度要取决于意象本身，如果意象不常见，则其对应的隐喻常规性程度必然较低。比如，"Religion is a journey, not a destination."（宗教是一段旅程，而不是终点。）借助 "journey"（旅程）进行表达，"journey" 是一个图式，因此这一隐喻的常规性程度就较高，易于理解。

　　语境也是帮助读者解读隐喻的重要方法。如果隐喻的常规性程度较高，则对语境的依赖程度就越低；如果隐喻十分新奇，常规性较低，则在理解时更多需要借助语境。比如以下话语运用的是意象隐喻，而不是以意象图式为基础——"I am going to let Paris stew in her own gravy."（我要让帕里斯自食其果）。句子中 "stew in her own gravy"（自食其果）是一个鲜明的意象，所以从之前的理论分析看，这一隐喻的理解难度会超过图式隐喻。又比如 "gravy"（肉汁）在一些文化中并不存在，但是即便没有肉汁，其他类型的汤炖食物也是人类常见的，因此，这一隐喻虽然不属于图式隐喻，但由于意象较为常见，所以常规性程度还是很高的，也不需要依赖语境进行理解。还有一个例子，这是一句非洲土语 "The earth is a beehive: we all enter by the same door, but live in different cells."（地球是一个蜂巢：我们都从同一扇门进入，但住在不同的小房间里）。其中，"beehive"（蜂巢）属于意象隐喻，相比上一个例子，这一隐喻理解起来就有些困难了。可以想到，如果没有 "we all enter by the same door, but live in different cells" 这一语境，那么 "the earth is a beehive" 可能就无从理解，对于句子是如何把大地和蜂窝进行联系的也就一无所知，必须看到后面的文字才能明白，这就是语境对于解读句子的重要作用。

　　意象图式隐喻的理解在跨民族和文化中不会遇到太大障碍，是因为图式的存在以人的感官为基础，表达和翻译另论。"Religion is a journey, not a destination."（宗教是一段旅程，而不是终点）是一个常规性程度比较高的隐喻，无论是在英语中还是在汉语中都能够被理解，这是因为汉语使用者的头脑中存在着 "journey" 一词所对应的图式。同样的还有 "I am going to let Paris stew in her own gravy."（我要让帕里斯自食其果），这一隐喻虽然不是意象图式隐喻，但由于它的意象隐喻源于生活中比较常见的活动，所以常规性程度也很高，易于理解，当然，其翻译方式可以讨论。相反，"Every dog has its day."（凡人皆有出头日）是一句英语谚语，这一谚语中的隐喻就不太常见，常规性程度比较低。其原因在于，谚语中的意象 "狗" 具有明显的跨文化差异，"狗" 在汉语文化中具有明显的贬义，但在英语文化中则不然，因此其附加含义具有明显不同。

　　在翻译表达时，如何处理常规性程度不同的隐喻内容是关键，因此隐喻的常规性程度在跨民族、跨文化的条件下尤其值得关注和研究。在翻译过程中，需要判断不同隐喻的价值和意义，要保留有价值的隐喻，忽略掉无价值的隐喻。例如，"21世纪已经到来"在汉语中属于隐喻，但这一隐喻的基础是图式，常规性程度极高，人们甚至都没有感觉到，所以，此类隐喻的价值就比较低。而"The State of New Jersey is a valley of humility between two peaks of conceit."（新泽西州是两座自负高峰之间的谦卑谷）这句中的"valley"和"peaks"也是隐喻，但却是意象隐喻，所以给人以强烈的印象。

第四节　隐喻认知对人类的影响

一、隐喻认知影响人类看待事物的方式

认知语言学认为，语言与现实之间并不直接相关，认知和概念这一层次存在于二者之间。人类若想接近现实，就必须构建起认知结构，掌握相关的范畴知识。由此可知，人类基于自身的身体经验，利用自身的心智能力来塑造抽象概念，这一过程可以称为隐喻认知的建构。人类通过身体经验形成心智能力，利用自身的心智能力塑造概念。那么反过来可以认为，反映在人类语言中的现实结构，追根溯源必是身体经验。隐喻认知理论是认知语言学的重要组成部分，这一理论认为，隐喻是构筑概念系统的必需手段，在组织思维和行动中不可或缺，一定常常出现于日常语言中。隐喻是以人类经验为基础的认知行为，其本质是通过某一事物获取对另一事物的理解和认知。比如，人们通常用与战斗有关的词汇来描述比赛，把一场足球比赛理解为一场战斗，如"进攻""防守""战胜"等词汇，就与人类的认知过程紧密相关。

人们的认知过程复杂多样，但归结起来，其对于现实的理解主要来自两种途径——直接经验和间接经验。但是，直接经验在认知过程中的作用更为基础。人们在直接经验中得到一些基础性范畴，如方位性范畴（前、后，上、下，左、右）和物体、物质、目的、原因等范畴，逐渐增加对现实的理解。然而，人们理解关于物质世界较为间接的某些方面时，就需要将由直接经验产生的范畴投射到间接事物上，从而产生隐喻。例如，人们把森林中的一片空地看作一个容器，出于各自不同的目的，让自己处在这片空地的内部或外部。但是显然空地本身不具备容器的特点，只是人们由于自身所需在其之上进行投射的结果。同理可知，人们还

可以基于另外的感知目的，想象这片空地外的森林是另一容器，并以此设想自己所处的位置，是走入森林还是走出森林。

综上所述，人们借助隐喻可以理解事物、感知世界。每个人通过隐喻进行认知的具体方式不同，具有多种多样的概念系统。这一概念系统具有决定作用，其不但决定了人们眼中现实世界的丰富多样性，也决定了人们在现实世界生活的方式、与他人联系的方式。现实世界有可能存在一致性，但在不同语言社会下所形成的隐喻对现实世界构成的认知也不尽相同；人们拥有各自的概念系统，也会通过各不相同的方法感知现实世界。

二、隐喻影响着人类的思维和行为

隐喻是基于人类身体感知和文化经验的认知方式，它可以反向促进人的经验行为。以民族文化中的隐喻"争论是战斗"为例，就算是没有参与过战斗的人，也会将争论看作战斗，用与战斗相同的语言描述争论。

隐喻同时也存在概念组织不严谨、各方面不能得到平衡体现的缺陷。在人们进行语言交流时，"管道隐喻"会制约人们的理解。该隐喻的内容是"语言表达式是容器""思想或意义是物体""交际是发送"。说话人将思想这一物体放进代表容器的语言表达式当中，通过一条管道传输给听话人，然后听话人再将代表物体的思想从语言表达式的容器中拿出来。这一隐喻是关于语言常规的思考方式，看似符合现实，实则不然。实际上，其没有全面表现语言交际过程，反而掩盖了某些方面。首先，词句自身所具有的意义是与语境及说话者相互独立存在的，语言表达式是放置意义的容器。如果意义是物体，那么其在不同的容器——语言表达式中，具有不同的理解。在语境差异无关紧要的情况下，若所有谈话者对于一句话的理解也无大差异，那么管道隐喻是合适的。但是，很多情况下，语境差异尤为重要，管道隐喻就凸显出劣势。并且，即使是同处于一个语境中，不同的人对同一句话的理解也不尽相同。由此可以看出，隐喻只能帮助人们认知和理解某些概念的某些方面，而概念中的其他部分可能会被掩盖。

三、隐喻赋予人类创造现实的能力

每个人的概念系统不同，隐喻认知方式自然也不同。人们在认识世界、指导自己思维和行动中形成的隐喻认知方式十分重要，一经形成便很难改变。在生活中，人们开展着方方面面的活动，他们根据隐喻来确定现实，进而在隐喻基础上进行自己的行为。当人们在某个应用领域中使用某个语词，但这一语词本身并不属于这一应用领域时，语词的"本来"意义就会骤然明晰。人们在思想中通过分析概念，预先造成一种抽象概念，进而创造相关语言表现出此种抽象概念。

除了对现实世界中既有概念的塑造，隐喻还可以创造现实，新隐喻可以创造出崭新的现实。当人们在行动所依据的概念系统中加入新的隐喻时，这一概念系统及其对应产生的认知行动就会发生改变，成为更深层次的现实。比如，当人们以新隐喻来看待事物、感知现实、理解经验，并将其作为行动指导时，这一隐喻即可化为更深层的现实。文化演变大部分来自新隐喻性概念的引入和旧隐喻性概念的丧失。

语言作为工具，可以用于交流，还可以用于解释环境、构建概念、表达现实。语言中所体现出的新隐喻，足以导致概念系统的改变，也确实能够影响人们感知真实世界的方式，进而改变人们的行为。每种语言所具有的不同隐喻体系都蕴含着不同的概念系统。认知语言学科中的隐喻理论是语言世界观的体现，其使语言对人类思维行为产生的深刻影响再次得到重视。

第四章　隐喻的认知性分析

本章重点分析了隐喻的认知性，主要内容包括隐喻的认知过程、隐喻的认知符号、隐喻的认知功能和隐喻的认知性分辨。

第一节　隐喻的认知过程

本节将基于隐喻认知的直接性。根据隐喻要素的明晰度将隐喻分成五类，再根据隐喻要素对隐喻认知策略的影响以及语境在隐喻认知中的具体作用来分析这五类隐喻的认知策略以及隐喻要素和语境在隐喻认知中的作用，最后结合隐喻实例具体分析了五类隐喻的认知过程。

一、隐喻认知的直接性

"隐喻理解"指的是理解隐喻所表达的意义，"隐喻认知"指的是通过理解隐喻所传达的意义来还原隐喻语言所体现的认知过程从而达到认识事物的目的。

（一）隐喻理解间接观

在理解隐喻所表达的意思这一理解过程中，若从有没有涉及字面意思这一角度归纳，可整理出两种观点：隐喻理解间接观和隐喻理解直接观。美国哲学家格赖斯（Grice）认为隐喻的理解具有间接性，即持隐喻理解间接观。他认为，说明者在某种特殊的情境下，依据格赖斯的会话原则，将看起来错误、不正常、毫无逻辑的语句表达背后所存有的特殊含义提取出来，也可以说，对看起来错误、不正常、毫无逻辑的语句的字面意思作出了非肯定即否定的判断，挖掘语句背后更深层次的含义，也就是对语句隐喻的解读。

质量准则是学者格赖斯所认为的会话必须遵守的合作准则中的一条，也就是除了话语的字面意思外，听者还要挖掘语句背后更深层次的含义，也就是上文提到的隐喻含义，而隐喻则恰好体现了这一原则。学者塞尔对格赖斯的观点持有相同意见，并在格赖斯观点的基础上进行了系统阐述，从某种程度上来说，塞尔的观点代表了隐喻理解间接观。塞尔认为以语用原则为依据，语言包括两层意思，即句子意义和语句意义，而隐喻意义不同于句子意义，但可同语句意义画上等号。尽管如此，隐喻意义与句子意义还是存有一定的关联性。这部分提到的句子意义我们可以将其理解为语句的表面含义或者基本含义。为了更加方便地理解隐喻，塞尔将隐喻所蕴含的意思总结为：说话人说"S 是 P"，但挖掘其背后的含义，说话人其实表示的意思为"S 是 R"。所以听者若想理解说话人所说语句背后蕴藏的含义，可以按照以下方法来进行：首先，判断语句的字面意思，即按照字面意思理解语句是否正常或合适；其次，若按照字面意思理解语句发现并不合适，则要准备挖掘语句背后的深层含义，也就是隐喻解释，根据相关原则，思考与"R"可能有关的意思或事物；最后，依然需要根据相关原则，缩小"R"的范围，将"R"范围内的意思或事物同说者的陈述进行确认。

以塞尔为代表的隐喻理解间接观存有以下几个方面的问题。

首先，这种观点不能区分隐喻与讽刺、夸张、反话等其他言语行为。他们把"S 是 P"的隐喻意义看成说者意欲表述的"S 是 R"，将隐喻意义等同于说者目的，混淆了语句隐喻意义和言语行为理论中的言外之力。而事实上，隐喻意义只是表达了说者对事物属性认知的结果，包括由这种认知所产生的理性和情感意义，并不一定期待言语行为理论中的言后行为。例如：

①他们一家三口住着巴掌大的房子。
②（周末有空吗？）我有两张电影票。

其次，隐喻理解间接观认为隐喻的意义是以字面意义为基础的，但对字面意义或者说本义却没有明确的界定。如果把字面意义等同于逻辑真值意义，那么句子意义不同于字面意义的语言形式除隐喻外还有很多，并且隐喻意义和句子的逻辑真值意义之间并不一定存在某种联系。

最后，根据隐喻间接观，隐喻理解是由隐喻句"S 是 P"推理出它传达的"S 是 R"的意义，根据这一观点可以推断出"S 是 R"是和"S 是 P"意义相同的非隐喻。因为如果"S 是 R"是隐喻，这个理解过程就将在寻求"S 是 R"的语句意义过程中循环下去；而如果"S 是 R"是非隐喻并且和"S 是 P"意义相同，那就无法解释隐喻在实际语言中存在的原因。因为任何隐喻都有意义相同的非隐喻形式，隐喻意义要经过字面意义的推理也和语言经济原则不相符。有关隐喻理解直接观的语言经济原则方面的理据将在后面详细论述。

（二）隐喻理解的直接观理论

在语言的实际使用过程中，经常会遇到一些隐喻理解间接观没办法给出合理解释的情况，这主要是由字面意义的概念界定不明导致的。正是因为隐喻理论间接观存在不合理和不完善的地方，所以，在实际运用过程中，隐喻理解直接观同样发挥着不可忽视的重要作用。对于隐喻理解直接观的解读可以从以下三方面进行：隐喻的认知符号、语言的经济原则和隐喻在实验中的证据。

认知事物可以获得事物的属性经验，隐喻是一种认知事物属性的方式，在认知的过程中需要借助其他事物的属性经验来完成，这种认知方式主要基于隐喻的认知性。隐喻的认知方式概括来说就是通过喻体认识本体，喻体的范围包括其特性、关系结构、功能或者概念范畴等。通过解读隐喻的认知性还可以归纳出隐喻的意义，主要体现在本体和喻体两者之间对应的属性上。换句话说，隐喻的认知也就是从喻体相关的概念、特性、关系结构、功能等多个属性中选择出映射到本体概念的属性的过程，理解了隐喻的这一过程，也就理解了隐喻的意义。隐喻的认知是多个因素共同作用的结果，其中包括认知的主体、喻体、本体和语境。对于认知隐喻，不能将其和字面意义挂钩，它是一个随着意义不断变化而动态获取的过程。

对于"字面意义"的界定主要是词、短语或者是句子在静止状态下表达的抽象层面上的意义，不会随着语境的变化而发生改变。我们常见到的比较有代表性的字面意义就是词典中各种字、词、短语的意义，这是一种不分场合和语境的、普遍的意义。这种静止状态的字面意义通常是比较抽象的，而对事物或者是事物属性的认知是不包含在内的。从这个意义上来说，字面意义对于隐喻认知的作用就不是很明显了，因为对事物和事件属性的认知是隐喻认知的重点所在。在实际使用过程中，不存在脱离其他词语而使用单一词语的情况，词语的交际价值和传达信息的作用必须在相应的语境中实现和发挥，词语在隐喻表达中也是同样的道理。例如：

①孩子是家中的太阳，孩子快乐的阳光照遍了家庭的每一个角落。

②"爸爸，这次数学没考好。"女儿怯生生地看着我说。

"没关系，学习也和人一样，偶尔感冒一下也正常，把感冒治好了就行了。"我看着女儿说。

"太阳"在词典中的解释有三种："太阳系的中心天体""银河系的一颗普通恒星""地球等行星围绕它公转的恒星"，不把它放入具体语境中的话，这种字面意义不会产生交际价值，也无法确定"太阳"这一词语表达的具体意思。以例①来说，"太阳"在具体的语境中传达的信息则和它的字面意义没有交集。需要通过"太阳"的属性来理解例①中"太阳"的隐喻意义，这样才能认识"孩子"，如同太阳发出阳光照亮世界一样，孩子给所有家庭成员带来欢乐。很明显地，这一"太阳"属性和词典里的字面意义是毫无关系的，如果不清楚"太阳"在字典中的解释，只看句子，也是很容易就能理解句子所表达的意思。反而当知道了"太阳"在词典中的字面意义，再来看句子，往往不一定能理解句子真正要表达的意思。从这一角度我们也能看出，隐喻的词语在运用的过程中可能和其字面意义毫无关联。这一点同样适用于例②。"感冒"在词典中的解释是"传染病，病原体是病毒，在身体过度疲劳、着凉、抵抗力降低时容易引起"，而在例②中的隐喻意义和它的字面意义毫无关系。

将事物对应关系的相似性表现出来的表意活动就是隐喻，这一点可以从隐喻的符号性上体现出来。换句话说，就是将事物或事件概念的语言符号（词语）表征出来，再进行指示其他事物或事件的表意过程。通过解读隐喻的符号性，我们还能发现探求符号的相似性的过程就是理解隐喻的过程，符号的相似性主要是指在实际运用过程中涉及的事物或事件之间的存在的对应关系，这也是隐喻理解的核心环节。对应关系不是指事物或事件单纯的概念上的重合，而是在概念属性方面的对应。前面已经讲过，字面意义与词语指称概念对应事物或事件的属性没有关系，只是一种静止状态的抽象意义。从这一个角度来说，字面意义对于探求符号相似性的作用就不是那么明显，对寻求运用过程中涉及的事物或事件的对应关系也起不到什么辅助作用。值得一提的是，符号的表意过程也需要相应的语境，隐喻的表意过程也需要在语境下完成，语言符号的字面意义与其隐喻意义关联性不大，语言符号表意过程中涉及的隐喻理解可以独立于字面意义单独存在。例如：

③我是太阳，你是月亮，虽然就在同一宇宙里，但却不能同时出现在天空中。
④爱情就像白米饭，浪漫就像桌上的菜。

例③中的隐喻该如何理解呢？明显不需要解读"太阳""月亮""宇宙"这些词语在词典中的字面意义，而是直接进行隐喻理解，把握"太阳"和"月亮"之间的关系来解读"我"和"你"之间的关系，找到对应关系就能理解句子中的隐喻意义。对例④的理解也遵循同样的思路，不需要解读"白米饭""菜"的字面意义，直接领会隐喻的表意，把握"白米饭"和"菜"之间的关系，再将之对应到"爱情"和"浪漫"这二者的关系上，就很容易理解隐喻的意义了。反而是那些知道了例③中词典里的解释的人不能很好地解读出句子真正传达的信息，所以从这一层面来说，隐喻意义的解读不一定要把词语的字面意义作为参照，隐喻意义可以脱离字面意义而单独存在。

总结来说就是字面意义对于隐喻认知符号的理解作用不大，解读隐喻意义可以不参考字面意义单独进行，这一点也符合语言的经济原则。

（三）直接观的语言经济原则

在人际交往中，人们趋向于表意所需的最少的语言符号，并且表意既能让言者完整地表达自己的意思，又能让听者完全理解，这是美国语言学家乔治·齐普夫（George Zipf）的观点，同时他率先提出语言经济原则这一理论，后来被人们发展为省力原则。省力原则简单来说就是用最小的交际认知努力获取最大的认知成果，这是人们在人际交往中普遍遵循的原则。美国语用学家劳伦斯·霍恩（Laurence Horn）提出了"听话人省力原则"和"说话人省力原则"，他提出的原则是建立在省力原则和格赖斯的会话原则基础上的。也可以说，语言经济原则中说者和听者存在负相关的关系，也就是说听者省力那么说者就会相应地费力，说者省力那么听者就会相应地费力。齐普夫和霍恩的语言经济原则有一个共同点，那就是都强调在语言实际运用过程中，说者和听者付出的认知努力是均等的。

在人际交往和语言实际运用过程中，语言经济原则是非常重要的，可以说是根本性的原则。语言经济原则的一个很明显的作用就是制约语言。隐喻是人际交往中适用范围很广的语言形式，也是需要遵循语言经济原则的。遵循的路线就是说者和听者所付出的认知努力的均等性。在使用隐喻的过程中不需要参考词语的字面意义，可以脱离字面意义单独进行。从这一角度来看，隐喻理解也是符合语言经济学原则的，因为它遵循了"用最小的交际认知努力获取最大的交际认知效应"的原则。

通过喻体的相关属性来对应本体的符号属性，以达到表意目的，这一过程就是隐喻在语言中的应用过程。这一过程需要通过一个概念（喻体）属性来认知另一概念（本体），很明显此过程中说者所付出的认知努力更多。因此，在使用隐喻的过程中，说者需要付出更多的认知努力。

在使用隐喻的过程中，说者需要付出更多的认知努力，根据上文提到的语言经济原则在言语双方即说者和听者之间存在的负相关关系，听者付出的认知努力则会减少。然而，如果听者没有完全理解言语中隐喻所表达的信息，在解读隐喻表达式中的隐喻意义之前，先去了解了词语的字面意义，发现与实际语境相冲突之后才去理解隐喻，这样一来，听者付出的认知努力显然比理解包含同样信息量的非隐喻所付出的认知努力更多，这一情形就与语言经济原则的理论相冲突。基于这种情况，我们可以推断出听者可以脱离字面意义，遇到隐喻时直接进行理解。说者和听者付出的认知努力是均等的，在实际交际过程中，隐喻不能牺牲听者的利益，要求听者付出更多的认知努力，这样是不符合语言经济原则的。隐喻理解间接观对于这一点有不同的理解，认为在理解隐喻的过程中先进行字面意义的理解，在字面意义不符合语境时再对隐喻进行理解。这种观点势必会让听者付出的认知努力比说者更多，这明显不符合语言经济原则。从这个层面的分析可以看出解读隐喻与词语的字面意义符不符合语境无关。

隐喻言语在交际过程中是包含着信息量的，这些信息量也体现了隐喻理解的直接性。隐喻理解间接观认为隐喻表达式内容更加丰富，不仅有隐喻意义还有字面意义，说者的认知努力发挥的作用更大，传递的信息更多。按照语言经济原则来讲，说者并没有节省认知努力，但是传递的信息量却明显增多了。隐喻听者既要解读隐喻意义又要理解字面意义，需要付出的认知努力比单纯地理解隐喻意义要更多。从这个层面分析可以看出听者在实际交际中可以直接理解隐喻意义。

我们在实际言语交际中表现的行为理论是符合隐喻理解直接观的理论的，体现了语言经济原则的可行性。通常来讲，我们在平时的交际中遇到隐喻是不需要参考其字面意义的，根据以往经验就能对隐喻进行直接解读。有证据可以证明字面解释和非字面解释是平行运行的，可以同时对二者进行评价和处理。解读字面意义和梳理句子意义不分先后，没有严格的时间顺序；在理解话语的过程中也可以进行别的操作，听者在接收到话语信息后就开始对其意义进行推理，根据具体语境和相关的语用规则来梳理句子意思。

（四）隐喻理解直接性的实证依据

语言经济原则可以证明隐喻理解的直接性，认知科学和心理语言学也为隐喻理解的直接性提供了实证依据，在解读隐喻时不以字面意义的否定为前提。对于具体语境中的新隐喻和非隐喻的理解速度，心理和认识科学也做了相关实证研究，结果都证明了在理解速度方面，二者是一致的。研究学者证明了对非隐喻和新隐喻的理解需要等同的认知努力，甚至有些情况下，理解新隐喻所需要的认知努力更少。还有相关的研究证明了对隐喻的理解不需要复杂的解读，这只是常态化的言语交际的一部分。需要注意的一点是，隐喻表达式包含的词语有时是需要单个进行加工的，速度上也没有超过对字面意义的表达加工。

语言学家霍夫曼和坎伯（Hoffman & Kemper）在1987年做了隐喻理解方面的实证研究，研究出了解读字面意义用的时间和解读隐喻意义所用的时间大致相同的结论。理查德（Richard）在1989年进行了类似研究，验证了上述结论的正确性。理查德的研究方向主要是理解隐喻和非隐喻所用时长。操作步骤分为：第一，在两个简单的故事中加进 "The winter wind gently tossed the lacy blanket."（冬风轻轻地吹着这床镶着花边的毯子）。第二，准备两组与下面故事类似的故事，共同点是结尾处都是同一个句子，一个是字面用法，另一个是隐喻表达，让受试者阅读。观察阅读以字面意义和隐喻意义结尾的故事的时长，比较阅读哪种结尾所用时间更长。通过对实验结果的统计发现阅读两种不同用法所用时长是差不多的。例如：

Joan didn't want to put her silk blanket in her automatic dryer. Although it was January, she risked putting it on the clothesline. The winter wind gently tossed the lacy blanket.（琼不想把她的丝绸毯子放到自动甩干机里。尽管当时是一月，她还是冒险地把毯子晾在晒衣绳上。冬风轻轻地吹着这床镶着花边的毯子。）

Joan looked out into her yard with great excitement. Overnight, a layer of snow had covered the ground. The winter wind gently tossed the lacy blanket.（琼兴奋地向外往她的院子里看。过了一个晚上，一层雪已经覆盖了地面。冬风轻轻地吹着这床镶着花边的毯子。）

约翰逊的实验主要是测试隐喻和明喻的反应时长，实验结果表明二者所用时长是差不多的。他比较了在阅读长度和词语数目方面基本相同的隐喻句和明喻句时所需要的反应时间，发现人们对隐喻句和明喻句的反应所需时长基本等同。但是隐喻间接理解观对这一方面有不同的观点，认为理解隐喻所需要的时间更多，因此反应时长也更长。这样看来，约翰逊的实验结果是与隐喻间接理解理论背道而驰的，反倒是与之前的实证研究结果的结论一致，证明了不需要对字面意义进行判断，而直接就可以解读隐喻的意义。

还有一些相关的实证研究也得出了相同的结论，都支持了隐喻理解直接性观点。吉布斯和格里格（Gibbs & Gerrig）也有类似的见解，认为在具体的语境中，理解隐喻和理解语义差不多的非隐喻所需要的时间是基本相同的，不存在明显的差异。格雷戈里和默格勒（Gregory & Mergler）也做了相关的实证研究，结论是对隐喻的熟悉程度越高，理解隐喻所用时长越少。对于不常见、不熟悉的隐喻，理解其意义需要更多的时间。如果对说话者不熟悉，阅读隐喻会比阅读字面意义需要更多时间，但是如果将隐喻放在具体的语境中，那么阅读二者所用的时间是差不多的。这一结论说明上下文信息和具体的人物关系会影响读者对隐喻的理解。当亲友或家人成为故事的主要人物时，阅读隐喻和非隐喻所用时长是一样的；当故事的人物所涉及的社会关系较远时，阅读隐喻所需要的时间就会更多。除此之外，解读隐喻就是从判断是否为隐喻话语开始的。

综上所述，在很多方面隐喻理解间接观都存在着漏洞。与此同时，各种实证研究的结果都证明了隐喻可以不以字面意义为参照，直接解读，这一观点符合语言经济原则，也与隐喻认知符号性相对应。

二、要素明晰度在隐喻认知方面的影响

隐喻要素存在于各种隐喻认知理论中，其中包括隐喻互动论、整合论和映射论等，因为这些理论都涉及本体和喻体的对应概念，由此看来，隐喻认知深受隐喻要素的影响，这些要素主要是本体、喻体和喻底。隐喻要素在句子中的呈现方式简单来说就是隐喻要素的明晰度，分析在不同的隐喻要素明晰度上思维有哪些变化，可以发现隐喻要素明晰度对隐喻认知方面的作用。需要基于隐喻要素对隐喻划分类别，分析不同要素明晰度类别下的认知对策。

（一）基于要素明晰度的隐喻分类

在以往的隐喻理论论述中常会涉及对隐喻认知过程的探讨，而隐喻要素在句子呈现方式方面的隐喻理论研究却很少。隐喻要素主要包含本体、喻体和喻底，呈现方式主要是直接出现、间接出现或隐含。不同的呈现方式对隐喻认知的影响也是不同的。对要素和要素间的对应关系进行认知，体现对应关系的象似符，这种认知方式就是隐喻，由此也可以看出，影响隐喻认知的重要因素就是隐喻要素。基于隐喻这一语言现象的复杂性，隐喻认知机制各有不同，即要素明晰度不同，它们对隐喻认知的影响也有明显的差别。

本体、喻体、关系词和喻底这些基本要素组成了隐喻的基本框架。接下来分析各要素之于隐喻的意义：本体是隐喻认知的最终目的，喻体是隐喻认知主体需

要凭借的载体，关系词就是连接本体和喻体的词语，喻底就是隐喻的意义所在。一种比较典型的隐喻呈现方式就是"A 是 B"，在这句话里，A 是本体，B 是喻体，"是"是关系词，喻底就是句子解读的意义。隐喻关系词除了"是"，常见的还有"像""如"等，隐喻关系词可以出现也可以不出现，通常情况下，喻底也不出现在隐喻的句子中。隐喻关系词对解读隐喻意义的作用不大，在探讨要素明晰度对隐喻认知影响的过程中不考虑关系词，考察对象就是另外的三项。隐喻分类的标准也是根据本体、喻体和喻底的呈现方式。

隐喻句子中，隐喻要素有不同的呈现方式，可以直接出现，也可以间接出现，甚至可以不出现。表征隐喻要素概念的词语直接呈现在隐喻句子中，这种情况就称为直接出现；表征隐喻要素概念的词语没有直接出现，而是借助其他相关词语的表征出现，这种情况就称为间接出现；隐喻要素在隐喻句子中既没有直接出现也没有间接出现，这种情况就是不出现。

为了将上述理论表达得清楚、明白，我们可以借助一些方法来理解。数字"1"代表直接出现的隐喻要素，"0.5"代表间接出现的隐喻要素，"0"代表隐喻要素不出现。基于隐喻句子中隐喻要素的呈现方式，不同隐喻类型下的要素明晰度如表 4-1-1 所示。

表 4-1-1　隐喻的要素明晰度分类

隐喻类型	本体	喻体	喻底	要素明晰度
第一类	直接	直接	直接	3
第二类	直接	直接	不出现	2
第三类	直接（间接）	间接（直接）	不出现	1.5
第四类	间接	间接	不出现	1
第五类	不出现	直接	不出现	1

如表 4-1-1 所示，根据要素明晰度不同，隐喻可以分为五类：第一类，本体直接出现，喻体直接出现，喻底直接出现。通过分析例①可知，"王经理"是本体，"狐狸"是喻体，"狡猾"是喻底。第二类，本体直接出现，喻体直接出现，喻底不出现。通过分析例②可知，"王经理"是本体，"老狐狸"是喻体，喻底不出现。第三类，本体直接出现，喻体间接出现，或者本体间接出现，喻体直接出现，同时喻底不出现。通过分析例③可知，本体"王经理"直接出现，喻体"狐狸"间接出现，喻

底不出现。第四类，本体和喻体间接出现，喻底不出现。通过分析例⑭可知，"辩论"为本体，但是它没有直接出现，而是以辩论的部分"论点"来实现间接出现。"战争"为喻体，喻体也没有直接出现，而是通过与它常用搭配的词语"攻击"来代指，实现间接出现。第五类，这一类中本体和喻底隐藏不出现，喻体则直接出现。通过分析例⑤可知，这一例句和例④的要素明晰度相同，但因为这句比例④少出现一个要素，则显得例⑤没有例④清晰度高。例句如下：

①王经理像狐狸一样狡猾。
②王经理这只老狐狸跑了。
③王经理露出了狐狸尾巴。
④她攻击对方的论点。
⑤这只老狐狸跑了。

隐喻要素明晰度直接影响着隐喻认知策略和隐喻的认知过程，这也是基于要素明晰度进行分类的主要目的。根据隐喻要素明晰度划分的五类隐喻在具体的认知过程中，思维活动和语言描述也是不同的。隐喻中的"事物或者是事件"通常就是我们所说的本体和喻体，这是隐喻的主要构成部分；隐喻中的喻底则是隐喻代表的意义所在，换句话说，喻底就是隐喻进行和认知的最终目的。隐喻要素呈现的方式一般就是"直接出现""间接出现""不出现"这三种，在实际言语中，我们能快速、准确地判断隐喻要素出现的方式，这也进一步验证了根据隐喻要素明晰度进行隐喻划分的正确性。用数字代表三种呈现方式，是为了可视化地呈现隐喻要素明晰度，这样量化地进行对比，可以使人们更清晰地了解隐喻分类中的要素明晰度，也能对要素明晰度的数值进行计算。在语言的实际使用过程中，我们会经常遇到这五类隐喻，就拿新浪微博隐喻语料库来说，其中就有大量的以"人生"为话题的隐喻句子：

⑥人生就是一场旅行，不在乎目的地，在乎的是沿途的风景以及看风景的心情。
⑦只有在充满了艰辛的人生旅途中，始终调整好自己观赏风景的心态，才能做到人在旅途，感悟人生，享受人生。
⑧人生没有彩排的机会，每时每刻都是在现场直播。

⑨从生下的瞬间，上帝便给了人一个舞台，让他们演绎自己的剧本；在那谢幕的一刻，就宣告了一段剧情的终结，一切又重新开始。

⑩在舞台上卖力演绎着，台下却无人鼓掌……注定是一场独角戏。

在上面的举例中，我们可以明显看出隐喻的第一类是例⑥，隐喻的第二类是例⑦，隐喻的第三类是例⑧，隐喻的第四类是例⑨，隐喻的第五类是例⑩。微博隐喻语料库的分类也是按照隐喻要素明晰度不同进行划分的，这一分类符合实际情况。

（二）基于要素明晰度的隐喻认知策略

隐喻的认知策略和认知过程也是以隐喻分类为基础的，隐喻分类的基础则是隐喻要素明晰度。

隐喻的本体、喻体和喻底都直接出现的类别是隐喻分类中的第一类。这一类中喻底揭示了隐喻表达的最终目的，那就是说者希望听者理解隐喻时遵循特定的思路。喻底在此过程中起着明示的作用，传达出了本体和喻体之间的对应关系，弄清楚喻底方向性的提示意义，有助于了解隐喻构建的意义。上文的举例①和②，这两句的意思基本是一样的，都是在表达王经理比较狡猾，但二者的语言呈现方式却有明显差别，"狡猾"则是句子的喻底，揭示了主体"王经理"和喻体"狐狸"之间的概念属性和对应关系，喻底主要起着连接本体和喻体属性间象似关系的作用。

举例来说，我们可以比较分析一下例①、例⑪和例⑫，前两个例句通过隐喻突出了王经理"狡猾"的程度。再比如，将例⑬和例⑭进行相比，可以明显看出例⑬相对容易理解，因为喻底的直接出现揭示了本体"嫉妒"和喻体"苍蝇"之间的映射属性对应，主要体现在嫉妒和苍蝇都停留在（身体或精神）有创伤的这些方面。例句如下：

⑪王经理像一只狐狸，十分狡猾。
⑫王经理很狡猾。
⑬嫉妒犹如一只苍蝇，经过身体的一切健康部分，而停留在创伤的地方。
⑭嫉妒犹如一只苍蝇。

隐喻的本体和喻体直接出现，而喻底不出现的类别是隐喻分类中的第二类，主体根据具体的语境来寻求本体和喻体之间概念属性的映射关系。通过分析例⑮可以得知，直接出现的"你"是句子的本体，直接出现的"太阳"是句子的喻体，而其中的喻底并没有出现。在实际认知隐喻的过程中，需要探求本体和喻体之间的象似性，这种探求不是理解本体和喻体的字面意义，说者将它们之间的象似性通过隐喻的表达方式呈现出来，听者想要做到真正理解这种隐喻必须结合具体语境。在我们熟知的《罗密欧与朱丽叶》中，罗密欧对朱丽叶说过一句经典的表达爱慕的句子"你是我的太阳"，这一句就是典型的隐喻第二类。罗密欧说的"太阳"可能代表了朱丽叶的出类拔萃、熠熠生辉，让人爱慕和向往，也可能罗密欧想表达朱丽叶给他带来了光明和希望，将他从黑暗的生活中唤醒。人们在之后几个世纪里对罗密欧内心真正的想法进行了研究探讨，至今也没有得出各方都认可的结果。这样看来，在言语交际中，隐喻往往可以代表多个意义的表达，相比于第一类隐喻，第二类明显更复杂一些，需要结合具体语境进行隐喻认知，第一类的喻底直接出现，给隐喻认知指明了方向，就像例⑯，喻底没有出现，解读起来需要结合语境，更为复杂。例句如下：

⑮你是我的太阳。
⑯她的脸像苹果。

隐喻的本体直接出现，喻体相对地间接出现或者是隐喻的本体间接出现同时喻体直接出现，两种情况中喻底都不出现，这是隐喻划分类别中的第三类。在认知这类隐喻时，需要结合具体的语境，联系上下文找出本体和喻体之间的对应的概念属性关系，不考虑具体语境的话，也可以通过局部和整体之间的关系推断出来。比如说例③中，"狐狸尾巴"代指喻体"狐狸"，再分析例⑰和例⑱，也可以看出，这两句也属于第三类。例⑰中，喻体"考试"没有直接出现，而是通过各种试题的题型转喻出来；喻体在例⑱中也没有直接出现，而是通过"高峰、低谷"这一部分代指出来，进行隐喻认知时，需要将这一部分转喻出来，喻体可以是"旅途"或者是"道路"等。本体间接出现而喻体直接出现的例句则是⑲和⑳，"语言"是例⑲中的本体，没有在表达式中直接呈现出来，而是通过"文字"推理出来的。"你"是例⑳的本体，同样在表达式中没有直接呈现出来，而是通过"你的人生"转喻出来的，在"你""向日葵""夏日"之间存在属性关系。认知第三类隐喻需要先提取隐喻要素，找出本意和喻体之间的对应属性关系，才能完全理解隐喻意义，相对前两类，第三类明显更为高深复杂一些。例句如下：

⑰人生并不都是选择题或者判断题，大部分是应用题，要靠我们自己一点一滴地去论证。

⑱人生的高峰、低谷是何时。现在这个年纪应该是站在阿尔卑斯山上吧！

⑲这些保存下来的文字是通往古代文明的钥匙。

⑳把你的人生面向春天，就会充满动力；像向日葵一样绽放，像夏日一样明媚。

隐喻的本体不直接出现而是间接出现，隐喻的喻体同样也不直接出现而是间接出现，喻底不出现的隐喻划分类别是隐喻类别中的第四类，这一类隐喻在认知过程中需要先确定本体和喻体，确定的方法可以结合具体语境，也可以通过转喻的方式，还可以进行常用词语的搭配，只要能确定主体和喻体的方式都可以。确定了本体和喻体之后，再探求二者之间的本质属性关系，这样才能理解隐喻的意义。解读这类隐喻必须结合具体的语境，这一点是非常关键的。举例来说，分析例㉑，我们可以发现，"山"是句子的喻体，没有直接出现，而是通过其部分"山谷"进行转喻得来的，"人生"是句子的本体，也没有直接出现，而是通过"人走进山谷"进行词语搭配和转喻得出来的，"人生如爬山"是隐喻表达式，由此推理出"山谷"就是人生中遇到的困境和低谷。通过解读例㉑，我们可以得出其所传达的意义：人生就像爬山一样，人生中的低谷是向好的方向发展的起始点，只有克服困难，一直往前走，才能走出人生的低谷，向更高的方向攀爬。通过分析例㉒，我们可以确定喻体为"爬山"，这一喻体没有直接出现，而是通过"上山"和"下坡"转喻出来的，本体"人生"也没有直接出现，而是通过"对人"和"遇到"转喻出来的，本体和喻体之间存在对应的映射关系，"上山"证明人生向上，到了比较辉煌的阶段；"下坡"则是暗指人生遇到了低谷，到了比较艰难的阶段。例㉑和例㉒隐喻相同，但是表达出来却差别明显。这两句都通过"爬山"代指了人生的不同阶段，表明本体和喻体之间存在概念属性的映射关系。"时间是金钱"是例㉓、例㉔、例㉕中的根隐喻，在此基础上呈现出不同的表达方式，在认知这类隐喻时就需要结合具体的语境，在前三类的复杂程度上，第四类明显更胜一筹。例句如下：

㉑山谷的最低点正是山的起点，许多走进山谷的人之所以走不出来，是因为他们停住双脚，蹲在山谷烦恼哭泣。

㉒不要在上山的时候对人太苛刻，因为你会在下坡的时候遇到他。

㉓他在感情上浪费了好几年。

㉔机器设备的使用为我们节省了好几个月。

㉕他把人生最宝贵的时期奉献给了山区的孩子们。

隐喻的本体不出现，只出现喻体是隐喻划分类别中的第五类。认知这一类隐喻时同样需要先确定本体，进一步推理出本体和喻体存在的属性关系。这一类隐喻中，对于本体是没有任何提示的，我们推理本体的方法就是结合联系上下文，所以说第五类是隐喻分类中最复杂的。分析例㉖时，如果不联系上下文的话，我们是无法确定本体的，对于认知和解读隐喻也就无从谈起了，所以只能在具体的语境中推理本体，这一方法同样适用于例㉗和例㉘。

㉖像指缝间的阳光，温暖，美好，却永远无法抓住。

㉗你就像指缝间的阳光，温暖，美好，却永远无法抓住。

㉘很多东西就像指缝间的阳光，温暖，美好，却永远无法抓住。

我们分析了隐喻五种类型的认知策略，可以看到隐喻要素对每种隐喻类别都产生了或大或小的影响。不同的隐喻要素明晰度，在认知隐喻的过程中采取的认知策略也是有所区别的。认知策略遵循一个规律，要素明晰度越高，采取的策略越简单。简单来说就是先确定本体和喻体，然后寻求本体和喻体之间的映射关系，结合上下文语境来完成认知隐喻的过程。

三、不同类别的隐喻的认知过程

（一）第一类隐喻的认知过程

隐喻的喻底是隐喻的最终目标，通过隐喻的喻体来理解本体的概念属性，本体和喻体之间存在映射关系。所以，在认知隐喻时，就需要探求本体和喻体之间存在何种的映射属性，隐喻划分类别的第一类中本体、喻体和喻底都是直接出现在隐喻表达式中的，一目了然。在表达式中，喻底具有明显的明示作用，可以根据喻底找出本体和喻体之间的属性关系，通过喻底，我们可以明白说者的说话意图，在通过本体和喻体之间的映射关系解读隐喻意义。根据喻体的属性（结构关系、功能属性等）来获得本体的属性。

隐喻要素在隐喻句子中的明晰度表现不同，根据具体的要素明晰度划分隐喻类别，确定本体、喻体和喻底在隐喻表达式中的呈现方式，进而确定本体和喻体之间的属性关系，这样一来就很容易将隐喻的意义解读出来了。在实际的言语交际中，我们是很容易对隐喻要素的呈现方式作出判断的，判明了呈现方式，再进行类别划分也是比较简单的。举例来说，通过分析例①，我们可以发现在此句中，喻体不止一个，本体为"微笑"，喻体为"诗""歌""茶""花""泉""酒"，因为喻体是多个，因此喻底的表达方式已呈现多种。虽然一个本体对应多个喻体，但因为本体、喻体和喻底直接出现，认知起来也是比较简单的。分析例②也能发现，这是一个与例①类似的句子，都是一个本体对应多个喻体。"生活"直接出现在表达式中，是表达式的本体；"泉水""歌谣""小伞""彩虹"也直接出现在表达式中，是表达式的喻体；喻底的表达也同样是多种。通过分析例③也能看出"人生"直接出现在表达式中，是表达式的本体；"符号"作为喻体也直接出现在表达式中；多样表达的喻底也直接出现在表达式中。分析例④，本体为"我们"和"老师"，喻体为"花朵"和"园丁"，喻底也是直接出现的。以上分析的这几类都属于第一类隐喻。例句如下：

①微笑是诗——宁静致远；微笑是歌——美妙动人；微笑是茶——沁人心脾；微笑是花——芬芳迷人；微笑是泉——汩汩不息；微笑是酒——甘甜醉人。

②生活像甘甜的泉水，使沉浸在痛苦中的人忘记生活的苦涩；生活像动听的歌谣，使生活枯燥的人感受到乐趣；生活像雨夜的小伞，使漂泊异乡的人得到亲情的荫庇；生活像天边的彩虹，使落寞孤寂的人看到世界的美丽。

③人生如符号：逗号给人期待，冒号给人启示，省略号给人胸怀，感叹号给人感慨，分号给人多彩，问号给人进步，句号给人完美。

④我们就像是祖国开得最灿烂美丽的花朵，而老师则像是一丝不苟照顾我们的辛勤园丁，为我们浇灌知识。

认知第一类隐喻，需要把握喻底的表达，因为喻底体现了本体和喻体之间的映射关系，在表达式中起着明示的作用，如图 4-1-1 所示。

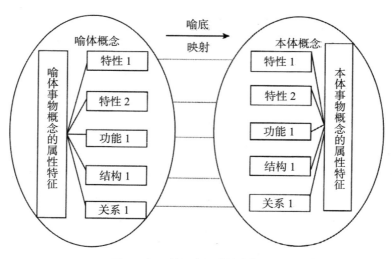

图 4-1-1　第一类隐喻的映射过程

在例①中，喻底"宁静致远""美妙动人""沁人心脾""芬芳迷人""汩汩不息""甘甜醉人"明示喻体概念"诗""歌""茶""花""泉""酒"和本体有象似性的符号特征，根据本体和喻体之间的映射关系就能解读出隐喻的真正意义。

通过分析例②，我们可以看到喻体"泉水""歌谣""小伞""彩虹"直接出现在表达式中，因为此句一个本体对应多个喻体，因此喻底的表达也呈现出多种，将本体与喻体之间的对应关系和概念属性完全地展现了出来，本体和喻体在功能上具有象似性。

通过分析例③，可以明显看出"人生"作为本体直接出现，"符号"作为喻体也直接出现，符号包含多种，比如逗号、冒号、省略号、感叹号、分号、问号、句号等，每一种符号都代指一种人生态度，或期待，或感慨，或启示，或满足，或进步等，表明人生就像符号一样多姿多彩。

通过分析例④，可以看出本体"我们"和"老师"之间的关系直接出现在表达式中，喻体"花朵"和"园丁"的关系也直接出现在表达式中，喻底映射了二者之间的属性关系，主要意义就是老师辛勤地培养我们。

通过以上例子我们可以发现，认知第一类隐喻还是比较简单的，主要是因为第一类隐喻的各要素明晰度最高，都直接在表达式中呈现出来，不用结合语境再去推理，因此这一类的认知策略就是把握好喻底，清楚喻底映射的属性关系就能解读出隐喻的意义。

（二）第二类隐喻的认知过程

隐喻的本体直接出现，喻体也直接出现，而喻底不出现的表达式就是隐喻类别划分中的第二类。这类隐喻的认知就需要结合上下文语境来操作。

首先我们需要判断言语句子是不是用了隐喻，确定使用了隐喻才能进一步确定隐喻各要素的明晰度，确定隐喻本体、喻体和喻底，进而把握本体和喻体之间的属性关系，完成认知过程。通过分析例⑤、例⑥、例⑦，我们可以判断出，隐喻句就是例⑤、例⑥，例⑦为非隐喻，判断的依据就是上下文的语境和隐喻识别的标准。例句如下：

⑤人生是旅行。
⑥国家是家庭。
⑦这又是一个擦边球。

相比于第一类隐喻，第二类隐喻在复杂度上明显更上一层。在隐喻的表达式中，不需要解读字面意义，也不以字面意义的否定为前提，只需要判断表达式中的本体和喻体。第二类隐喻中，喻底是不出现的，没有了喻底方向性的指导，我们在确定本体和喻体之间的属性关系时需要结合具体的语境，清楚说者想要表达的意图，如图4-1-2所示。通过上下文确定本体和喻体之间存在的映射关系和属性就能将隐喻意义解读出来。

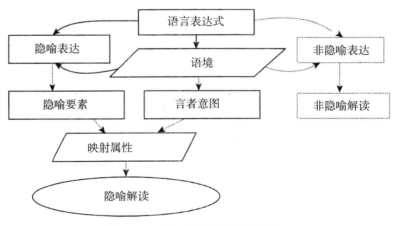

图4-1-2　第二类隐喻的认知过程

认知第二类隐喻的具体过程可以通过例子来详细论述，如果不结合上下文语境，我们是很难准确把握本体和喻体之间的映射关系的。清楚了喻体和本体之间的属性关系，再结合上下文语境就能准确解读出隐喻的意义来。例句如下：

⑧生命本是一场奇异的旅行，遇见谁都是一个美丽的意外。

⑨人生就是一场旅行，不在乎目的地，在乎的是沿途的风景以及看风景的心情。

在上文的隐喻分类论述中也谈到了，在隐喻第二类中，本体和喻体出现，但是喻底不出现，这就增加了解读的难度。第二类隐喻的表达式相对第一类来说也更为复杂，尤其是事件的隐喻，对比事物隐喻来说是更为复杂的。同一个喻体在不同的语境中与本体存在的映射关系也不同，就像例⑧的隐喻意义就不同于例⑨。

需要强调的一点是，文化语境对隐喻的解读也有着影响，就拿例⑥来说，"家庭"在不同的文化语境中有着概念意义的差别，"家庭"与"国家"的映射属性会存在差别，当然其隐喻意义也会有差别。"家庭"概念在汉语文化中有团结互助、和谐友爱的概念属性，因此"家庭"在隐喻表达式中就会有平等、友爱、互助的属性；"家庭"概念在美国文化语境中有教导、责罚的概念属性，在隐喻表达式中就代表严格的教育、相应的责罚等属性。

总的来说，隐喻第二类明显比隐喻第一类认知过程更复杂，由于喻底不出现，需要结合具体的语境来解读隐喻意义。

（三）第三类隐喻的认知过程

第三类隐喻的喻底一般不出现，本体和喻体的出现可分为两种情况：第一种情况是隐喻中的本体直接出现在事件中，而喻体则是在事件中呈现间接出现的特点；第二种情况是指隐喻中的喻体直接出现在事件中，而本体是间接出现。由于在语言形式上，第三类隐喻同非隐喻的表达一般没有显著的差别，因此我们在第三类隐喻的认知过程中，首先要做的就是进行隐喻判断。第三类隐喻具有其特殊的语言形式特点，这一类隐喻的表达式主要由两个要素组成：一是认知对象，是指一个或多个直接出现的事物或事件概念；二是用于描述这一对象的属性。

在汉语的修辞表达中，有很多情况属于第三类隐喻，其中常见的包括一些拟人、拟物的句子。判断是否为隐喻要根据隐喻的识别标准，表达式为隐喻的必要条件就是表达式中直接出现的概念不具备表述属性，或者说表达式中的属性，表述的不是表达式中的概念而是另一个概念，这种情况下，表达式中概念和属性便会呈现出相互冲突的状况，而此时衰达式即为隐喻，否则表达式为非隐喻。由此可以看出，判断表达式是否为隐喻的主要依据便是表达式中的概念和属性。

下面是四个属于第三类隐喻的例句：

⑩雾霾蒙蔽摄像头，成了恐怖分子的帮凶。

⑪情已欠费，爱已停机，缘分不在服务区；思无应答，想也占线，感情不能充电！

⑫反腐必须坚持老虎、苍蝇一起打。

根据隐喻的判断标准可知以上四个例句中，直接出现的概念和属性属于不同类别，因此是隐喻。例⑩的"雾霾"和"蒙蔽"，例⑪的"感情"和"欠费""停机""不在服务区""应答""占线""充电"，例⑫的"反腐"和"老虎""苍蝇"，都是直接出现的概念和属性属于不同类别的例子，因而都是第三类隐喻。其中，例⑩和例⑪是本体直接出现、喻体间接出现的隐喻；例⑫是喻体直接出现、本体间接出现的隐喻。

在进行第三类隐喻认知的过程中，要遵循这一类隐喻的认知策略。首先，要根据判断标准判断是否为隐喻；其次，要确定间接出现的隐喻要素，以及隐喻中已经出现的属性；最后，在前两点的基础上才可以对本体和喻体之间的映射属性进行分析。下面对以上述四个例子进行本体与喻体之间的映射属性分析：

例⑩中"蒙蔽"真实含义是指"掩盖事实、真相，使人上当受骗"，这里采用的是拟人手法。"蒙蔽"是跟"人"有关的属性，用"人"的属性来描述"雾霾"，因此在这里，本体是"雾霾"，喻体是"人"，隐喻体现的是本体"雾霾"和喻体"人"之间的映射属性。

例⑪的"欠费""停机""不在服务区""应答""占线""充电"是跟手机通信服务相联系的属性，可以看出，本体是"感情"，喻体是"手机通信"，因此隐喻体现的是本体"感情"和喻体"手机通信"之间的映射属性。

例⑫中"老虎""苍蝇"体现的是凶兽和害虫的相关属性，在这里，本体是"官员"，喻体是"老虎""苍蝇"。该隐喻体现的是包括高级官员和基层干部在内的本体"官员"和喻体"老虎""苍蝇"之间的映射属性。

我们已经知道第三类隐喻中的本体和喻体的出现包括两种情况，一是本体直接出现而喻体间接出现；二是本体间接出现而喻体直接出现。第一种情况的表达式出现的是喻体向本体映射的属性，这种情况的映射属性判断起来就相对容易；第二种本体间接出现而喻体直接出现，此时对映射属性的判断还受到具体语境的影响。以上面的四个例句为例进行说明：

例⑩中本体是"雾霾"，是直接出现的；喻体是"人"，是间接出现的。表达式中喻体"人"向本体"雾霾"映射的是"蒙蔽"这一属性，传达的意思是"雾霾掩盖事实真相，使人们看不到恐怖分子行凶的监控视频，从而阻碍了有关部门对凶手的抓捕"。

例⑪中喻体"手机通信"向本体"感情"映射的是表达式中直接出现的"欠费""停机""不在服务区""应答""占线""充电"等属性，传达的意思是"双方的爱情如果已经消失，没有了感情，就无法再回到心心相印的状态"。

例⑫属于本体间接出现而喻体直接出现的隐喻。喻体"老虎""苍蝇"向本体"高级官员""基层干部"映射属性要根据句子的具体语境来确定，根据"要坚持'老虎''苍蝇'一起打，既坚决查处领导干部违纪违法案件，又切实解决发生在群众身边的不正之风和腐败问题"这一语境，"老虎"向"高级官员"映射的是"违纪违法"这一属性；"苍蝇"向"基层干部"映射的是"不正之风和腐败问题"这一属性。

第三类隐喻的认知过程一般包括四个阶段：第一，根据语言表达式判断隐喻或非隐喻情况；第二，确定隐喻要素；第三，根据认知策略，确定隐喻中的映射属性；第四，根据确定的映射属性对隐喻认知和意义进行解读。第三类隐喻的认知过程及其影响因素如图4-1-3所示。

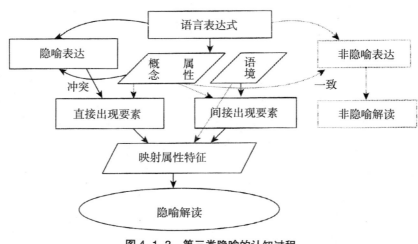

图4-1-3 第三类隐喻的认知过程

（四）第四类隐喻的认知过程

第四类隐喻的特点是喻底不出现，并且本体和喻体都是间接出现的。同第三类隐喻相同，第四类隐喻的隐喻认知过程的首要步骤也是作出隐喻判断。根据第四类隐喻的语言表达形式的特点可以得出，这类隐喻的喻底未出现，本体和喻体的间接出现可分为两种情况：一是通过表征事物或事件部分的词语间接出现；二是通过表征事物或事件属性的词语出现。由于第四类隐喻的关系词通常情况下也不出现，所以在作出隐喻判断时，必须借助语境。

下面三个例子都属于第四类隐喻：

⑬一寸光阴一寸金，寸金难买寸光阴。

⑭过去的一页，能不翻就不要翻，翻落了灰尘会迷了双眼。

⑮上苍负责洗牌，命运只管发牌，玩牌的是我们自己，能否分到好牌，谁也无法选择，如何打好牌，却靠智慧、能力和运气。

一般来说，在第四类隐喻的认知过程中，以事物为认知对象的隐喻比以事件为认知对象的隐喻更容易判断。这是因为，当隐喻中包含的两个概念如果都是通过表征喻体事物或事件部分的词语出现时，那么这个隐喻表达式的"部分—整体"关系就比较明显，从而就更加容易判断。例⑬中"光阴"与"时间"是"部分—整体"关系，"金"与"金钱"是"部分—整体"关系。表达式传达的意思是通过"金钱"来认识"时间"，在这里是隐喻。以事件为认知对象的隐喻相较于以事物为认知对象的隐喻判断起来更加困难，这是因为事件通常涉及两个以上的概念，需要根据具体语境判断，因为此时若直接判断，将无法确定表达式中所表述的事件是否同具体语境中说话者意指的事件是同一事件，也无法判断其是否为隐喻。如例⑭，当语境表明说话者意指的事件为"人生"时，则为隐喻，而当语境表明说话者意指的事件为"看书"时，则为非隐喻。又如例⑮，当语境表明说话者意指的事件为"打牌"时，则为非隐喻，而当语境表明说话者意指的事件为"人生"时，则为隐喻。由此可见，在第四类隐喻的判断过程中，语境起着至关重要的作用。

确定本体和喻体是对第四类隐喻进行隐喻认知和意义解读的前提，这是由第四类隐喻的本体和喻体都是以间接形式出现的这一特点决定的。确定本体和喻体需要分两种情况：一是认知对象为事物；二是认知对象为事件。下面通过上述例句分别说明认知对象是事物和事件时如何确定本体和喻体。

例⑬中表述的认知对象是事物概念，其中本体是"时间"，喻体是"金钱"。事实上，第四类隐喻的本体和喻体概念通常以局部概念或属性的形式间接出现，所以在认识本体和喻体概念时，可以通过两种方法：一是通过"部分—整体"的转喻形式确定本体和喻体；二是根据属性来确定认知对象的本体，并通过本体的概念进而认识本体和喻体的对应概念。例句中，"一寸光阴"是认知对象的本体，根据"部分—整体"转喻形式可知，"一寸光阴"转喻代表的是"时间"；句中的喻体是"一寸金"，同样通过"部分—整体"转喻形式可知，其代表的是"金钱"。

例⑭中表述的认知对象是事件概念，其中喻体是"看书"，本体是意指事件"人生"。由此可以得出，当隐喻以事件为认知对象的时候，表达式中所表述的事件概念就是喻体，而本体的判断是需要根据具体语境中所确定的说话者意指的事件概念。

例⑮中表述的认知对象同样是事件概念，其中表述的事件"打牌"是喻体，根据语境可知，"打牌"所意指的事件是"人生"，也就是本体。

综上所述，在第四类隐喻的认知过程中隐喻判断和隐喻要素确定是不可缺少的，通过例子我们可以看到，隐喻判断和隐喻要素确定这两者不是毫无关联的，相反两者是相辅相成、同时进行的。具体来讲，可以从两个方面进行说明：一方面，确定表达式是否为隐喻的前提条件是根据语言信息和具体语境确定表达式涉及的两个事物或事件属于不同概念；另一方面，当表达式一旦被确定为隐喻之后，相应的本体和喻体对应的概念也就确定了。这也从实践上证明了隐喻认知的直接性。

另外，前面提到在第四类隐喻的认知过程中还要借助具体语境来判断，这里的"语境"既包括上下文的语境，也包括情景语境。语境限制意指对象一般是通过制约表达的方式进行。语境和表达式中间接出现的喻体概念的部分或属性共同决定映射属性。

在例⑭中，根据具体交际语境可知，语境限制意指对象为"人生"，由表达式可知喻体为"看书"，而"看书"的属性为"重翻看过的书页会使灰尘遮住双眼"，从而得出，语境和喻体"看书"的"重翻看过的书页会使灰尘遮住双眼"这一属性共同凸显了"人生"的"过分地沉浸在过去，会让过去的阴影蒙蔽自己，从而让自己失去对未来美好的向往"这一映射属性。同样的，在例⑮中，根据语境我们可以得出喻体事件是"洗牌""发牌""玩牌"等，语境限制意指对象是"人生"，喻体的属性为"打牌"，意指对象"人生"对应的是"先天条件""机遇""努力"等，在这里"人生"和"打牌"共同表达的隐喻意义是"人生就像打牌一样，虽然对于先天条件和人生机遇，我们无法选择，但是我们却可以通过自己的努力获得更好的条件，而且可以努力利用这些条件，获得更好的机遇"。

　　总的来说，第四类隐喻的认知过程和第三类隐喻有类似的地方，两者大同小异，都包括一些基本步骤，比如隐喻判断、确定要素、确定映射属性、进行隐喻认知及意义解读等。第四类隐喻的具体认知过程如图 4-1-4 所示。

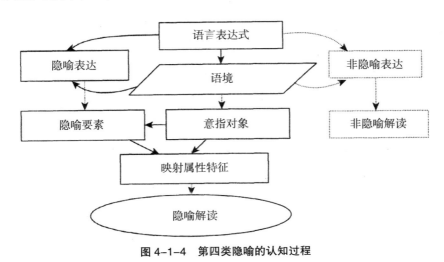

图 4-1-4　第四类隐喻的认知过程

（五）第五类隐喻的认知过程

　　第五类隐喻是指只出现喻体的隐喻。由于第五类隐喻只有一个隐喻对象的概念，当它脱离上下文时，通常很难确定其对象本体的意义。换句话说，当它脱离上下文时，就不可能确定它是不是一个隐喻。以下是三个属于第五类隐喻的例句，本部分将通过这三个例句对第五类隐喻的认知过程进行分析说明。

　　⑯我们站在大地上仰望星空。
　　⑰春天离我们不远了。
　　⑱园丁剪花朵，花朵伤不起。

　　例如，例⑯、例⑰和例⑱没有语境限制时，可能被视为非隐喻，如果它们的特定语境得到恢复，它们的隐喻意义就显而易见了。例⑯是文艺评论家王雪瑛在介绍王萌萌小说《米九》时写的网络书评；例⑰是两个投资者之间的对话，他们在股市长期处于熊市后谈论股市趋势；例⑱是媒体报道了个别教师伤害学生的负面事件后，网民们发出的无力的叹息。从这三个例子可以看出，具体的上下文语境决定了例⑯是否传达了隐喻意义；具体的情景语境决定了例⑰中表达的隐喻意义；而例⑱中的隐喻意义与当时的社会和文化背景密切相关。

语境在第五类隐喻认知中的作用主要体现在语境对表达的客体意义的限制上，语境决定一个表达式是不是隐喻是通过制约意指对象进行的。当意指对象和表达式所表达的事物或事件属于同一概念时，表达式为非隐喻；当意指对象和表达式所表达的事物或事件属于两个不同的事物或事件时，表达式是隐喻。与此同时，语境还具有明确隐喻要素的作用，这一点是借助制约意指对象而实现的。在第五类隐喻中，喻体已经直接出现，隐喻中的认知对象也成了表达式意指的对象，也就是本体。由此可以得出，在本体的确定过程中，语境起着至关重要的作用，它使得意指对象更加有意义。举个例子来说，根据例⑯的上下文语境，突出了意指对象为小说主人公在现实中追求理想的事件。因此，表达是隐喻，本体是"在现实中寻求理想"。例⑰在投资者谈论股市崩盘趋势的交际语境的限制下，意指对象为"股市的行情"。因此，例⑰是一个隐喻，本体是"股票市场的牛市"。同样，例⑱的社会和文化背景将该示例的意指对象限制为"师生关系"，表明意指对象是"老师和学生之间的关系"。因此，例⑱是隐喻，本体是"个别教师对学生的伤害"。由此可以看出，第五类隐喻认知过程中隐喻的尝试和隐喻要素的确定几乎是在语境约束下同时实现的，这又一次证明了隐喻认知具有直接性。

我们已经了解到，在对第五类隐喻进行认知的过程中要根据语境判断表达式的本体和喻体，在做完这一步骤后，紧接着就是确定喻体映射在本体上的属性。在对映射属性进行确定时，同样的，也是根据语境进行的。

根据例⑯的语境，我们可以看出喻体中的"大地与星空的遥远"属性反映在主体上，成为"残酷的现实与崇高的理想之差"，表示"我们在残酷的现实中追求崇高的理想"的隐喻意义。例⑰的情景语境，喻体"春"的"生机、万物生长"属性映射在主体"股市"上，表示"进入牛市行情高涨"，传达着"股市的牛市即将到来"的隐喻意义。同样，例⑱在其特定的社会文化背景中，表达了"个别教师伤害学生，学生'伤不起'"的隐喻意义。

从以上对例⑯、例⑰、例⑱的隐喻意义的解读中可以看出，在第五类隐喻的认知过程中，语境在每个步骤中都起着决定性作用。第五类隐喻的基本步骤同样包括隐喻判断、隐喻要素的确定、映射属性的选择、隐喻认知及意义解读等。第五类隐喻的具体认知过程如图 4-1-5 所示。

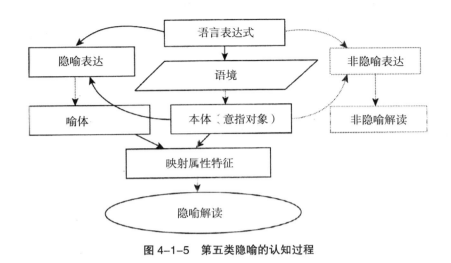

图 4-1-5　第五类隐喻的认知过程

第二节　隐喻的认知符号

一、隐喻的认知性

（一）认知的内容

认知（cognition）源于拉丁语 cognitio，也被称为认识，它是认知科学的基本研究对象。从认知科学层面来讲，"认知"包括"认"和"知"两个部分："认"就是"感知"，"知"代表"理解"。"感知"和"理解"两者密切相关，但也有区别：感知部分是初步的、基本的，理解部分是复杂的、高级的。

1．"认"的含义

"认"强调感知，主要是指逄过参与事物的经验认识物体的经验，这里的经验不仅包括大脑中的心理表达，还有各种身体体验及其组成部分——身体的器官以及它们的组成、状态、环境等，另外还包括人们对它们之间相互作用的理解。经验分为直接经验和间接经验。

（1）直接经验

直接经验感知的对象是具体的事物，它是指人直接通过自己身体对事物进行感知。具体来讲，直接经验是人通过身体与周围的自然环境或者社会环境相互作用之后，而获得的有关事物或事件的特征信息。

直接经验不仅仅是感官获得的对物体和事件在视觉、听觉、嗅觉、味觉方面的感受，还包括特定对象的功能结构与其他对象的内部元素结构及对象属性之间的关系。人们直接感知事件的内容包括事件的一些特性和事件的发生和发展所反映的关系属性。例如，"旅行"事件的直接经验包括旅行中可能遇到的所有经验，以及这些经验对人们的成长起到的作用。另外，还包括旅行中相关的"出发地—旅行—目的地"和旅行者的关系。

（2）间接经验

间接经验是指一个人从别人那里得到的经验，而不是自己直接从一个事物或事件中获取的经验。其中，感知的对象是对具体事物的属性和事件进行汇总的信息。这些信息可以是事物或事件的概念范畴和意象图式信息，信息的来源是人们直接通过阅读、传言以及其他的一些渠道对他人进行感知后得到的。我们已经了解到，经验分为直接经验和间接经验，是针对不同的感知主体而言的。根据感知主体的不同，直接经验和间接经验是可以互相转化的。举个例子来说，一个人的直接经验可能会是另一个人的间接经验，相应的，一个人的间接经验也同样很可能是另一个人的直接经验。

需要注意的是，直接经验和间接经验分别属于获得知识的两种方法，人们在利用这两种方法时，都是以实践为基础的。直接经验和间接经验也有相同之处，它们的内容都包含了三种属性的信息，具体来说，就是事物和事件的性质、功能结构和关系。

2. "知"的含义

"知"的含义强调的是理解，是对事物或事件产生的概念范畴或意象图式。具体来讲，"知"是指人们在对某事物或事件进行感知后，对其特性、功能结构等属性进行概括，从而得出概念范畴和意象图式，并且还会通过符号系统的相关表征活动，将所得到的概念范畴和意象图式归纳概括为信息的过程。"知"的对象不是客观存在的，而是经验对象。事实上，"知"的过程就是符号的表意过程，具体来讲就是，主体通过语言等符号系统，识别出经验对象的概念范畴或者意象图式等意义，并对这这一概念或者意象图式进行表征，而表征的方式是采用具体的词汇和语法等语言形式。

在认知过程中，事物和事件的经验加工的初步结果是形成概念范畴和意象图式。对事物或事件进行认知之前，我们首先要了解什么是概念。概念是一种抽象的规则，规定了属于这类事物或事件所必须具有的特征和性质。例如，"狗"的概念包括"四条腿、有毛、饲养的犬科、食肉性动物、哺乳动物"等规定。

事物本身所具有的特性、功能构造等经验内容属于概念范畴化后的属性。视觉的形状、颜色、大小、光泽等体验，听觉的音色、音高、音量等体验，触觉的质感、柔软度、坚硬度等体验以及嗅觉的气味体验等，都是人在认知过程中，对事物特性的感知。这些体验在被人感知之后，会进入人的感知神经通路，最后，人的大脑会对这些感知进行综合性的处理加工，从而形成对该事物或者事件的特性经验。

事实上，事物的属性一般分为两种，即功能结构属性和关系属性。其中，功能结构属性是指事物本身的作用或者结构方面的经验，具体来讲是事物在人们改造世界的过程中所发挥的作用，或者事物本身的结构方面的直接经验或者间接经验。关系属性是指事物与事物之间或者事物本身的内部结构之间的关系，这种关系包括相互作用、相互影响等的直接经验或间接经验。

人们对事物得出的概念范畴，是通过语言符号存储在人的大脑中的，这些概念范畴大部分是可以用词汇来表示的。也就是说，人们常常用各种具有多种含义的词汇来表示事物的功能、结构、特点以及与其他事物之间的关系。值得注意的是，概念和属性以及词汇和语义之间不是毫无关系的，相反它们之间是相互联系的，而且可以相互激活（见图4-2-1）。因此，认知层面和语言层面这两个组成部分可以相互通达，两者的概念、词汇、特征和意义都是相互联系、相互通达的。

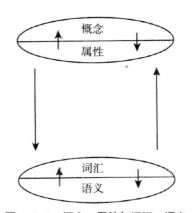

图 4-2-1 概念、属性与词汇、语义

认知对象不仅要了解事物的静止状态，还要了解事物的运动过程，事物的运动过程也就是我们常说的事件。两个以上的事物才可以称为事件，这是因为事物在运动过程中往往会不得不与其他事物产生联系，因而一个事件的发生其实是事物与事物之间在运动状态下产生的联系。事实上，人们在认知某个事物时往往会不经意地联想到一些关于这些事物的典型结构，这便是经验加工的结果，也就是我们常说的意象图式。

关于意象图式与意象的概念，我们可以这样理解：意象图式比意象更具概括性，也更加抽象，它是一种结构，是人们在认知事物的过程中，对事物的结构进行的心智表征。意象图式包括一些要素以及各要素之间的相互关系。要素由一组实体组成，如人、道具、原因、状态、起源、目标等。关系可以包括因果关系、时间顺序、"部分—整体"模式、相关地点、施事—受事结构、工具关系等。意象图式是对事件的认知结果，因此可以根据事件的组成部分来分析意象图式的结构。我们已经知道事件是指事物的运动变化过程，因此，对运动变化的载体及其运动过程的分析是意象图式最基本、最典型的作用，而意象图式的基本要素是事物载体，要素之间的关系即事件的运动过程。这样，意象图式可以表示为少量代表简单关系的要素组成。例如，路径意象图式由三个基本元素组成：出发点 A、终点 B 和轨迹向量。（如图 4-2-2 所示）

A   B

图 4-2-2　路径的意象图式

意象图式是主体对事件特征、功能结构和关系的认识的结果。例如，"旅行"属性包括明确的目的地、确定的方向、自主选择等，其功能包括帮助主体增加知识、经验和阅历，其组成结构通常包括出发点、中途、终点以及人们在路途上的所见所闻等。这种关系包括主体与旅游朋友的关系、主体与工具的关系、旅程的起点与终点的关系。

意象图式具有无意识性、象似性、动态性和复杂性等特征。

第一，意象图式的无意识意味着意象图式是一种基于身体经验的无意识结构，它存在于人脑中，这已经得到认知科学和脑科学实证研究的支持。意象图式是人们在认知事物过程中对事物的特征、结构、规律的一种无意识的经验处理结果。这是因为，当一个事物或事件反复出现一些状态或者规律时，它们通过空间感知、物体操纵和我们的感知互动，如此，这些特征和规律就会以事物或事件的重要结构的形式反映在我们的认知中。

第二，意象图式的象似性指意象图式的内部结构以连续象似性的形式存在于我们的理解中。另外，意象图式的象似性还体现在它不仅涉及空间操控、方向和运动的象似性操作，同时又能超越任何特定的、具体的感知模态。

第三，意象图式的动态性表现在其认知对象是一个动态事件。具体来讲，意象图式的动态性主要体现在两个方面：一是以自己能够理解的方式组织体验的事件结构，是人们构建或组织经验的手段，而不是人们被动接受体验的方式；二是在不同的语境中，意象图式可以呈现出任何特定的示例，因此它又是灵活多变的。

第四，意象图式的复杂性意味着意象图式比概念范畴更为复杂，因为它涉及事物之间的关系，是一个动态的发展过程。显然，"手术"的意象图式比"医生"或"手术台"等具体概念更难理解。意象图式反映了事件的多面性，具有复杂的内部结构，但通常作为一个整体表现为连贯的格式塔，因此很难从一个方面对其进行单独分析。

（二）隐喻认知

隐喻作为一种认知方式，不仅具有一般认知方式的共有属性，还具有其独特的属性。隐喻认知是借助于对其他事物的归因经验来获取认知对象的归因信息的认知方式。

隐喻认知就是通过事物或事件的某种特征、功能结构和关系来理解另一事物或另一事件。例如，我们常常通过其他具有"圆"特征的事物来理解"月亮"这一事物，如人们常说"月亮像一个圆盘"。又如，我们都学习过数学中的平行线，两条平行线的关系是永不重合，代表的是两个独立的、永不相交的个体（这里指直线）。因此，人们往往会用平行线的这一特点来理解"两个人之间的关系"，从而获得表达两个人之间关系的隐喻，比如"他们之间就像两条平行线"。

本体和喻体在隐喻中所起的作用是不同的，喻体所隐含的语义被映射到本体上，而本体的内在结构、意义又对喻体概念的属性选择起着决定性作用。举个例子来说，在前面提到的"月亮像一个圆盘"中，其本体是"月亮"，喻体是"圆盘"，"圆盘"的"圆"这一属性映射到"月亮"上，使人们在领悟"圆盘"这一隐喻意义的同时，对本体"月亮"的概念属性有了新的认识。同样的，在例句"他们之间就像两条平行线"中，本体是"他们"，喻体是"平行线"，隐喻通过将"平行线"的"平行、不相交"的属性映射到"他们"身上，使人们在领悟"平行线"这一隐喻意义的同时对本体"他们"的关系的概念属性有了更好的认识。

在隐喻认知过程中，主体可以利用概念或图式的不同属性来理解不同的对象，从而形成一种多对一的关系，也就是说，一个喻体可以对应不同隐喻中的不同本体，如图 4-2-3 所示。相反，主体也可以借用多个事物或事件的不同属性来识别同一对象的多个属性，从而形成一对多关系的隐喻。

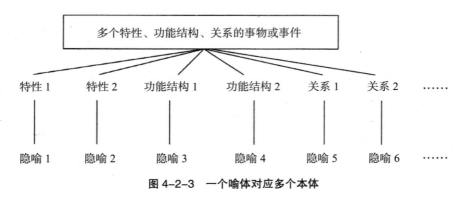

图 4-2-3 一个喻体对应多个本体

以下三个例句中的喻体都是"萝卜"，它们在不同的隐喻中映射不同的本体，下面具体说明：

①"我拿不定主意买哪款手机好，你提点意见吧。""萝卜青菜，各有所爱。你还是自己决定吧。"

②由于受到禽流感的影响，很多地方的家禽都被迫以萝卜价出售了。

③当前，在一些地方的事业单位招聘过程中出现了"因人设岗""学历造假""任人唯亲""萝卜招聘"等不规范现象。

从例①中，我们可以得出，表达式的喻体"萝卜"，是指蔬菜中的一种，是和青菜相并列的，在这里隐喻表达的意思是"每个人的审美和价值观都不同，喜好自然也不一样"。

从例②中，我们可以发现，喻体"萝卜"被激活的是萝卜作为一种价格便宜的普通蔬菜的属性，在这里，隐喻表达的是"家禽被迫以非常低廉的价格出售"的意思。

例③中喻体"萝卜"被激活的是"一个萝卜一个坑"这种图式，求职者是"萝卜"，职位是"坑"，而"萝卜招聘"是对"量身定制"这种招聘现象的隐喻。

二、隐喻的符号性

（一）皮尔斯的符号学理论

索绪尔（Saussure）和皮尔斯（Peirce）是最早研究符号学的两位学者，二人对符号学的研究也是有区别的，索绪尔代表的是欧洲派符号学，而皮尔斯则是代表美国派符号学。索绪尔所代表的欧洲派符号学认为符号的构成包括所指和能指，符号的所指和能指之间的关系是任意性的；而皮尔斯所代表的美国派符号学则认为符号的构成包括三种，即符形、解释物和对象，符号的符形与对象之间的关系主要包括象似性、指示性、象征性三种。

一般来讲，隐喻这种认知方式涉及两个概念，而这两个概念之间是对应关系。隐喻符号与对象之间具有象似性关系，而索绪尔认为符号的所指和能指之间的关系是任意性的，无法解释这一象似性关系。因此，我们一般采用皮尔斯的符号观，利用皮尔斯的符号学来探讨隐喻的符号性。

皮尔斯的符号学是他的哲学体系的一部分。他的哲学体系建立在他的现象学理论基础之上。因此，有必要对皮尔斯的现象学理论作一个概括性的解释。皮尔斯认为，现象存在三种基本范畴，第一性、第二性和第三性，分别对应三种存在样态，即自身性、事实性和规律性。

第一性是指该现象是按照其本身原来的形式出现的，是一种不指称任何其他事物的存在。比如，美学就是研究第一性的学科。

第二性是指该现象是以与第二者有关的形式出现的，是与任何第三者都无关的存在。举个例子，伦理学就是研究第二性的学科。

第三性是指现象的出现是以第二者和第三者相互联系的形式，是一种可以使第二者和第三者产生联系的存在。举个例子来说，符号学就是研究第三性的学科，另外符号学也是研究一般规律的学科。

皮尔斯认为，对于某个人来说，在某些方面或某种地位上，符号代表着某种事物或者事件。解释物是符号对人起作用，在其心智中创造的相当或进一步展开的表意形式。对象是符号所表示的对象，是解释物所指的事物或事件，但不是解释物所指的所有方面，而是特定语境所指的方面。皮尔斯认为符号的意义的实现是通过解释物为中介来实现的，并非通过符号本身直接指向对象来实现的。

皮尔斯还指出，符号、解释物和对象三者之间是一种三位一体的关系，如图4-2-4所示。其中，符号和其对象之间必须有一定的已知基础，也就是皮尔斯所说的关系基础，这也是符号能够传达意义的前提。

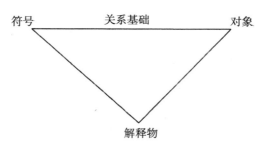

图 4-2-4　皮尔斯的符号三角

皮尔斯认为符号三角中的关系的基础是代表关系，而代表关系是符号代表对象的已知基础，即符号为什么可以表示对象的原因，代表关系是每个符号不可或缺的关系。

如何确定两个事物在哪个方面存在相互关联？皮尔斯认为要确定两个事物的关系就必须进行对比。对比的前提是抽象这两个事物，因为这个过程要求分离事物及其属性。因此，要确定符号的已知基础，即符号表达对象的解释、论据、上下文。确定的过程也就是将符号抽象地与对象进行比较的过程。在追求这种关系基础的抽象对比过程和认知科学中，对事物属性形成抽象的范畴，对表意符号进行特征标注的过程是认知符号化过程的两个不同的方面，它们都是构成认知事物、进行符号的表意和解释的过程。

皮尔斯根据符号与对象的关系基础，将符号又分成三种，即象似符、指示符和象征符。这三种符号与对象之间的关系基础存在差异，具体来讲：

第一，象似符的符号与对象之间的关系基础存在一定的相似性。如果某物与其他事物之间有象似性，那么我们就可以用象似符来代表它。事实上，象似符与其所代表的对象之间没有动态的联系，而象似符之所以能激活主体心智中象似符与认知对象之间的象似性，仅仅是因为它们之间具有相似性。

第二，指示符的符号与对象之间的关系基础是邻近性。指示符是指代它所代表的对象的符号，因为它受真实对象的影响，它通过与真实对象的联系来表示一个对象，这是所有自然符号和物理征兆所具有的一个属性。

第三，象征符的符号与对象之间的关系基础是规约性。象征符通常通过规则和规定与常规的思想联系起来，由于这些规则和思想的存在，人们常把符号理解为该符号所标识的对象的符号。关于象征符的定义，皮尔斯给出了这样的观点：象征符这种符号仅仅借助于自己的特征去指示对象，它的这种特征是"与生俱来"的，不会受到对象事实上是否存在的影响。

（二）隐喻的符号构成

隐喻是一种通过一种事物或事作的属性来感知另一事物或事件的方式。认知是一种社会活动，而人类社会活动本身就是一种具有符号学意义的交流活动。隐喻认知的过程需要借助符号进行表意活动，因而通过隐喻来认知事物要涉及两个方面的内容：一方面，在隐喻的认知过程中，要确定本体和喻体，也就是认知对象和借以对认知对象进行认知的事物或者事件；另一方面，在隐喻的认知过程中还要注重对符号中介的认知，也就是对各种模态的隐喻表达式的认知。

根据前文，我们了解到皮尔斯把现象分为三种情况，即第一性、第二性、第三性。根据皮尔斯对这三种现象的描述，我们可以得出这样的结论：隐喻属于第三性现象。因为，隐喻是使本体和喻体相互联系的存在，在这里，我们可以把"本体"看作第二者，把"喻体"看作第三者。正是由于隐喻属于第三性现象，因此我们可以说，隐喻是符号现象，具有符号性，而相对应的，隐喻的表达式也就是符号的符形。

隐喻具有符号性，相应的，隐喻便具有了符号的构成。我们已经了解到符号包括符形、解释物和对象。而对于隐喻而言，隐喻形式就是符号的符形，举个例子来说，语言文字、声音、图片或手势等都是呈现在主体面前的隐喻形式，也就是符号的符形。隐喻的解释物就是主体大脑中激活的关于意指对象的一些表征，如概念、意象和心理状态，这些都是隐喻的解释物。隐喻所表征的事物的性质或者状态就是隐喻的对象。

隐喻，我们可以把它当成一种符号，这种符号可以通过一种或几种事物，也就是解释物来进行解释。它是一种发自内心的状态，是隐喻这种符号在人脑中产生的一种符形创造出一种基本一致或进一步展开的符号，是人对符号的一种心理状态的反应，解释物在大脑中通过已知晓的符号来解释或量化未知的符号，就如同一个解释者。为了表达同一种隐喻，不同的人会依照自己不同的对象来表达不同的隐喻的含义。比如，一提到"母亲"想到的是自己直系血统中上一代女性的符号，那么"母亲"这两个字就是符形，当我们看到这个词的时候，大脑中就会浮现"上一代人中自己双亲中的女性"，这就是"母亲"这两个字的解释物。在一般的语境中，我们所说的具体的人就是这个符号的对象。又如，我们看到"祖国母亲"这四个字组成的符形时，大脑中产生了诸如"感恩、自豪、思念"等心理感受，从而将祖国与母亲这两个词紧紧地联系在一起，产生的共鸣和共同的属性，我们都可以看成"祖国母亲"的解释物。

如果单从作用于交际的用途来看，隐喻的符号解释物可以有以下几种：首先，构建符号的主体在头脑中产生意图解释物；其次，接受符号的主体在头脑中产生效应解释物；最后，这两种解释物相互作用产生交际解释物，这个过程最终结束后才能完成信息的传递，实现交际的目的。

我们还是以"祖国母亲"为例，这一隐喻的主体想要通过这个符号表达传递的信息就是意图解释物，当读者看到"祖国母亲"这四个字时，它作为一种符号在大脑中产生的心理情感就是效应解释物。效应解释物与意图解释物相互作用产生交际解释物，通过这一过程就实现了交际目的。读者要想彻底地理解隐喻构建者想要表达的信息，就必须在意图解释物和效应解释物有相似之处的时候完成交际的目的。由上面的例子我们可以看出读者正是理解了作者想要通过"母亲"这一隐喻传递对祖国的爱恋、思念等情感，最终来实现交际的目的。

情绪解释物、逻辑解释物以及精力解释物都属于隐喻解释物的范畴之内，这从解释物所体现的效果中可以看出来。符号主体中所体现出来的情感就是情绪解释物；符号所表达的理性的普遍性概念就是逻辑解释物；内心世界施加的努力通过符号展示出来就是精力解释物。

在"祖国母亲"这个隐喻的例子中，隐喻的情绪解释物就是母亲和祖国在我们心目中的情感和地位，而我们在大脑中孕育和理解这种隐喻所做的努力就是隐喻中的精力解释物，所谓孕育的逻辑解释物就是在我们大脑中母亲和祖国的一般概念和内涵。我们通过隐喻来表达对祖国的热爱、思念、赞美等情感就是隐喻中的情感意义，这也是通过情绪解释物来实现隐喻的情感表达，但是，我们不能够只是通过逻辑解释物和精力解释物来表达符号的理性意义，而不考虑丝毫的情感元素，也就是"祖国"所指。由此可以看出，隐喻不仅有情感的意义还有理性的意义。

符号是通过符号三角来实现其表达含义的目的的，隐喻也一样，它不仅具有和符号一样的构成，其表达含义的途径也和符号是一样的，是将解释物作为中间媒介指向对象来实现其表意的。不同于符号三角，隐喻是通过解释物、表达式、对象来表达含义的。皮尔斯认为由于符号三角的生成本质造成了思想的连续不断，并且在思维过程中所有的表征都可以称为符号，即符号的解释物在指向对象的同时其自身也成了一个新符号，另一个新符号取代了原符号产生的解释物，这样一直循环下去没有止境，如图 4-2-5 所示。符形就是隐喻的表达式，它在主体思维中产生解释物指向隐喻的对象的同时也作为新的符号继续产生解释物，进而指导完成整个表达的过程。还以"母亲"这个隐喻为例子，"母亲"这两个字就是符形，这两个字让我们想到"双亲中的女性"，也就生成了"母亲"这个词的解释物。接下来它在不同的语言交际中所指示的人就是对象。在具体的情境中又将"双亲中的女性"这种符号形式继续产生如"具有母亲这种属性，生养儿女身份的长辈"这种更深一步的解释物，然后再指向交际中的符号所指示的对象，再依次循环下去，一直到再产生的对象和解释物所想通的语言交际环境为止，实现正确表达含义的目标，也就是总的交际目的。

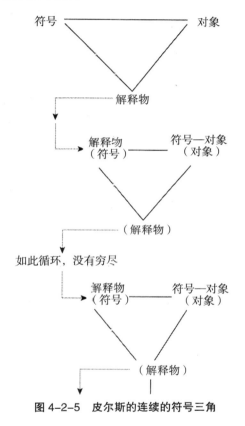

图 4-2-5　皮尔斯的连续的符号三角

（三）隐喻的多模态性

因为符号的表现形式具有多样性，而隐喻就是符号的一种，所以隐喻也具有多样性。符号的定义是某人在某方面或在某种地位上代表的某种事物存在的形式。如果按照这个定义来说，不论是声音、手势、图片、文字，还是电影、建筑、戏曲，只要是可以表达隐喻意义的符号都是隐喻，隐喻的表达形式是多样的，不受形态的限制。在多种模态之中，我们认识隐喻不只是传统的局限于语言现象当中，因为隐喻具有多模态特征，我们可以从更广泛的研究领域中去挖掘隐喻，利用多种形式多元化的隐喻来认识和改造世界。

（四）隐喻的象似性

通过一个事物或事件的属性来认知另一个事物或事件的认知方式叫作隐喻，在语言方面就是用一个事物或事件的符号来表达另一个事物或事件，所以隐喻的符号与对象之间存在一种利用属性来表现相似或对应的关系。皮尔斯认为对象与符号之间的关系基础是象似性。

皮尔斯指出符号不考虑其具体模式，而是通过它的象似性来表达它的对象。象似性是符号的一大特点，这点可以从皮尔斯对符号的观点中推理得出，隐喻的多模态性也可以从他的观点中得出。皮尔斯认为隐喻是亚象似符，亚象似符可以是语言文字或者其他任何一种形式的模态，其形式不受到限制。亚象似符也是一种象似符。皮尔斯符号学中的模式和现代符号学中的模态是一个意思，指的就是隐喻或其他多种意义表达方式。皮尔斯指出任何一个具体的形象，它自身就可以叫作亚象似符，这点在他论述亚象似符的符形时已经说明了。

隐喻是在符号之中的象似符，而不是指示符或者象征符；它的符号和对象之间是象似性关系，而不是指示性或者象征性关系。换句话来说，一种语言的表达式是不是隐喻，取决于它自己的符号和对象之间是不是存在着象似性关系。但符号和对象之间的关系是象似性、指示性还是象征性是由符号间的语境来决定的。所以，一种表达式是否为隐喻也是由它们具体的使用语境来决定的。比如"母亲"这个符号，在例①的语境中所表述的是具备"母亲"特征的对象；在例②中表达的是具备"母亲"这样身份且特定的人，这种形式为非隐喻；而例③中表述的是具有"母亲"特征的广泛的人，也不是隐喻。根据这些例子我们可以察觉到，隐喻是由它特定的语境来判断的。例句如下：

①祖国永远是我们最伟大的母亲。
②在他的记忆中，母亲是一位朴实的农村妇女。
③儿女是母亲的牵挂。

符号与对象之间的关系基础是一直在变化的，因此符号所从属的类型也不是恒久不变的。指示符、象似符、象征符是区分符号与对象之间的关系的基础和依据。隐喻从活跃到僵化的全过程可以用隐喻符号与对象之间的象似性来解释。

　　皮尔斯认为想要找到单一的指示符或完全没有指示性的符号是非常不容易的一件事情；对于任何一个符号来讲，它可以是象似符、象征符或者指示符，还有可能是这三种的组合。比如，人们是怎么样构建山腰、山脚、瓶口、瓶颈这些词的呢？最开始人们认识到大山和瓶子中的某些结构与不同事物，如人的腰、脚、口和颈之间有着相似性，通过人体的结构来比喻大自然事物。在最开始使用这些隐喻的时候，运用它们的基础就是它们的符号与对象之间存在象似性，这些隐喻的运用可以激活人们对身体结构和大自然事物之间象似性的感受和联想。时间长了之后这些隐喻一直被使用，对象与主体符号之间的关系就慢慢固定了下来不再发生变化，于是这种关系就从象似性变成了规约性。符号通过其包含的规约性直接把符号与其表达的意义直接联系起来，这时候隐喻就开始僵化，从最开始的象似符转化为象征符，慢慢地变得不再活跃，我们也管这种隐喻叫"死隐喻"。当隐喻成为某一种特定对象的符号的时候，也就是隐喻的象似符已经转化为指示符，那么它本身的隐喻意义就完全消失了。当喻体成为某种特定的对象的专有名词的时候，它的隐喻的意义就完全消失了，这也就是象似符转化为指示符的时候。比如，我们现在经常形容一个人长着一副"苦瓜脸"，在最开始的时候，"苦瓜脸"是用来隐喻没有精神、垂头丧气的样子，形容把脸拉得很长的复杂的表情，在某种特定的语境中"苦瓜脸"属于象似符，但随着时间越来越长，人们习惯用"苦瓜脸"来称呼某个人，所有他周围的人都知道了"苦瓜脸"是指特定的个体时，"苦瓜脸"也就变成了指示符。这就是我们提到的隐喻的意义完全丧失了。词汇的隐喻含义和语言使用一样是随着时间的推移而不断发展变化的。由于经济全球化和网络的普及，国内外文化的交流逐渐紧密，尤其是语言方面。新词汇层出不穷，原有词汇也有了新用法。

　　和纯象似符不同，当主体需要用主观的努力来理解隐喻的时候，这种隐喻就是通过事物或事物的属性来体现象似性的，这属于亚象似符，它的相似性比较低。隐喻中很多都需要抽象概括才能认知到，而抽象概括本身就需要主观努力，主要概括事物的功能、结构、关系等方面，依靠主观的努力和主观的态度情感，所以主体对事物的情感和意义也可以从隐喻中体现出来。喻体的态度意义也表现在具体语境和属性概念概括形成的态度中，不同的语境对隐喻的意义也有很大的影响。

　　综上所述，可以得到下面的结论：第一，隐喻是一种符号，它不受具体模态的限制，它的含义通过对象和对象的解释物共同作用来实现；第二，隐喻不是一般的符号，它是一种象似符，和象征符、指示符不一样，对象与符号之间的关系基础是象似性,在某些特殊的条件下可以转化成为象征符和指示符;第三,隐喻是用和事物之间的对应关系来指示事物的,它是一种亚象似符,隐喻的意义不但包含理性意义还包含态度意义,我们理解隐喻的时候需要主观上的努力。

三、隐喻的定义和识别

(一)隐喻的定义

隐喻的定义非常广泛,每一种定义都强调了隐喻的某个方面,但都不够完善,这是在亚里士多德之后的几千年研究中得知的。一般来讲,我们给某个事物下定义都从三方面入手:首先是指出该事物不同于其他事物的特点;其次是以功能为标准,区分它和其他事物的功能;最后是表达出事物的本质上的特点,就可以比较完整地给事物下定义了。我们了解了隐喻的定义才能更深一步地了解隐喻的全过程。

最典型的隐喻就是"A是(像)B"的形式,A和B都是隐喻中不可缺少的非常重要的要素,也就是本体和喻体,A和B代表不同的事物,因而"A是B"表示这两者之间直接出现隐喻的关系。在实际的自然语言中,隐喻关系中的各个部分往往不能很直接地出现。最普通的一种表达就是像例①、例②、例③中的"A是(像)B"的形式;但有的比较特殊,如例④、例⑤;有的更特殊一些的只有喻体出现的隐喻,比如成语和熟语,如例⑥、例⑦、例⑧。我们可以看出,隐喻这种用一种事物来认识另一种事物的认知形式在语言表达上基本没有固定的形式,无法用固定的表达式来对隐喻下定义。例句如下:

①我们的生命注定就是一部永远无法回放的电影。

②人生就像一场毫无目的的旅行,有时候,我们太过于匆忙,却忘记了旅行的意义!

③人生是一场踏上了就回不了头的路,青春是打开了就合不上的书。

④活在你们虚构的世界,演绎着你们编导的剧情。

⑤人生的关键不在于你从一开始就拿到一副好牌,而在于怎样把一副坏牌打好。

⑥只要是金子不管处在什么环境下总会发光的。

⑦冬天来了,春天还会远吗?

⑧主角注定就是那个人,我们无法左右。

虽然隐喻的认知功能得到了大部分人的认可，但在实际的语言交际过程中，隐喻的功能并不是一直不变的。隐喻除了认知功能以外，还有逻辑、创新、诗学、讽刺等功能，一个隐喻可以不单单只有一种功能，可以同时存在几种功能。

隐喻中符号和对象之间的基础是象似性，它是用某种概念来认识另一种有象似性概念的属性的过程，这是认知的过程。它传达的内容与隐喻的表达是不相同的，不管指示对象是否存在，从隐喻的符号象似性来看，它就是通过与其他事物之间的某种联系来体现事物的表象特征的。这也是隐喻的认知属性。所以，从整体上把握隐喻的认知性和符号性，隐喻的定义可以是在特殊的语境中通过表达一种事物或概念来认知另一种事物的亚象似符，通过事物和事物之间的联系对应的属性来体现其象似性。

如以下例子中⑨至⑫，这些句子在没有语境的情况下，是很难判断是隐喻还是非隐喻的。例⑨中表达说话的人身上被泼了冷水是非隐喻，但是如果是遭到反对意见或遭到驳斥，则为隐喻。例⑩中当描述的是天气现象就是非隐喻，但当例⑩表达的是某种社会政治革新的时候则为隐喻。例⑪"小咪"和狗是不同的概念属性的时候为隐喻。例⑫在表达天气的时候不是隐喻，在表达某件事情的渲染程度与真实事物不相符的时候则为隐喻。

⑨我被人泼冷水了。
⑩太阳就要出来了！
⑪小咪是一条狗。
⑫雷声大，雨点小。

（二）隐喻的识别

从认知符号性的隐喻的定义中可以了解到隐喻识别的基本条件。隐喻需要有三个条件：一是需要有两个事物；二是两个事物要是不同的概念，分属于不同的类别；三是用一个事物的概念属性来解释另一个事物。

隐喻认知的对象必须是两个事物，但不一定是通过文字的形式出现在表达式中，也可以通过词语的语义、语境或其他指称等形式。在例⑬中，句子中虽然只出现了"他的大脑"一个事物，但是通过"格式化"的语义可以让人们想到计算机硬盘或者移动硬盘之类的事物，以此来判断出隐喻表达的是用电子设备来认识

"他的大脑"这一个事物的概念。例⑭和例⑮中没有出现两个以上的事物或事件，因此都不是隐喻句。例句如下：

⑬这一刹那间，他的大脑仿佛被格式化了。
⑭这一刹那间，他的大脑一片空白。
⑮有一些女人是普通男人配不上的。

在隐喻的定义中特别强调的是"事物或事件"，它们的概念非常重要，指的是不同种类的、在概念上有区别的事物或事件，不能单单只是名称上的不同，其类别和概念上也必须是不同的。

例⑯是对人物职业的表达，因为"老师"和"赵家燕"都属于人这个类别的概念，所以不是隐喻。例⑰中"红花羊蹄甲"和"紫荆花"都是植物，而且是同一植物的不同名称，而"苏木科常绿中等乔木"是它在植物学上的类别的名称也都属于同一类别同一事物，所以不属于隐喻。例⑱中"金星"和"启明星"指的也是同一宇宙天体，只是叫法不同，还是属于同一事物同一类别，因此也不是隐喻。可以看出，即便是用不同的名称但只要是指的同一事物同一类物体，没有本质的区别，都不是隐喻。很多时候我们并不是按照同一学科常识对事物进行分类的，而是凭借人的常识、百科知识进行不同的命名，这同样都不是隐喻，如图4-2-6所示。

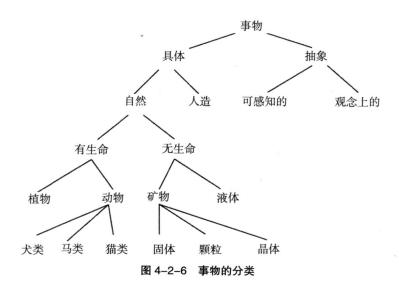

图 4-2-6　事物的分类

例句如下：

⑯赵家燕是舞蹈老师。

⑰紫荆花，又叫红花羊蹄甲，为苏木科常绿中等乔木，是香港特别行政区区花。

⑱金星是启明星。

隐喻要满足的第三个条件是用一个事物的概念来表达另一个事物，如果没有用概念来表达也不构成隐喻。如例⑲中虽然出现了很多事物，如毛毛虫、树叶、小溪等，但都没有用其中的概念来表达另外的事物，也都不是隐喻。

隐喻用一个事物的概念来表达另一个事物，主要有三种形式：第一种是很明显的隐喻，即"X是Y"的形式；第二种是只有喻体出现，但是我们根据语境也可以还原成"X是Y"的形式；第三种是通过体现事物之间关系的词语来激活两个事物概念的关系，从而体现出"X是Y"的隐喻形式。

在例⑳中"微笑"和"招手"是表示关系的概念词，通过这种关系概念的词语在句子中实现了用人的属性概念来认识麦苗和柳树的隐喻形式。同样在例㉑中"微笑"这个词的出现，把人的动作神态映射到月亮这一事物上，也就是通过"微笑"这个概念把人在微笑时候的动作状态投射在月亮平时宁静的状态上，从而用人的概念来认识月亮这个隐喻形式。例句如下：

⑲小溪旁，有一棵高高的大树，树上住着毛毛虫的一家三口。它们每天都把那些树叶当作美味咀嚼着，把树上的叶子吃得千疮百孔。

⑳春天我漫步在田野，麦苗向我微笑，路边的柳树向我招手，到处是花的芳香，我高兴极了。

㉑月亮在微笑。

第三节　隐喻的认知功能

亚里士多德很早就发现了隐喻的认知功能，理查兹等人也很早对其进行了探索，现如今又有语言学家约翰逊、莱考夫等在深度和广度上对其进行更为详尽和系统的研究。只着眼于隐喻的认知功能当然无法探明其本质，但对于语言意义表达机制和交际效果的认知是十分有意义的，对于语言教学、词典编纂也很有帮助。

一、隐喻是人类组织概念系统的基础

认知语言学家指出，人类概念体系中有非常多隐喻性的基础概念，这也表明人类所使用的词汇基础很大程度上都含有隐喻。在人类概念体系中，隐喻处于核心地位，其嵌入人类语言系统中，支撑起词汇系统，同时也决定了人类的思维和话语表达方式。隐喻的发生无时无刻不存在着，例如计算机网络由于科技发展在现代生活中普及，"信息高速公路"这类新鲜词汇逐渐成为高频使用的"隐喻主体"。

有一些新闻标题的例子可以对比进行充分说明。比如：

① Prime minister rides the info-highway.（首相乘坐信息高速。）

② White House counts two million cyber tourists.（白宫统计有两百万网络游客。）

③ AT&T stalled on the info-highway.（AT&T 在信息高速上熄火。）

又比如，"人生是赛跑"和"人生是下棋"两个隐喻概念，我们可以转换为"人生是竞赛"这一新的隐喻概念。由于"竞赛"是一个比"赛跑"和"下棋"更大的概念范畴，所以新隐喻概念"人生是竞赛"可以代替原有的两个隐喻概念"人生是赛跑"和"人生是下棋"，构建起一个新的跨域映射关系。反之，通过提取隐喻概念"人生是赛跑"和"人生是下棋"的始源域概念"赛跑"和"下棋"，可以找出一个同时包含这两个概念的更大的概念范畴"竞赛"。

二、隐喻是人类组织经验的认知工具

隐喻为人们认知不熟悉或难于把握的领域提供了有效途径，用相对熟悉、容易把握的领域经验去加以认知，形成态度，并构成行动。概念系统在人类经验中大部分是基于本体隐喻而构建的，本体隐喻主要可以划分为实际物体和容器隐喻等。

利用实体物质理解相关经验，即"实体物质隐喻"，使人们将一些经历看作同类的可分开的物质。当把经历作为实体物质时，它们就可以量化和范畴化，可以进行述谓和指称，同时也可以理性讨论。就好比方向性隐喻是基于人类对空间方位的基本经验，很多本体隐喻的经验基础都源于相关物体，尤其是人类身体。本体隐喻可服务于不同目的，不同隐喻体现出不同目的。

基于容器的概念来建立另外一些抽象概念，即为容器隐喻。详细来讲，它将边界加于某事物之上作为容器，因而可量化。

第一，将地点及与其相关的事物看作一种容器，使其具有边界，从而对其进行量化。

第二，把某种事物的活动状态、行动等也可以看作容器。例如：

① Are you in the race on Sunday?（你周日有比赛吗？）

② How did you get out of washing the windows?（你怎么不擦窗户？）

第三，人们更偏好借助物理经验去认知非物理经验，比如心理、文化、情感经验，这些都是人们基本的经验。比如：

① Harry is in the kitchen.（哈利在厨房。）

② Harry is in the elks.（哈利在麋鹿堆。）

③ Harry is in love.（哈利陷入了恋爱中。）

英语中的 in 和 out 两个介词最能体现容器隐喻，它们不但可以指具体的某一个空间，比如厨房、学校等，还能用于抽象概念，比如英语短语中的表达式 "in one's memory"（在某人的记忆中）、"in one's heart"（在某人的心里）、"Out of sight, out of mind."（眼不见，心不烦）等。将视觉领域作为容器也是很常见的情况，比如：

① The plane is coming into view.（飞机正在进入视野。）

② He is out of sight now.（他现在不见了。）

由此看来，人类认知活动受到了隐喻的深远影响，换言之，受到了其直接作用。因此，有学者提出了人类概念体系的运转主要依靠隐喻，这个观点是非常令人信服的，其对隐喻系统研究的影响可谓非常之深。学者们从认知科学的视角重新解读了隐喻，他们认为隐喻表达所依托的隐喻概念的系统性使我们能够用一个熟悉的概念来理解一个陌生的概念，而隐喻概念构建的前提是隐喻框架的形成。例如，隐喻概念"人是机器"就是通过熟悉的"机器"概念来解释"人"这一复杂的概念，要完成这一解释，就需要具备关于"机器"的认知框架。

三、隐喻是认识事物的新视角

隐喻是体现语言表征特点的重要途径。人们将熟悉领域的经验延伸到另一领域，从而形成由某一认知域向另一认知域作用的过程。例如，当遇到不好描述的认知域时，人们就倾向于使用熟悉的认知域，诸如"战争"等，人们常提到的"与地斗""与天斗""与人斗"就是将对方看成战争中的敌人，还有常见的"自己是最大的敌人"。由此看来，隐喻的运用使得"敌人"指代的含义更加丰富多样。

同时，作为概念隐喻的"战争"一词还会涉及隐喻认知域的各个方面。在战争中一个最不容忽视的因素就是敌人，从某种程度上说正是因为有敌人，才需要发动战争。为了消灭敌人，取得战争的胜利，战争双方需要动用一切可以利用的资源，以自身可以运用的资源为代价来确定相关的战略，然后进行组织与调动。由此看来，能源危机就被隐喻加入了战争语义场。

隐喻从另一角度体现了语言所具有的表征特点，它只传达基础表意单元，在其之外的深层含义需要利用想象来补充。

四、隐喻具有类推说理功能

隐喻的认知功能还可进行逻辑拓展，化解矛盾，进而解决常规情况下无法解决的难题，达到意想不到的效果，这便是其类推说理功能。比如：

①玉不琢，不成器；人不学，不知道。
②剑虽利，不砺不断；材虽美，不学不高。

通过上述例子可以看出，人们常借助某一领域解释另一领域，利用类比说服别人。通过两个认知域之间单向的映射，人们可以总结出语义派生词汇以及语言运用的普遍规律。此外，概念隐喻带领人们进入另一个语义场，使语言表达方式更加多样，也为认知学习提供了有效工具。

第四节　隐喻的认知性分辨

哲学家玛丽·海西（Mary Hesse）与理查德·罗蒂（Richard Rorty）对于逻辑实证主义的态度是一样的，即他们都持反对的态度。尤其是对于理论语言和观察语言的区分，海西与罗蒂不赞同逻辑实证主义对于上述两者的区分。在科学知识的认知方面，海西与罗蒂都不认同逻辑实证主义中的观点，即他们认为科学知识不是对实在的准确表象。罗蒂对于知识的认知立场较为极端，他觉得知识是一个存在融贯关系的体系，在不同的地区，这种体系会受到一些宗教和审美等因素的影响，所以也会存在一定的不同。他的这种观点就对于逻辑实证主义产生了一定的颠覆。相对于罗蒂来说，海西的立场比较温和，她只是在逻辑实证主义的基础上进行了拓展。海西的创新之处在于，她认为科学知识的一个不容忽视的属性就是技术价值。

不管如何，对于逻辑实证主义，海西和罗蒂都产生了新的看法，他们的理论都在一定程度上对于逻辑实证主义进行了调整。在此基础上，海西和罗蒂也对于隐喻认知性进行了一定的辨析。对于辨析的结果，笔者认为是不太重要的，之所以不太重要是因为我们需要先知道认知是什么，然后才能确定隐喻是不是具有认知性。从海西和罗蒂的理论来看，隐喻的认知性是不重要的，因为这并不影响它在话语修饰方面的改变，即隐喻已经不再是传统修辞学意义上的一种话语修饰产品。假设知识都是科学知识，在这一前提下，隐喻是不能去表述知识的，但是它却可以在某种程度上推动知识的进步和发展。

一、隐喻和科学知识的进步

海西是一名英国人，并且是一名杰出的科学哲学家。她站在女性的立场上提出了很多有价值的观点，同时对于科学理论的思考也比较有意义，值得大家学习。之前，逻辑实证主义中有一个观点，即表象主义知识论，这一理论是对于观察语言和理论语言的认识，也就是对于两者的区分。在逻辑实证主义看来，科学知识就是由一个个概念组成的系统，观察语言和理论语言是实用的和相对的区分。但是在海西看来，所有的语言都具有隐喻性。海西认为人类生活的世界是一个客观存在的世界，这个世界是具有某种结构的，但是在这个结构中人们永远无法达到事事洞知的程度。虽然人们对于世界的认知是没有边界的，但是人们的认知是在不断进步的。这种进步不是以对世界的准确表象来界定的，而是以是否真的对人类世界是实用的为界定标准。海西对于隐喻的认识主要发表在《科学中的模型和类比》《实在的构造》《知识和语言》和《物理学和我们的世界观》等著作和论文集的部分章节中，以及《陌生的声响》和《隐喻的认知主张》等论文中，下面我们对海西的隐喻观进行分析。

（一）海西对逻辑实证主义知识论的批判

上文提到，海西是反对逻辑实证主义的，尤其是在对知识的认知方面。她认为科学理论并不是对世界真理的完全概括，而只是永远在接近一种真理。对知识进步的看法，她和罗蒂都认为，并不能用是否揭示了世界的真理来作为知识进步的评判标准，而是要用一种发展的眼光来看，也就是说，只要某种新出现的理论是有益于人类发展的，具有一定的实用性，那么它就可以作为一种科学知识，作为知识进步的表现。但是和罗蒂不同的是，海西在某种程度上是反对完全化的工具主义的。她虽然觉得科学研究并不能完全揭示世界结构，但却可以不断接近这个结构。所以从某种程度上来说，海西的理论更加具有一种温和性，不像罗蒂那么极端，这也是她的独特之处。

1. 从共相到家族相似

科学的产生是为了更好地了解世界，这也正是海西的理论的出发点。海西认为科学就是语言和世界关系之间的表现。语言和世界的关系是如何的？这是很多学者思考的问题。之前，维特根斯坦在他的《逻辑哲学论》中有这样的看法，即世界上的事物都有对应的一个名称，这些名称就是由语言组成的，那么从这种关系上来说，只要了解了语言也就认识了世界。这就是逻辑实证主义在理论命题和观察命题上的看法。虽然在 20 世纪中期，逻辑实证主义就已经走向了衰减，但是它的观点依旧在很大程度上影响着人们的认知。对于这种束缚性的影响，一些研究隐喻的人认为非要打破不可，不然难以取得本质上的进步，而海西就致力于打破这种认知束缚。为了冲破这种束缚，她借鉴了多种思想，包括历史主义科学哲学、观察负载理论等，以此充分拓展她自己的认知，不断深化她自身的理论基础。

有人把现代自然科学的出现比喻为上帝写就的一本书。需要认识到，现代自然科学的语言并不是上帝的涂鸦，而是数学语言。在这方面，牛顿为自然科学的进步作出了卓越的贡献。除了牛顿之外，任何科学家、数学家等所进行的一切探索，都是为了更加了解世界、理解自然。海西觉得，自现代自然科学兴起以来，对于理想语言的追求就是逻辑实证主义一以贯之的目标。什么是理想语言呢？就是这种语言和上帝的语言完全符合，也就是说，存在一种语言能够完全、完整地表述世界上的任何事物，这也是很多科学家和哲学家一直致力于探寻的语言。海西的这种看法继承了维特根斯坦《逻辑哲学论》中的观点，维特根斯坦也一直试图找出一种和世界同构的语言。

从某种程度上来说，现代自然科学（16 世纪）、逻辑实证主义（20 世纪），都体现着一种共相世界观（亚里士多德所提出的）。这种共相世界观存在于它们对于理想语言的不断探索中。对生物物种进行研究的人，不只有我们所熟知的达尔文，还有亚里士多德，他也在这方面提出了一些观点。他的主要观点就是"自然是由种和属组成的树状的等级结构"。自然是由不同的物质组成的，人们对于这些物质进行了分类，而分类的依据就是物质的本质，每一类物质的种类都由它们共同本质来决定。我们认识事物的基础就是先要看到它的本质，这样才能把它和其他事物区分开。此外，亚里士多德不对于一类事物的内部差异进行深入分析，他觉得这些差异不会帮助人类更好地认知事物。举个例子来说，我们人类的头发有黑色的、金色的、白色的，但是这些差异并不会对于事物本质的划分有所影响。所以说，看待事物首先要抓住本质。

在对理想语言的追求方面，当代自然科学和亚里士多德的共相世界观存在一定的逻辑性。也就是说，当代自然科学也认为，存在一些普遍术语去反映一类事物的本质，而理想语言中有着足够多的普遍术语去描述一类事物。从某种程度上来说，只有了解了语言之间的联系，才可以认识到事物之间的关系，这就是理想语言的本质。也就是说，只要发现了理想语言，那么就可以揭示自然，让自然为人类所认知。

在 20 世纪下半叶，亚里士多德的本质主义共相世界观受到了严重挑战，特别是普遍术语与自然物种的关系受到了维特根斯坦的家族相似理论的反对。在亚里士多德看来，为什么可以用某个通用术语来命名这个自然物种的所有成员，是因为它们有一个共同的本质，比如"人"，某个个体是否可以算作"人"这个自然物种的成员，取决于他是否具有"理性动物"的共同性。海西认为，这种命名是对某一自然物种所有成员丰富特征的简化，很难说是准确的，某个自然物种是否有共通的本质也值得怀疑。维特根斯坦就表示过，可以归于"游戏"这个名称的各种活动实际上并不具有共同的特征，各种活动之间存在一定的相似性，而相似性又形成了一个链条，因此这些活动虽然没有共同的特征，但由于"家族"中的"相似血缘关系"，它们可以归于同一个名字。

海西的观点是，世界上的物体不是作为自然物种而存在的，而是作为个体而存在的，但是当用它们来描述世界时，我们必须使用一般性的术语。通用术语的使用在任何语言中都是不可避免的，但是通过对维特根斯坦家族相似性的分析，我们必须明白，当我们使用通用术语对某些对象进行分类和预测时，并不是因为通用术语和对象具有一一对应关系，不需要所有预测的对象都具有共同的属性。预测对象之间可以具有家族关系。这些家族关系形成了一个限制对象范围的链。但这个领域不再属于亚里士多德的世界观，而是由相对确定的对象和边缘的不确定现象组成的。

在亚里士多德的共相和自然种类的世界观中，术语被定义为完全适用所描述的对象，但在分析家族相似性后可以发现，用普遍术语描述对象取决于人与人之间的不相似之处，差异并不是完全匹配的。这种语言观的变化改变了语言与世界的关系，也将导致知识论的变化。在严格对应论中，语言表达是否具有真值取决于它是否与现实相一致，而隐喻表达没有确定的含义，所有的隐喻表达都没有真值，因此它们不能传达有关事物的信息。但是经过这样的家族相似性的分析，语言和世界就不再有严格的对应关系了，所以如果我们继续把真理限制在严格的对应论和演绎推理上，那么不仅隐喻的表达与真理无关，与任何语言都无关紧要，表达一切都不会有真正的价值，所以我们必须转化我们的真理和知识。

结合共相世界观来看，当我们说"猫吃老鼠"时，就说明"猫""吃""老鼠"之间存在普遍规律。根据对家族相似性的分析，出于各种实际目的，我们将一些具有稳定相似性的动物归为一类，并用"猫"一词来指代，从而形成了一个家族相似性的集合。"吃"和"老鼠"是一回事。基于经验观察和实际目的，我们作出一个陈述，即关于两个集合之间的内容的陈述。这是我们根据日常生活中的直接感知对世界进行的分类，科学的分类要复杂得多，这些分类可以不断修改甚至取消。例如，人们一开始认为鲸鱼是鱼，但经过观察和研究，我们修改了分类系统，将鲸鱼归类为哺乳动物而不是鱼。我们对世界元素的分类更是如此：从古希腊的四大元素到道尔顿的原子论和现代自然科学的基本粒子理论——都在不断变化的过程中。

2. 温和的科学实在论

逻辑实证主义认为，借助对于知识的不断积累，我们最后可以发现关于世界真实结构的普遍真理，海西将这种认知称为逻辑实证主义强实在论。她认为强烈的现实主义是基于亚里士多德的普遍世界观，他的前提表明语言和世界具有同构关系。海西认为，通过以上对家族相似性的分析，我们了解到语言与世界只是关系的近似巧合，因此必须摒弃强实在论。

理论与世界的关系是一种基于家族相似性的大致重合关系。海西觉得，虽然科学知识并不是世界本身真实结构的反映，虽然概念会在科学革命的过程中被彻底改变，但可以说自然科学在不断进步，而这种进步是反映在工具实用主义方面的。在工具方面，我们也在不断改进。通过科学实验和理论解释，我们不断提高预测和管理经验事件的能力。科学知识不是人的任意结构。科学知识必须接受世界反馈的检验。因此，在预测和管理世界的实用意义上，我们可以说自然科学是"客观的"知识，这不是从科学知识与世界真实结构的比较中得出的。

海思对于逻辑实证主义意义上的知识的普遍性和必然性持否定的态度。她的观点是，目前科学知识是针对特定现象的。这种与科学知识相关的温和现实主义变成了具体的、当前的、近似的、直接的描述和验证，而不是笼统的、不普遍的、不准确的理论的深化和还原。

海思承认存在着一个独立于我们之外的人的客观世界，但我们人类的科学研究并不是对这个世界的准确表述，在很大程度上是一种评估和论证。从某种意义上说，我们对于世界是无法表达的，但这并不意味着世界是神秘的。科学理论借助构建各种模型来解释世界。这些理论解释受到自然环境反馈的制约和约束，从而在预测和控制世界方面不断进步。

（二）所有的语言都是隐喻性的

自亚里士多德以来，在人们的认知中，隐喻一直都是和语言标准相对立的，两者是相互背离的，可以说是不能共存的。很多人都认为标准化的语言对应的就是世界上的各种事物，认为我们人类在表达一些真理的时候使用的就是标准化的语言。但是，当代学者，尤其是研究隐喻的学者，对于这种传统的看法进行了否定。举个例子来说，约翰逊就称这种传统哲学为"字面真理范式"，海西则为其起了一个"字面神话"的名称。人们认为，字面语言在某种程度上优于隐喻语言。但是海西对于这种看法持反对态度，她认为这种看法是不可取的，因为科学知识并不是世界上的全部知识，也就是说科学知识并不能代表世界。因此，海西一直尝试着打破人们对于字面语言优于隐喻语言的看法，她觉得隐喻语言也可以用来传递知识，它和字面语言具有同等重要的作用。

世界上的个体都是独立存在的，其不但具有一种属性，还可能具有多种属性，但是运用一种普遍术语去把事物或者说个体的全部属性都概括出来是不可能的。为此，很多时候，一些术语只是对于一种事物某一方面的表达，我们认识事物除了要了解它的术语之外，还要了解它的多种方面，这样才能得到更加全面的认知。对于这种关系，海西就提出了"所有的语言都是隐喻性的"这一基本论断。为了对于这一论断进行更为深入的认识，我们需要对其进行更加详细的论述。

对于这一论断，最早启示我们去注意的就是浪漫主义了。尤其是一些浪漫主义诗人，他们就特别喜欢运用隐喻的手法。但是需要我们加以深入认识的是，浪漫主义对于隐喻的认知和运用，是基于语言起源这一基础的，而海西则不是，她是针对语言的深层含义来看待隐喻的。隐喻的研究开创者之一就是理查兹，而他在得出"隐喻是语言的普遍原理"这一论断的时候有点过于轻率。他没有经过具体的实践论证，只是凭借一些经验。从某种程度上说，海西的论断比理查兹的更加严谨，也比浪漫主义中的相关论断更加深刻。

对于海西的论断，从相反的方向来说，就可以是"有的语言是字面性的"，这里"有的"是对"所有"的否定。从"有的语言是字面性的"这一方向来看，我们可以将之叫作字面主义语言观。从这种观点来看，其主张的是将语言作为一个静态化的系统，这个系统里，语言的意义是固定的，也是理想的。在字面主义语言观的认知里，隐喻和字面都是语言中不可忽视的两个方面。但是这两个方面的特点是不同的，从字面来看，语言是固定的，只具有一种意义，是对某种事物的直接表达，但是从隐喻的角度来看，语言有的时候也会是一种借用，也就是用一些其他事物的相关描述去表达某一种事物，从这种意义上来说隐喻就是偏离的，就是模糊的，也是不确定的。因此，很多人认为应该避免使用隐喻语言去描述一些确定性的知识，原因在于一些词语会随着时间和背景的变化而发生意义方面的变化，所以一些逻辑关系也会改变。

从这种观点来说，人们在使用语言的时候会争取对于一些对象进行准确的表述，但有时候也不会过度追求这种特别准确的表述。此外，我们结合维特根斯坦提出的家族相似性来看，实际上那种十分准确地描述一种事物且一点错误与偏离都不存在的词语语言是难以存在的，很多时候我们只是近似地去描述一种事物。结合上述这样的看法，海西也认为很多语言因此充满了隐喻意义。但是这种隐喻意义的存在，并不意味着对于事物的描述就是偏离的，从某种程度上说，这种隐喻也是对于事物本质的一种表达。因此，海西认为"所有的语言都是隐喻性的"这个论断是成立的，并且意味着适用于所有事物。

但是对于这一论断来说，海西在研究的时候是从语义的深层层面出发的。这一论断被提出后，很多人都感到十分惊奇，也有一些人不太理解，为此，海西又提出以下两点限定性的解释。

第一，假设隐喻是语言的一种普遍形式，那么怎么又会有字面和隐喻的不同呢？对于这一问题，海西认为字面和隐喻的区别并不是存在于语义方面的，也就是说海西认为并不是所有的语言都是对于事物的准确表达，有的时候语言在描述事物的时候也会出现一种偏离，但是这种偏离是符合要求的，只是对于事物的一种近似性的表达，但是在实际运用语言的时候，我们可以区分开语言的字面意义和隐喻意义。通常来说，字面意义就是一种词语被广泛承认的意义，而隐喻意义则是人们根据一定的背景来认知到的，是会随着时间等因素而发生一些变化的。从这种观点来看，字面性的意义通常是固定的，而隐喻的意义则是会发生变化的。所以海西的观点是，要理解语言的隐喻性质，在理解隐喻意义的时候还要结合语言的字面性，应该说这两种性质是不矛盾的，是可以共存的。

第二，海西认为"隐喻"是确实存在的，也就是说没有一种语言可以对所有的实在事物都进行十分准确的、一点偏离也没有的描述，这里所说的"实在"是一种个体，而不是亚里士多德所提出的那种"共相形式"。人们归纳某一种实在事物的共同特点或者说性质，然后再结合这种共性来描述事物，得到这种实在事物的普遍术语，但是这种普遍术语在某种程度上来说所具有的意义远远少于事物本身所具有的。所以接下来我们思考的是，如果语言只有字面一种性质，这时语言和实在事物之间的关系又是如何的呢？对于这种问题，海西没有十分明确地进行回答，但是我们可以结合她的观点来进行解答：语言的字面性和实在事物之间的关系是透明的，是约定俗成的，但是这种关系在巴别塔之后已经不见了，不管是 16 世纪的自然科学，还是 20 世纪的逻辑实证主义，都尝试再找到这样的字面语言，但是都失败了，同时被罗蒂等哲学家认为是没有用的。因此可以说，我们如果不再只单纯地追逐语言的字面性，而理解语言所存在的隐喻性，那么我们看待世界的角度以及对于知识的看法都会在一定程度上得到更新。因此，我们需要认识到的是，并不存在一种语言可以完全凭借字面意思去描述实在事物，从这个角度来说，我们也不能说科学知识就是完全的、唯一的、正确的，所有的科学都是在一定历史背景条件下的辩证的科学。

（三）科学解释是对被解释项领域的隐喻性重新描述

1. 从隐喻到模型

隐喻相互作用理论是美国哲学家布莱克的理论。他的观点是，语言的隐喻和科学研究中的模型，存在一定的共同之处。他觉得，模型并不是对于事物道理的准确描述，而是和语言一样，只是对于事物的一种近似性的表达，但是和隐喻不同，科学研究中的模型具有更强的系统性，这是进行科学研究所不容忽视的一种性质。但是，海西对于隐喻与模型在使用的时候没有加以分辨，她觉得模型与隐喻的本质是相同的，即都是用一种近似性的系统去表达另一系统。有的时候，海西会对于科学隐喻和诗学隐喻进行一定的分辨，从上文我们可以知道，科学隐喻就是指模型，而诗学隐喻则是一些文学作品中作者所表达的具有一些修饰意义的隐喻。需要注意的是，海西对于科学隐喻的作用进行了捍卫，也就是对于模型进行了捍卫。

一些科学哲学家的观点是，科学中的模型也是一些科学家为了自己的研究而采用的，从这个角度来讲，模型也是具有很强的主观性的。但是海西觉得这种观点存在一定的误解，是片面的。海西的观点是，一旦某个人结合一种模型提出系统化的理论时，那么就不能将这一模型和理论相分离。也就是说，如果这个人抛弃了之前的模型，那么就会发现他的理论也就不可能成立。而且，一种模型一旦建立，那么它就很难只属于某一个人，其他人在建立理论的时候，也会参考这一种模型。此外，在进行科学探究的时候，因为模型不可能是完美的，所以它就有可能被推翻。推翻它的，有可能是它的建立者，也有可能是它的使用者。海西的观点是，科学探究离不开模型的帮助，她致力于结合布莱克的隐喻相互作用理论来论证科学解释的隐喻性意义和非演绎性。

2. 隐喻相互作用理论对科学解释的应用

从普遍意义上来理解，科学解释就是用一种理论化的语言来对现实世界中的一些经验和事实等进行表达。这种表达应该是解释性和说明性的表达。比如，对于"苹果为什么会从树上掉下来"，牛顿就用他的科学理论来进行了解释。此外，科学解释一般是对于一种定律的高层次的表达与演绎。就拿牛顿的力学定律，以及开普勒的行星运动定律来说，根据前者可以推导出后者。但科学解释是如何得出的，这是一个很重要的问题，之所以重要，是因为它关系到人们应该如何去理解一些科学理论，如何去理解世界，以及如何去理解世界和科学理论之间的关系。因此，自20世纪中期以来，很多科学哲学家都对于科学解释进行了不断的探索，试图分析科学解释。海西就是其中十分重要的一员。海西对于"科学解释的演绎模型"进行了批判性的论述。从这一模型的核心出发，我们可以认为它的内容主要就是对解释项和被解释项之间的关系的描述。那么解释项和被解释项之间的关系是什么呢？这种模型认为，我们可以从解释项中推导出被解释项的一些个别的特点，或者从解释项的普遍意义方面，得出被解释项的普遍意义。

很多人并不赞同这一模型，尤其是一些哲学家开展了对它的批判。这里我们可以看看科学哲学家费耶阿本德（Paul Feyerabend）是如何批判的。他对"科学解释的演绎模型"中的两个前提进行了挑战性的论述。这两个基本前提是演绎性与意义恒常性。对于演绎性来说，其具体就是指科学解释对于事物现象的说明必须借助演绎性来获得。但是费耶阿本德的观点是，近似和演绎不同，模型是对于事物现象的近似性描述，而不是演绎。他还举了这样的例子，就是人们通常会结合牛顿的理论去分析伽利略的定律，但是需要注意的是，这两者的理论并不是相互推论与演绎出来的，从某种程度上来说，这两者的理论还存在矛盾之处。因此，费耶阿本德认为，定律或者理论等与数据之间的关系是近似的，但不可能完全是准确的关系。另外，一种理论与另一种理论，它们中的术语不可以乱用，即使一些术语是近似的，但是也不能通用。因此，从这种角度来说，对于一种现象，可能有不同的理论来解释，但是这些解释之间所存在的关系与其说是推论，不如说是替代。

　　海西对于费耶阿本德的相关观点进行了借鉴，但是除此之外，她还结合了布莱克的观点。在此基础上，海西认为"平行"是模型与隐喻之间的一种关系，她觉得从用法方面来说，科学理论中的模型和隐喻存在一定的相似之处，都会需要进行类比式的一些转换。也就是说，模型和隐喻都会在一些不同的领域发生迁移性的变化，甚至出现相互作用的问题。因此，海西觉得可以用隐喻性来描述模型在科学解释中的作用与性质。在此基础上，同时结合布莱克的相关理论，海西得出"理论解释是对被解释项领域的隐喻性重新描述"的观点。这一观点对于科学解释的演绎模型进行了很大程度上的调整与修正。

　　在布莱克的理论中，出现了首要对象和次要对象的区分。举个例子来说，对于"人是绵羊"这个描述来说，其存在一定的隐喻性质。首先，"人"应该是首要的对象，"绵羊"应该是次要的对象。在理解这个描述的时候，我们需要结合"绵羊"去理解这里的"人"。在这个理解的过程中，"人"和"绵羊"的意义是相互影响的。海西的观点是，这种相互影响的相互观，就对一些科学解释产生了重要的参考作用。与布莱克不同的是，海西把"首要对象""次要对象"对应为"首要系统""次要系统"。

　　此外，海西虽然认为模型和隐喻存在一定的相同之处，但是也觉得两者也是有差别的。就拿"人是绵羊"来说，海西认为科学理论中的模型和布莱克的隐喻的差别在于，隐喻不是对两个事物之间的相似性的发现，而是一种创造，本身来说，"人"和"绵羊"并不相似，但是描述者根据两者的性质创造出了一种"相似性"。但是海西认为，在模型的运月过程中，科学家并不能创造这种相似性，这种相似性必须是之前就存在的。但是从这个角度来说，如果认为相似性是预先存在的而不是创造出来的话，就会陷入"比较观"中。但是海西又认为在探究科学模型的时候，我们可以不结合比较观而坚持"预先存在"的观点。就拿声音和波来说，我们在相关的科学模型中很难解释性地拓展说明声音和波在哪些方面相似，这种拓展本身需要模型起作用。

　　在布莱克看来，我们可以将有条纹的透镜比作隐喻，通过有条纹的透镜我们看到了事物的另一种形象，同样借助隐喻我们可以产生对于首要对象的不同看法。这种改变就是"首要对象"与"次要对象"再加上人脑的观念系统相互作用的结果。很多人都不肯定科学探究中模型的作用，甚至还会怀疑它的存在是否有必要。这是因为他们觉得，在科学的研究过程中虽然模型会被用来借鉴，但是很多时候新的模型会推翻原有的模型。海西觉得隐喻相互作用论（布莱克所提出的）可以被用到科学模型和科学解释中。她认为，人们在用"次要"去解释"首要"的时候，必然会涉及观念系统。这个观念系统是公共的，是可以被众多人所广泛认知的。次要和首要对象的相关观念系统是相互影响的。还是以声音和波为例，人们在解释声音的时候可以用到波，关于波的"观念系统"会影响到人们对于声音的理解与认识，反过来也是。

（四）隐喻的指称和认知要求

在分析隐喻的指称时，海西在认知性方面对于隐喻进行了一定的要求。

这里我们需要理解的是指称的概念，需要明白指称是什么。通过思考，相信很多读者能够理解隐喻的"指称"，那就是首要对象或者说首要系统。但是结合相互作用理论来看，隐喻的指称并不完全等同于首要对象或者说首要系统。之所以这样，是因为从相互作用理论的观点来看，首要对象会受到次要对象的影响。还是拿"人是绵羊"为例来说，这里的"人"在隐喻层面更加弱小、温柔，而如果用"波"去形容声音的话，声音从字面上就更加具有震动性了。也就是说，在隐喻或者模型中，首要对象或者说首要系统被理解的时候会发生一些意义上的变化，那么隐喻的指称也会发生一定的变化。这就需要思考，怎样用一种合适的证明方法来解释我们理解的意义就是对象本身的意义呢？

从某种程度上说，海西承认隐喻和模型存在一定的相似性，而且她在相关的论述中也十分重视模型在科学解释中是如何发挥作用的，也就是效力问题。在科学哲学中，存在这样一种争论，那就是模型是不是必需的。还是以声音和波来讲，很多时候，"声音是以波的运动形式传播的"，对于这个模型来说，"波"是对于"声音"的一种描述，那么"波"的这种描述是可有可无的还是必需的呢？对于这一问题，海西认为这样的模型与理论本身是不能分开的，这样的描述本身就存在一定的客观性，是能够供人交流的。这里需要思考的是，对于模型来说，它真正描述的对象是什么？海西的观点是，模型描述的肯定是首要对象，即"声音"。这里，海西认为，不管是隐喻还是模型，它们的指称就是首要系统。

对于海西的这种观点，一些人持反对的态度，其中最具有代表性的是以下两种：

第一，不区分诗学隐喻和科学隐喻。诗学隐喻从某种程度上说是不受一些逻辑规则的束缚的。一些人从这一片面的角度出发，认为隐喻和一些逻辑规则不相符，不是对于对象的真正描述，因此不能说隐喻的指称就是首要系统。这样的看法是片面的，从某种程度上说，诗学隐喻和科学隐喻是不一样的。因此，海西的观点是，从本质上说科学隐喻和诗学隐喻是不一样的，需要我们去进行分辨。

　　这里需要注意的是，一些反对者对于诗学隐喻的特征进行了分析，总结如下：诗学中的隐喻描绘出来的效果，很可能让人十分惊奇；诗学中的隐喻有时是为了让人更好地品鉴，给人想象的空间，所以不能像学术一样去追求细节，也不会拓展到一个全新的空间；有的时候，诗学隐喻在形式上是存在矛盾的，但是可以在同一主题下谈论，增强总体上的隐喻的效果。

　　举个例子来说，诗学中，诗人可能会把自己当作花儿，当作鸟儿，当作树木，等等，这些都是想象的，这样的描述是没有逻辑束缚的，但正是这种没有束缚的逻辑，造就了充分的想象空间，给人以良好的诗歌体验。因此，可以说，诗学中的隐喻是没有一定逻辑规则的，在这样的前提下，海西也觉得对"隐喻性真理"进行探析存在比较大的困难，因此海西就没有将隐喻认知性的要求附加到诗学上。但是海西认为，在科学领域，模型是应该遵循一定的逻辑规则的。具体来说，海西觉得科学隐喻在一定程度上可以满足理论在逻辑方面的要求。科学隐喻的目的和诗学隐喻的目的是不一样的，它最终的目的不是仅仅让人们感到惊奇；科学隐喻需要人们主动地、积极地探索，而且也可以借助一些量化的数据来探索与研究，甚至可以迁移运用到一个新的领域：科学隐喻通常以逻辑和因果关系相联系，且这种联系是紧密的，也是内在的。假设一个首要系统在两种模型中产生了矛盾，那么这种矛盾就必须通过模型间的修正或者瓦解来实现调和。

　　这也就意味着，在逻辑规则方面，科学隐喻相对于诗学隐喻来说，有着更强的服从性。因此，海西认为，从真理标准的方面来看，科学隐喻虽然难以满足严格形式化的要求，但无论如何也比诗学隐喻更为清晰。在隐喻方面，海西继续针对文学作品中的隐喻和科学理论中的模型进行了一定的分辨。她主张的是，科学模型被运用的目的在于将一种"完美的隐喻"找出来，诗学隐喻在逻辑方面来看可能存在一定的不完美性。

　　第二，有人持有这样的反对态度，即如果将隐喻相互作用观和"首要系统就是隐喻的指称"相联系，那么就会导致"首要系统的字面性的描述具有恒常性"这一论题是假的。对于这种反对意见，海西提出的观点是，"首要系统的字面性的描述具有恒常性"本身就是假的。

　　海西认为，科学模型一方面在世界中有真实的指称对象，这个指称对象就是首要系统；另一方面，当我们用来当次要系统的理论模型对首要系统进行描述的时候，这个描述本身还要受到来自世界的反馈循环的检验，因此并不是任意的和主观的，是有着客观的真假标准的，所以模型是有真值的。海西认为，科学模型与字面描述一样具有真值和指称，因而是认知性的，是科学进步的重要工具和手段。

海西从对逻辑实证主义知识论的批判中走向了温和的科学实在论。她否定知识和世界同构，也否定知识具有演绎性的特征。她是从知识作为人类预言和控制自然的手段这种实用主义的角度来定义科学进步的。海西虽然以隐喻为论题，但大部分时候都是在谈论科学模型（或她所说的科学隐喻）。科学模型和隐喻一样涉及两个不同领域之间的转换问题，人们对于这种转换的合法性和必要性都有所质疑。海西利用布莱克的隐喻相互作用理论来证明科学模型在科学研究中的作用和价值。

二、隐喻和自由主义社会的自我更新

罗蒂认为，实用主义的政治进路和哲学家马丁·海德格尔（Martin Heidegger）的诗学进路是对认识论传统的两种反叛，并且在某种意义上都是用听觉隐喻取代传统哲学的视觉隐喻。在罗蒂看来，海德格尔的诗学进路是一种思乡和怀旧病，它试图使我们重新聆听我们过去曾经听到过但现在已无法听到的声音，比如前苏格拉底的神话；而实用主义的政治进路则是要使我们听见过去不曾听到过的陌生声音，并且逐渐相信它们，从而使得我们成为新的人类。从视觉隐喻到听觉隐喻的转换典型地体现在对隐喻的理解上，传统观点往往从视觉出发，认为隐喻是一种"看作"，而罗蒂则认为隐喻是一种"陌生的声响"，是一种心灵的信念和欲望之网外部的"召唤"。作为"陌生的声响"和"召唤"的隐喻是真值的候选者，能够从根本上改变我们的信念和欲望之网，从而使得我们摆脱一时一地的社会和政治观念的约束，为可能的趋向理想的各种观念变化敞开大门。隐喻是罗蒂保守主义政治哲学方案中最具活力的要素，是罗蒂赖以实现自由主义社会的自我更新的根本动力。

（一）终极词汇表

罗蒂在他的著作《偶然、反讽与团结》中首次提出了终极词汇表（final vocabulary）。在心灵方面，罗蒂进行了反表象主义处理，在这项处理之后，所剩下的就是信念和欲望；在语言方面，罗蒂也进行了反表象主义处理，而这对于语言的处理之后，所剩下的就是终极词汇表。同"知识型词汇表"和"范式词汇表"相比，虽然终极词汇表与这两者有异曲同工之处，但是终极词汇表的范围更为广泛。对于罗蒂来说，在知识陈述层面，终极词汇表是边界条件；在生活方式层面，也是边界条件。维特根斯坦是一名哲学家，他的工具主义中关于语言和行动之间的相互交织，也可以称为语言游戏。维特根斯坦的语言游戏可以作为终极词汇表的一个参考对象。在现实生活中，罗蒂也经常将语言游戏和终极词汇表放在一起进行讨论，并将他们同等对待。终极词汇表的概念能够充分展示罗蒂关于语言和知识的基本看法。我们只有在对终极词汇表的概念进行理解并且完全清楚明白的基础上，才能对罗蒂的隐喻观和他的政治哲学意蕴进行充分的理解。终极词汇表具有双重特性：一种特性是终极性，另一种特性是历史性。罗蒂的保守主义改良方案是以这两种特性为重要依据的。

1. 非还原物理主义世界图景中的自我和世界

在关于哲学家们对自我与世界之间的关系的主张和观念，罗蒂进行了模型划分。具体如下：

在后康德模型中将自我与世界关系进行了划分，共分为四种关系：第一，构成关系，指的是众多的自我共同构成了一个世界，其中自我也可以说是人类自身的先验范畴，而现实世界之所以能够构成就是因为将人类的先验范畴进行了共同构建；第二，自我与世界之间具有再现的关系，也是说自我再现了世界，自我对于现象世界的感知和体会是依靠感官进行的，世界在人们的心灵之中进行了再次显现；第三，世界与自我之间具有使真的关系，也就是说，现象世界具有客观性，人类的先验范畴具有普遍性，前者决定了后者，由此可知，自我的再现是不是准确的，需要通过现象世界提供依据；第四，世界和自我之间具有因果关系，自我对世界产生作用，世界同样也对自我产生作用，两者之间具有相互作用，发生因果影响。

在后康德模型中，我们可以发现自我与世界的关系是非常复杂的，之后，美国哲学家戴维森（Davidson）将后康德模型中这种复杂的关系进行了简化，认为自我与世界的关系是一种单一的因果关系，也就是说人们所拥有的信念和欲望共同构成了他们的心灵。我们可以将人分为两部分，一部分是人的心灵，另一部分是人的有机体，即身体。人的心灵和有机体与世界之间存在的关系只是较为单一的因果关系，但是，我们不能够运用这种因果关系去对人的信念进行解释。以上是戴维森对于自我和世界的观念，这种观念在后来被罗蒂称为非还原物理主义。罗蒂的这种称谓其实是对戴维森对于世界的观点进行了总结，这个总结是非常科学有效的，同时也表明了罗蒂对戴维森世界观的认可。

与后康德的模型进行比较，非还原物理主义存在的最大差异是，世界与自我对世界的再现之间所具有的关系不再是使真关系。罗蒂有一种观点，就是在传统的哲学中，通常会把自我和世界之间的关系进行混淆。第一种主张是我们日常中所见的，在日常生活中我们所见到的真实现象与我们通过所见到的事实进行推理判断出来的事实这两者是不能放在一起进行讨论的，这两者是相互独立的。我们并不能根据在日常生活中所见的事实对我们通过这一事实进行的判断是真是假进行充分的论证，只能通过我们的信念和欲望之网中的其他信念进行论证。世界中的事实只能说是我们所拥有的某一种信念的因素，而不是我们拥有这一信念的理由。第二种是知识论的主张，世界自动自发地将自己分裂为很多具有语句形式的碎块，叫作"事实"。这种知识论表达了一种观点，即世界中存在着自我持存的事实，能够更为直接地为知识提供依据。从这个意义上来说，世界就可以直接为我们的信念进行证成。第一种主张是没有经过反思的日常见解，并不能表示在认识论上需要把世界作为知识的理由；第二种主张所表达的是世界可以直接成为知识的理由。

事实上，世界本身不在乎是真是假，只有我们对世界的描述存在是真是假，我们也可以说是，是真是假只是一个句子的属性，但却不是世界的属性，两者不能混淆。世界基本上从来就不是根据句子的形式的事实而存在的，所以，我们对于世界描述是真是假是不能进行直接而有效的证明的。在现实生活中，我们会产生一种幻想——"世界可以决定我们对世界的哪一种描述为真"。产生这种幻想的原因是我们混淆了两种关系，也就是世界和信念之间具有的因果关系以及信念和信念之间具有的证成关系。除此之外的另外一种原因就是我们考察自身描述世界与世界本身之间的关系是，通常会从单个句子的层面进行。在观察语句方面，与非语言的世界进行比较的话，语言规范的约束表现得并不明显，也不直接。比如，分析"红队获胜"这个句子时，我们会发现这个句子是由比赛的结果所决定的。通过上述论述，罗蒂提出了一种主张，就是我们一定不要只停留在单个句子的层面上，我们一定要上升到语言整体，这样我们才能真正看清楚看明白句子是真是假，以及句子真假约束力的真正源头。世界本身是不能通过说话进行表达的，也不能对描述的真假与否进行判断。罗蒂主张，知识作为一项事业，所表达的是一种整体主义。我们在判断是否要排除一种信念时，我们要对这个信念进行检测，也就是检测这个信念和我们所拥有的其他信念是否一致。

2. 终极词汇表的产生

语言整体到底指的是什么？针对这个问题，罗蒂进行了相关解释。在罗蒂的观点中，语言整体其实就是他所提倡的终极词汇表。人是不同的个体，每个个体都拥有一组属于自己和符合自己的词语，人们会通过运用自己的词语发表对于自己、他人或者其他事物的看法。终极词汇表是罗蒂创造的一种崭新的术语，但是我们不难发现这个终极词汇表在生活中其实就是人们在自己的文化体系中所学到的自然语言。罗蒂创造这样一个新的术语，其目的并不是区分不同个体之间学习和获得语言，其目的是通过这种新的术语对我们所习得的语言的本质提出新的主张和观点。

我们所处的文化共同体不同，所学习和获得的语言也是不同的，也就是说不同的文化共同体拥有不同的语言。但是，对于在某种文化共同体中生活的人来说，这种语言限制了人们对于知识的表达，与此同时也限制了人的行为和生活方式。

在信念体系中，会存在某个信念是僵化的和固定化的，罗蒂对这种情况表示担心。在罗蒂的观点中，社会是在开放性的信念基础上不断地进步和前进的。通常情况下，我们可以运用三种方法对信念进行改变，这三种方法分别是知觉、推理和隐喻。其中知觉和推理能够对知识的内容进行改变，但是无法改变知识的形式，然而隐喻改变的是知识的形式，并且是在收获真理的过程中进行的，因此隐喻在推动社会进步方面的作用是更大的。但是，在我们对信念体系的变革的过程中，终极词汇表的终极性这一性质会产生阻碍作用。罗蒂把希望寄托于少数的知识分子，希望这些知识分子能够对终极词汇表的历史性进行充分的理解和认识，从而能够提出一种私人领域里的隐喻表达，这种隐喻表达是与公共领域的政治观念不一致的，这些表达并不能全部被人们接受。

（二）隐喻的非语言性和非认知性

隐喻是非语言性的，并且处于词汇表之中。隐喻的这种非语言性需要经过字面化的转变，才能转变为语言性，这是因为隐喻被排除在词汇表之外。隐喻经过字面化的转化之后，会进入词汇表中，这时，隐喻的语言性就凸显出来了。隐喻字面化之后进入词汇表，也对词汇表的结构进行了本质改变，这种改变一般是边缘性的，也是生长性的。隐喻在进入词汇表之前有两种重要的特征，分别是非语言性和非认知性；我们所说的隐喻进入词汇表之后对词汇表进行更新的过程其实就是我们之前说的隐喻的字面化的过程。

罗蒂继承和发展了戴维森对于隐喻的观点，并对隐喻进行了相关论述。戴维森发表了《隐喻的含义》一文，他在这篇文章中对所有与隐喻相关的问题及其研究都进行了评判性的论述。他在对隐喻所具有的意义和所拥有的认知内容明确而坚决的否定过程中，捍卫了他自己的语义学计划。其实，戴维森对隐喻的批判和排除，实际上对隐喻来说也是一种解放，戴维森想利用隐喻做隐喻所能够做到的事情，而不只是对知识和意义进行表达。感到非常遗憾和惋惜的是，这种对于隐喻的解放被掩埋在对隐喻的批评之中，难以被发现，但是，罗蒂却从中发现了戴维森的真实想法。

1. 隐喻在语言游戏之外

罗蒂认为，当我们对某种隐喻进行表达时，我们所表达的这句话在我们当下所处的语言游戏中是没有真或者假的说法的。例如，隐喻性表达"生活是一场游戏"，我们看这句话的字面意思，它并不具备真值条件，因此我们认为这句话是假的并且是没有任何意义的，但是，我们在分析和理解一句话的时候，不能把无意义的字面意思与无意义的隐喻相提并论。由此可知，这句话所隐喻的内容并不是假的，而是可成立的。如果我们从真值条件语义学上来说，每一个语句所具有的意义都可以被其当成真值条件进行揭示。事实上，隐喻是不能用真假去论述的，尽管隐喻对我们语言中的表达式进行了充分运用，但是隐喻却没有在我们的语言游戏之中。在当下的语言游戏中，隐喻在真假方面是缺乏的，这也就是说这个隐喻表达式在当下的语言游戏中并没有适当的位置。

罗蒂和戴维森之间存在分歧，戴维森所主张的是隐喻只是一种语用效果，并不能说是一种语义现象，因此，隐喻表达式所展示的字面意义就是其真实意义，并不存在其他的隐喻意义。隐喻的真值条件其实就是这个隐喻表达式的字面意义，隐喻中的大多数都是假的，由此可知，大多数的隐喻都是没有任何意义的。从上述戴维森的主张中，我们可以体会到两种含义：一种含义就是所谓的隐喻意义是不存在的，另一种含义是隐喻中的大多数是没有意义的。罗蒂对于隐喻的主张则是在继承和吸收了戴维森主张的第一层含义的基础上进行的，他对隐喻的意义进行了否认，并且把隐喻从语言的范围中剔除了，将隐喻和各种非语言的自然力量放在了一起，并将它们归为了一类。尽管戴维森认为大多数隐喻都是无意义的，但是这种表达仍然在语言的范围之内。就像我们语言中的其他错误陈述一样，尽管毫无意义，但它们仍然存在于我们的语言中。隐喻和其他虚假陈述之间存在的区别，就是这两者拥有不同的语用效果。

隐喻的非语言性也包含了罗蒂对隐喻的描述中隐藏的一个重要隐喻特征，即隐喻的非规范性。因为语言作为终极词汇表，是一种规范和推理的关系，它与自然对象之间的因果性有着根本的不同。

我们知道，戴维森对于隐喻的相关主张——否定隐喻的意义及其认知内容——遭到了大多数哲学家的强烈反对和反击。罗蒂认为，产生这样结果的原因是戴维森"似乎认为天才的最杰出想象和雷声、鸟鸣具有同样的形而上学地位"。罗蒂的做法对戴维森的观点进行了过度的诠释，完完全全地将隐喻剔除出了语言的范围。罗蒂对于听觉隐喻方面的类比常常比较钟情，他经常做的是将隐喻和一系列声音放在一起进行比较，从而来凸显隐喻的超语言性和非认知性的性质。

2. 隐喻的听觉隐喻类比

罗蒂对隐喻所做的听觉隐喻类比可以分为两类：

（1）隐喻是逻辑空间之外的声音

罗蒂借用了逻辑空间这样一个概念。世界中有一种领域，也就是因果律，在这里，逻辑空间是与之相对应的，在我们进行知识表达的过程中，逻辑空间是框架也是先决条件。心灵是信念和欲望之网，如果我们这样进行表述的话，那么知识在其中的作用就是它进入这个网络之中的信念；也就是说，如果知识进行了更新换代，那么就表示着信念也会随之发生改变。在罗蒂的观点中，我们可以通过运用三种方法对我们既有的信念进行改变，这三种方法分别是知觉、推理和隐喻。我们先来说说知觉，当"我"打开门的时候，如果看见一个朋友正在做超出自己认知的比较惊人的举动，那么"我"通过朋友的这一举动，就会改变"我"对他之前的旧的信念。对于推理来说，通过找到各种证据，从这些证据所表明的现象进行推理，"我"在经过这些推理之后会发现"我"之前信任的朋友其实是一名杀人犯，从而，"我"对这位朋友的信念发生了本质上的改变，与此同时，也会让"我"和这位朋友之间的友谊发生改变。对于知觉和推理来说，这两种信念都是在之前原有的逻辑空间之中所发生的改变。如果我们只能通过知觉和推理这两种方式对信念进行改变，那么我们就可以说我们所拥有的逻辑空间是固定的、不变的，因此我们所拥有的知识的边界条件也是固定不变的，我们要做的是必须满足既有的语言和知识框架。比较庆幸的是，除了知觉和推理，罗蒂还指出了另外一种能够改变信念的动力，也就是隐喻。正是因为隐喻这个动力的存在，才保证了逻辑空间的开放性，因为"获得真理并非始终就是把材料置入预设的框架中"。当我们提出了一个比较新型的隐喻的时候，在旧的逻辑空间中我们是无法找到这个新的隐喻所处的位置的。

（2）隐喻是一种陌生的声响

隐喻作为一种声音，并没有处于逻辑空间之内，这就表明了逻辑空间中还有许许多多的声音存在。我们如何对逻辑空间之内和之外的声音进行区别呢？我们可以将字面和隐喻之间的区别看成逻辑空间内外声音的区分。罗蒂进行这样区分的原因是，隐喻进行字面化的过程是比较偶然的，我们只有通过使用之后才能够实现这一过程。我们之前提到过，罗蒂是一个坚持保守主义的学者，但是这并不能说明罗蒂这个人是完全封闭的，因此，罗蒂认为，隐喻并不是完全无法进入逻辑空间，而是为此留下一个通道，这个通道我们可以理解为，隐喻最初是作为一种比较陌生、不为人所知的声音存在的，但是如果隐喻被经常性地使用的话，那么，人们就会认识和熟悉隐喻，也会接受隐喻。在这种情况下，就不能称之为隐喻了，这个过程就是隐喻向字面化过渡的过程了。

如何将字面和隐喻之间的区别说得更为清楚和明白？罗蒂同样作出了解释。罗蒂运用了与之前同样的方法，也就是运用听觉隐喻进行类比。从字面到隐喻的过程，我们可以比作从一种陌生的声音变成一种比较熟悉且广为人知的声音的过程。如果我们听到一种完完全全陌生的声音的时候，我们会不自觉地开始关注这个声音，从而关注这个声音所处的环境，但是，这个声音并不能够向我们传播相对确切的信息，然而我们听到的是一种熟悉的声音的话，那就不一样了，我们在听到这种声音的同时，这种声音所表示出的比较确切的信息能够被我们所接收。

3. 隐喻是非认知性的

关于戴维森非还原物理主义世界图景，罗蒂进行了继承和发扬。我们自身所拥有的知识体系可以表现为一种信念体系，这个信念体系中的各个环节之间是彼此融会贯通的，世界仍然会对知识有所限制，但是这种限制表达出的是一种因果性，而且不能对我们的信念是真是假作出直接判断。知识具有两种限制条件，罗蒂对此进行了区分：①因果性限制，这个限制是由世界所导致的；②证成性限制，这种限制是由其他信念所导致和形成的。由于罗蒂并没将隐喻划入语言的范围，所以隐喻和知识并不属于同范围，它们之间的关系就成了另外一种关系，也就是因果关系。

（三）隐喻和重新描述

隐喻所处的位置是语言游戏之外，并能向我们传达隐喻所描述的事物的相关信息，我们并不能通过隐喻了解和认识这个事物。隐喻所表达出来的是对事物进行重新描述，经过隐喻这样的重新描述，可能会将原来的事物变得更加高大美好，也可能将原来的事物变得更加渺小劣质。我们知道终极词汇表能够表现出两种属性，也就是终极性和人们思维的惯性，因此，我们通常情况下不能够接受隐喻的这种重新描述。一般情况下，我们可以在原来的词汇表中进行重新描述，但是这种操作会使得重新描述所带来的改变是非常有限的。隐喻的重新描述大大地改变了事物原本的描述，除此之外，隐喻的重新描述也能够改变对事物进行描述的词汇表本身。

在海西的观念里，世界本身并不能将自然分门别类，语言在描述世界中的事物时，同时会忽略事物本身所拥有的特性，也会将其抽象化，因此，"唯一正确的描述"这种理想是不存在的，也是不会发生的。在不同的历史阶段，人类会提出不同的科学理论，这些理论仅仅是对当时所处的环境的一种描述，如果想要科学知识进一步发展，我们就需要不断地替换旧的描述，不断地创造新的描述。

继戴维森的非还原论的物理主义之后，罗蒂紧跟其后，提出了自我与世界之间的关系不再是再现关系的观点，认为自我与世界之间仅仅是一种因果关系。由此可知，唯一正确的描述是不存在的，也是不会发生的。针对这一理论观点，海西和罗蒂作出了同样的举动，在哲学上都对"唯一正确的描述"这一观点进行摒弃，因此两位哲学家都对利用隐喻重新描述事物产生了浓厚的兴趣。但是，两位学者在相同中又有不同，他们一个对进步的科学知识本身进行了相关描述和强调，另一个则是对进步的社会观念进行了描述和强调。

1. 词汇表的不可通约性

我们知道，罗蒂提出了词汇表这一概念，而库恩（Kuhn）则提出了范式这一概念，这两个概念之间有相似的地方，也有不同的地方。两者之间的区别：在范围上词汇表是宽泛的，范式次于词汇表。范式进行转变的时候，我们可以用不可通约性对其进行描述，公共性质的而且可以通分的要素是不存在的。与范式一样，我们可以运用不可通约性对词汇表的转换过程进行相关描述，词汇表的不可通约性造成了一种情况，就是我们不能在论证的基础上对词汇表进行转换，仅能在重新表述的基础上对词汇表进行转换。

每个人的词汇表都可能是不同的，不同的人运用自己的词汇表都可能创造出一个新的知识理论体系，每个人都可以运用自己的词汇表去描述世界并且表达出自己对这个世界的看法。身处不同词汇表的人偶尔会发生冲突，比如拥有不同意识形态的人不可能运用论证这种方式让自己的对手放弃原有的意识形态或者所拥有的词汇表，这是由词汇表的性质终极性所决定的。在自由主义社会，身处不同词汇表的人所产生的冲突，不能用武力解决也不能用论证解决，只能通过重新描述进行解决。身处一种词汇表的人都想要运用自己的词汇表对身处另外一种词汇表的人进行重新描述。在这种进行重新描述的过程中，我们可以有一种期盼，希望人们在重新描述之后可以进行自由选择，也希望人们能够在重新描述之后达成共识。

2. 重新描述的力量

在政治运动的过程中，重新描述所发挥的作用和力量是更为明显的。封建时期，封建统治者宣扬君主的权力是神授予的，统治者在此基础上建立自己的王权，并将自己的王权合法化；革命时期，革命者们运用革命性的相关话语以及民主共和的观念重新描述政治的合法性，导致封建王朝的帝王制度成为大家攻击的目标。人类经过了多次的政治变革，在政治话语的转变过程中，革命者们经常运用的就是这种重新描述的力量。在每次政治革命胜利之后，人们都会觉得自己迎来了新的生活方式，将旧的生活方式摒弃了。通常情况下，新的政治话语建立之后，会设立与之相符的政治秩序，人们往往愿意生活在新的政治秩序之下。我们往往会想，人们能够接受甚至乐于接受重新描述的原因是什么？笔者认为，是革命者们在重新描述的过程中向人们揭露了社会和人的本质，改变了之前不正常的话语，让人们对重新描述之后的生活有了美好的期待。革命者们为了能够实现自我的价值和美好的社会理想，不畏艰辛、努力奋斗，甚至奉献出自己的一生。

在罗蒂的观念中，唯一真实的自我和世界这种情况是不存在的，也从来没有相信过存在对唯一真实的重新描述。因此，在自由主义时期，革命者们不能像之前的革命家那样利用重新描述承诺让人们能够生活在充满希望的美好社会里。罗蒂对反讽主义者和形而上学家的区别就是以是否承诺了这样的社会希望为依据的。其中，最为重要的是，反讽主义者重新描述的时候，运用了自由主义的话语，但是在这个过程中他们往往是对文学进行批评，通过这个来发挥想象力，从而增强人们心灵的敏感度，熟悉其他人的词汇表。确立了自由主义制度之后，就设立了与自由主义相匹配的词汇表，人们生活在新的词汇表之中，而利用文学批评这个工具进行重新描述之后，能够充分激发人们的想象力，让人们的心灵能够敏锐地感受到他们所经历的苦难和痛苦。

3. 隐喻和词汇表的更新

自由社会主义之中，存在不同的个体和不同的团体，当他们之间产生不同的意见时，他们一般能做的就是运用重新描述为自己的观点进行辩论，他们在争论的过程中，不断地运用重新描述。在这个过程中，重新描述已经成为大家共同利用的工具了，而在这之前，重新描述只是一种私人手段。现在重新描述成为大家共同运用的手段之后，就成为公众生活中的一部分了，那么，重新描述就具备了一定的约束力，就会跟隐喻一样，先是进行字面化，最后被纳入了词汇表，这个过程中隐喻也就不能称之为隐喻，而是将字面化的隐喻归入了词汇表。进行重新描述的时候，隐喻是一种重要的工具，能够不断推动词汇表的更新。

（四）隐喻的字面化和自由主义社会的自我更新

终极词汇表进行更新的前提条件有两个：第一个条件就是反讽主义者运用文

学批判对词汇表的终极性这一性质提出疑问，然后不断进行重新描述，用新的重新描述代替旧的重新描述，这样的话，旧的重新描述就会进入中级词汇表之中，从而更新中级词汇表；第二个条件是运用隐喻这一工具不断进行重新描述，并在隐喻使用的过程中实现隐喻的字面化，从而让重新描述成为公共生活的一部分，达到更新终极词汇表的目的。

在罗蒂的观念中，在已经建立的社会制度之中最为理性的一种制度就是自由主义制度。自由主义制度与其他制度有所不同，它不需要借助外部的力量，就可以进行自主更新。社会要想以一种健康的状态存续，是需要反对力量推动的，提出反对，验证反对内容的对与错，然后进行变革，这样才能对一个健康的社会进行长久的维持，这种观点是西方政治哲学的基本观念。对一个社会的政治体系提出反对和发出挑战，政治对此作出一定的回应，这样才能不断推动政治的自我更新。由此可知，反对力量的作用影响之大。同样，罗蒂也意识到了这一点，但是罗蒂的做法是把这股反对力量寄希望于少数的知识分子，这些知识分子对政治是敏感的，我们可以将这些知识分子称为反讽主义者。

知识分子通过对政治进行重新描述来提出他们的反对观点，而重新描述的过程往往运用隐喻的手段，同时，社会也能够接受这样的方式，只有这样，社会观念才能不断更新，社会才能不断地前进。由此可知，我们之前所说的自由主义社会具有自我更新的能力。其实从根本上说，自由主义社会自我更新的过程就是隐喻向字面化转化的过程。隐喻具有非语言性这一属性，但是这个属性并不能表示隐喻不能成为真值的候选者，也并不能表示隐喻完全被词汇表拒之门外，而隐喻的字面化过程就是隐喻进入词汇表的过程。罗蒂主张，如果我们提供的隐喻能够符合社会大众的口味，那么这个句子就有可能被重复，变得流行起来，到处流传。随着这个句子或隐喻的频繁使用，一旦隐喻的新鲜感老旧了，你就得到浅白易懂、本义的透明语言。

隐喻字面化的唯一方式是重复使月隐喻。在罗蒂的观念中，隐喻的字面化过程是无法找到相关规律的，这个过程是偶然的，因此，我们在运用隐喻之后并不能保证这个隐喻能够让大家接受。针对这种情况，我们需要提供尽可能多的重新描述，能够让人们在众多重新描述中进行自由选择。罗蒂的政治哲学观念是保守的，他并不提倡社会革命运动太过急切，如果社会革命运动太过急切，那么会造成没有经过人们的选择就将社会革命直接进行实践的情况，这样不利于社会的变革，也不利于社会健康发展。在进行隐喻字面化的过程中，我们无法进行任何的操作，只能作为旁观者耐心等待。

在罗蒂持有的观点中，在隐喻向字面化转化之前，我们需要的是足够的耐心；但是一旦实现了这个转化过程，我们就需要学会接受这种转变。我们之所以要接受隐喻字面化，是因为隐喻字面化成功转化的过程中将隐喻的非语言性质转变成为语言性质，也完成了由私人话语向公共话语转变的过程。与之相连的内容再无法归诸任何特定的个人，因而也就具有了规范人的行为的强制力量。

三、对海西和罗蒂关于隐喻认知性论辩的评述

目前，与隐喻相关的研究中，隐喻的认知性质问题是比较重要的研究论题之一。当代对于隐喻观存在一种基本共识，也就是隐喻具有不可转译性的属性，这个属性能够与传统的修饰隐喻观进行区别，这种属性也被相互作用主义者以及字面主义者所认可，因为在隐喻的不可转译性基础之上，我们才能对隐喻的不可替代性和必不可少性进行推理，也只有这样，才能避免隐喻成为单纯的话语修饰品。但是，在关于隐喻不可转译内容方面，存在一定的分歧，这其中产生分歧的就有相互作用主义者和字面主义者，相互作用主义者在不可转译的内容方面认为，这部分内容向人们传达了隐喻所描述的事物的信息，这部分内容是认知方面的内容，因此，相互作用主义者认为隐喻是具有认知属性的。字面主义者所持有的观点是，这部分内容是神秘的，在隐喻完成字面化的转化之前，也就是隐喻在未纳入词汇表中之前，只能作为一种私人观念存在，这个时候并不能够被人们承认和接受，因而此时的隐喻还是非认知性的。戴维森和布莱克对是否存在隐喻意义这一论点进行了辩论，之后海西和罗蒂对于隐喻认知属性的争论从本质上说是戴维森和布莱克争论的再继续。海西和罗蒂之间的辩论并没有让两人达成一致，但是提高了人们对于隐喻的认识。

（一）对海西和罗蒂论辩的评述

海西和罗蒂在前面的内容中对隐喻认知的性质进行了分别论证，我们可以结合他们两个人的论证，对他们之间的这场辩论进行评论陈述。

1. 布莱克和戴维森关于隐喻认知性的看法

针对隐喻的认知性问题，布莱克和戴维森两位哲学家也对此发表过看法，他们两个人之间也同样存在分歧，但是并不会像海西和罗蒂那样进行激烈的争辩。在布莱克的观点中，隐喻是具备认知属性的，他并不提倡甚至是反对我们将隐喻的陈述用真假作为判断，在他的观点中，隐喻是通过显示的方式对事物的相关信息进行了传递，而不是运用陈述的方式。通过命题的方式对事实进行陈述，这可

以说是认识世界的一种方式，而通过显示的方式对世界进行表象，同样也是认知世界的一种方式。在这种意义上，隐喻是具备认知属性的。戴维森与布莱克持有同一种观点，就是同样认可运用显示的方式对世界进行认知。戴维森认为，知识是得到确证的真信念，只能以命题的形式来表达，所以隐喻"显示"世界的作用只是隐喻所产生的语用效果而不是隐喻认知性的体现。

海西和罗蒂之间的论辩，并不是在简单、直接地重复布莱克与戴维森之间的论辩。虽然在隐喻相互作用理论方面，海西认为自己是布莱克的"后继之人"，但具体而言，二人在对隐喻的看法上仍存在很大差别。

首先，就隐喻与字面的关系而言，二人存在不同看法。布莱克认为，在我们的语言之中，隐喻和字面存在基本的区分，如果不存在字面上的语言，那么隐喻的作用也就无从谈起。试想，假如隐喻构成了一句话的全部，那么这句话实际上只能算是一条谜语。

对此，海西提出了不同观点，尽管部分情况下，她认为隐喻和字面存在着暂时的区分，然而更多时间她对此仍持否定态度，认为一切语言都含有隐喻特性，并且认为是隐喻具有优先性，而非字面语言。

其次，就隐喻与模型的关系而言，二者存在不同看法。在早期研究中，布莱克认为隐喻较为简单，而模型则相对复杂；但是在形式化表述隐喻后，布莱克改变了这一观点，将模型当作隐喻的一小部分。然而，无论上述哪种观点，我们都不难看出，布莱克始终尝试对模型和隐喻进行区分，认为它们是不同的，不应被混淆。但海西对此却有着不同的看法，她将模型当作一种科学的、完美的隐喻，将二者视为一体。

最后，就隐喻认知性的论证策略而言，二者存在不同看法。布莱克对隐喻的认知性的证明，主要是基于隐喻的某些直觉和日常语言哲学在认知与知识上宽泛的用法。但海西在证明隐喻的认知性时，主要是通过确定自然世界中存在有隐喻性陈述的确切指代对象这一方式。她始终认为，在对世界进行描述时，没有任何事实描述能够做到与世界一模一样、完全相符。无论何种描述，实际上都是在不同角度、不同方式中选择其一。如果人们能够证明自己透过隐喻看到的并非虚构的对象，而是世界，那么隐喻的认知性也将不言而喻。

戴维森认为，隐喻仅仅是一种语用效果，其通过字面意义而产生，并且除了字面意义之外，并不存在其他所谓的"隐喻含义"。这一观点被罗蒂进一步发展，且推广到了极致。

一方面，罗蒂彻底将隐喻从语言范围内排除。虽然实际上，这并不符合戴维森本人的观点，因为通过区分第一意义、第二意义，戴维森仍旧将隐喻划分为语言现象。但罗蒂没有注意到这一点，只是单纯地看到了戴维森对隐喻意义进行否定的一面，就简单直接地把隐喻排除出了字面范围。另一方面，尽管戴维森认为语言规则无法对隐喻的运作加以约束，隐喻的运作属于非规范性的事实，但他也没有将理解、解释隐喻视为神秘莫测的过程，而罗蒂却认为隐喻的运作机制是神秘的，直接在"隐喻"和"天才"之间画上等号，这意味着假如理解或者掌握了隐喻的运作机制，那么隐喻的独特价值也将随之不见。

可以看到，无论是海西还是罗蒂，他们都没有亦步亦趋地跟在彼此理论先驱的身后，没有对其"绝对忠诚"，而是在结合自身哲学诉求的基础上，对所继承的理论进行了颇具创造性的发挥。因此，尽管海西与罗蒂延续了布莱克和戴维森在隐喻认知性方面的争论，但是这并不是一种简单的重复，其论辩具备更多新的内涵。

2. 海西、罗蒂和逻辑实证主义

当海西针对隐喻认知性与罗蒂进行争辩时，人们发现，海西、罗蒂和逻辑实证主义共同构成了颇为有趣的三角关系。

逻辑实证主义对科学理论与经验观察之间的演绎性关系有所要求，而自20世纪60年代起，海西就对此存在质疑。她列举了科学史上的多个案例，尝试对理论解释和现象加以研究，认为不同的理论可以对同一种现象进行解释，从而证明二者之间并不是纯粹的演绎关系，仅仅存在着一种近似的符合关系。

海西对逻辑实证主义的质疑还体现在理论语言和观察语言的区分上。在人们通过语言对观察数据进行表达时，这些表述的语言其实已经包含了对世界的分类方式，由此她得出，不存在所谓的"客观的、中立的"观察语言，而它们也不能作为知识的证据。此外，海西并未把科学知识的发展与进步当成线性的积累过程，而认为其是通过对同一种自然现象用不同理论、模型进行描述，从而在对自然的预言与控制方面取得突破与进步的过程。在20世纪后半期批判、反驳逻辑实证主义的哲学家中，海西是较早站出来的一位。

早年时期，罗蒂是一个标准的分析哲学家，但他并没有沿着这条道路不断前进，而是与之"决裂"，重新踏上新的路途。在罗蒂心中，心灵才是一面对世界进行映照的镜子，语言无法取而代之。他反对逻辑实证主义通过局部式参照世界检验知识，并且对逻辑实证主义的证实原则和还原论知识悉数进行了批判。

不难看出，逻辑实证主义既是罗蒂的"对手"，也是海西批评的对象。尽管如此，双方之间仍旧对彼此加以指责，认为对方态度并不坚决，跟逻辑实证主义没有彻底划清界限，如海西认为罗蒂仍旧被"字面的神话"所束缚，就像其他逻辑实证主义者一样。

综观海西、罗蒂和实证主义之间的"三角结构"，可以发现一件很有趣的事，即在隐喻认知性问题上，从表面看海西与罗蒂处于对立状态，但透过现象再思考，不难看出这种"对立"所蕴含的是他们各自针对逻辑实证主义知识论所提出的不同修正方案。

3. 对逻辑实证主义知识论的两种修正方案

在对逻辑实证主义进行修正时，海西选择了"历史主义科学哲学"作为替代方案，并提出这样的观点，即语言并不会与对象逐一对应，二者也不存在这样的关系。海西认为，存在于世界中的对象具有丰富的特性，当人们试图用普遍性术语对其进行描述时，是无法覆盖其所有特点的。从这一点来看，知识不过是一种经过简化与抽象化的信息。基于此，所有的知识实际上都具有有限性。从时间角度看，知识只能总结于当下；而从空间来看，无论深度、广度，它都有着一定的局限性，无法涵盖所有可能存在的宇宙空间。因此，人类很难使用所掌握的知识描述世界的真实结构，只能通过知识与世界的反馈循环，提升对世界的预言和控制能力——我们不能寄希望于前者，却能对后者报以期盼。

同时，由于没有字面语言能够与世界中的自然种类逐一对应，字面神话自然逐渐消退、不复存在，取而代之的则是隐喻性的语言。在科学知识的发展与进步中，它将起到不容小觑的重要作用。

"整体主义的融贯论"是罗蒂在修正逻辑实证主义知识论时的替代方案。从实证主义到戴维森，在对知识和世界关系进行处理时，众多科学哲学家都经历了同样的转变，即从"面对面"到"背靠背"，罗蒂自然也不例外。

逻辑实证主义者坚信，所有的知识都能转化为观察陈述，由世界进行直接检验，这也就是上面所说的"面对面"。面对面的双方中一者为"我们"，一者为"世界"，我们面对世界对知识的检验。而戴维森则提出，当知识接受世界检验时，采用的是一种整体论的方式。如果世界给予了我们一个因果刺激，我们并不是与它直接"面对面"，我们的信念整体是在背对世界的状态下对信念系统进行调整的，直至接受被给予的因果刺激。在这种情况下，我们与世界"背靠背"。这也是上面提到的"融贯论"。

海西和罗蒂的修正方案各有特点。海西的修正方案融化了刚性的、演绎性的、冷冰冰的知识。既然没有任何知识能够对世界进行一一对应的描述，那么我们所需要的就是让知识不断发展、不断进步，在一次又一次反馈循环中修正其对世界的描述，从而获得更新。基于此，隐喻也只是在这一不断改变的、反复的过程中的一次很小的改变，可以被加入知识发展进步的过程中。在罗蒂的修正方案中，我们不再像逻辑实证主义者那样始终睁着双眼面向世界，而是选择转身与之相背。基于此，人们内心的强大成为知识的凭借，只有"心内之物"能够成为知识的证据，即我们信念体系中的其他信念。

在海西和罗蒂的修正方案中，前者针对的是知识的刚性，想融化掉它的冰冷；后者针对的是世界的独断，并对其加以修正。尽管不同的认识论方案对于隐喻的认知性质有着不同的回答，但其共性在于，无论是海西还是罗蒂，他们都没有像逻辑实证主义那样彻底排除隐喻，而是认同其具有科学所必需的特性，这是非常值得肯定的一点。

（二）哈克对海西和罗蒂论辩的仲裁

迈阿密大学教授苏珊·哈克（Susan Haack）主持了海西和罗蒂的论辩，并对这场论辩加以评论与仲裁。而在评论与仲裁的过程中，针对"隐喻"，哈克同样提出了自己的一些看法。

哈克对海西和罗蒂的论辩进行分析，认为其中存在两个基本论题：其一，围绕科学哲学展开，主要争论在科学研究中隐喻是否具有必需的特性；其二，围绕语言哲学展开，主要争论隐喻究竟有无认知意义。

如上所述，尽管两人就逻辑实证主义所提出的实证方案有所不同，但看起来他们已经在第一个论题上拥有共同观点。然而哈克清晰地指出，这只是表面现象，实际远没有这样简单。无论是对隐喻的界定还是使用，海西和罗蒂都有着不同的观点。海西认为，举凡语言皆具有隐喻性，因此她在使用隐喻的时候所涉范围更广，不仅仅包含隐喻，也将明喻和其他比喻性言谈纳入其中；而罗蒂恰恰相反，他严格限制了隐喻的范畴，无论是明喻、其他比喻性语言还是死的隐喻，都不被认为属于"隐喻"。

针对第一个论题，哈克认为"隐喻是科学理论的粗糙草图"，对于新的、具有创造性的科学猜想而言，隐喻是有一定作用的，然而它的这种作用具有可替代性，无论是明喻还是诸如类比、模型等其他语言手段都可以实现，所以我们只能说对于科学研究而言，隐喻能够起到一定的作用，但并不能说隐喻是科学研究所必需的。基于此，罗蒂的论断是错误的，而海西的论断则是正确的。这是因为，海西在使用隐喻时，不仅仅限于隐喻，本身就扩展到明喻和其他比喻性言谈。

针对第二个论题，哈克认为，认知意义存在程度差异，并且隐喻尽管具有认知意义，但只是相对低程度的认知意义。这实际上是对海西和罗蒂的论断进行了折中。

在仲裁海西和罗蒂的论辩时，很大程度上哈克是在进行简单的折中，不仅没有明确自己的立场，也没有给二人的论题带来更有力度的论证。

第五章　认知语言学视角下的隐喻应用

语言是人类整体认知能力中的一个重要组成部分。认知语言学认为，人类语言表达能力主要取决于认知和经验，强调包括隐喻在内的任何语言现象都能够从人类心理和认知的角度得到解释。本章对认知语言学视角下的隐喻应用进行了研究，主要包括认知语言学的应用、隐喻的理解和应用，以及基于认知心理学的隐喻应用三个方面。

第一节　认知语言学的应用

一、在外语教学中的应用

每当出现一种全新的语言理论时，随之相伴的，必然是如何应用这种理论，如替换练习的流行，正是源于结构主义。乔姆斯基非常重视语言运用，而这也进一步发展了功能教学法。相较于此，认知语言学或许未对教学产生革命性影响，然而有一点不容忽视，那就是对于语言教学（特别是外语教学）而言，其具有相当高的价值。

认知语言学对现有的词汇教学从理论方面加以支持。例如，在词汇教学的过程中，那些具有丰富经验的教师、教材编写者提出新的认识，即应当依据"有用性"和"使用频率"对词汇进行分类，并依此让学生的词汇量逐步积累、扩大，这一认识也推动了词汇率表的统计和建立。在对词汇教学确定先后顺序时，不能简单地将使用频率作为唯一标准，而是应当综合进行考虑，建立更具科学性的，同时符合外语教学先后顺序规律的标准。

具体而言，可以从以下几方面进行考量。

①在被用于定义与构词时，词汇本身所具有的价值。

②文体中性的程度。

③可得性，即大脑激活的速度。

④学习时的困难程度。

认识语言学将基本范畴等级词汇和非基本范畴词汇区分开来，而这一区分标准和上述标准具有一致性。针对第一种来说，基本词汇具有的主要特点，就是它在被用于定义与构词时有着更高的价值。针对第二种来说，文体中性程度相对较高的时候，词形也相对更加简单。第三种、第四种实际上属于心理标准：那些大脑激活速度更快的，学习起来更容易、更简单的，更有可能是基本范畴等级词汇。

因此，应当对上位词汇进行区分，将其划归为两类。对于那些无论含义或使用覆盖面都较为固定的上位词而言，它们可以和基本词汇一起出现，如 fruit（水果）、furniture（家具）等。而对于那些属于抽象范畴的词汇，或者相对依赖于句法环境和会话策略的上位词，应当将它们放在基本等级词汇的后面。在教授不同专业的学生时，教师应当适当调整词汇等级，提高对下属词汇教学的重视程度。

与此同时，在进行词汇教学的过程中，教师还需就以下问题引起学生注意，提高他们的认识程度：某一个词的意义并非始终固定，当我们在不同语境中"利用"它时，它会随之展现出相应的含义。当然，这里所提到的"利用"绝不是随意的、天马行空的，它根植于我们脑海对事物的认知与联想，并顺着这种联想，逐渐扩展成词汇的多义范畴，而其范畴的边界同样是处于弹性变化之中的，无法被明确，也无法被固定。

尽管一个词存在着多种含义，但是我们也要看到，这些含义之间并非杂乱无章，而是存在着一定关联，它们的产生往往遵循着一定的原则。认知语言学对这种原则进行阐述，认为它是从具体到抽象的隐喻性映射。了解这一原则后，尽管教师不能对词义的发展作出精准预测，但是可以对一些词汇的具体义项和抽象义项之间的联系加以解释，从而在教学过程中，帮助学生更好地把握词义发展规律，更深层次地理解词义发展的演变机制，最终使他们的阅读能力得到提升。同时，如果人们对语言的隐喻性本质和隐喻概念有更深的了解，那么在遇到比喻性的语言和一些习语时，就能更轻松地加以理解，特别是在阅读、欣赏文学作品的过程中，对语言修辞和其营造的意境将有更为深刻的体悟。

在语法教学方面，认知语言学也起到相应的作用，它可以将其他语言理论对一些现象的离散解释纳入一个统一的认知观。例如，下面是传统理论对英语中不定式和动名词功能的解释：

He wants to write a book about college dropouts.（intention）

他想写一本关于大学辍学的书。（意图）

I should like to take a holiday.（concrete event）

我想去度假。（具体事件）

He tends to spend Sunday mornings in bed.（habit）

他倾向于在床上度过周日上午。（习惯）

He is engaged in writing a book about college dropouts.（ongoing activity）

他正忙于写一本关于大学辍学者的书。（正在进行的活动）

I remember taking a holiday in Liverpool.（past activity）

我记得在利物浦的度假。（过去的活动）

I like spending Sunday mornings in bed.（general statement）

我喜欢星期天早上躺在床上。（一般性发言）

一些教师会有这样的体会，那就是在用传统理论进行教学时，很难清楚地阐述不定式与动名词二者的功能和它们之间的区别，只能对它们的用法进行说明——这些说明之间也不存在相应的联系，不过是一种简单的罗列。在这种情况下，学生无法理解不定式和动名词的区别，学习动词用法的时候自然难上加难。

通过对两个认知图式的利用，可以知道：当某一情境是作为个例被感知时，应用不定式表示；而当某一情境是作为完整认知输入时，应用动名词表示。基于此，我们可以选择不定式来表示那些即将发生的具体事件，同时，选择动名词描述正在进行中的动作、心理历程以及陈述一般性事件。理解上述理论后，我们就能更好地懂得为何某些使役动词（如 ask、tell 等）和动作词（如 agree、choose 等）只能用于不定式，而某些表否定的动词（如 avoid、delay 等）和表心理经历的动词（如 dislike、enjoy 等）只能用动名词，还能够更好地理解诸如 like、stop 等词语用于不定式和动名词上的区别。

认知语言学认为，人们在为句子选择主语时并不能随意为之，当我们从不同角度观察事件、认知事件，或是对事件有着不同的着眼点时，语句的主语也随之改变。比如：

The dog bit the boy.

狗咬了那个男孩。

The boy was bitten in the leg by the dog.

那男孩的腿被狗咬了。

这两句话是对同一事件进行的描述，然而主语有所不同，前者为"狗"咬了男孩，后者为"男孩"被狗咬伤了腿。显而易见，由于描述者注意力和侧重点的不同，在对事件或情境进行描述时，自然选择了不同的主语。每一件事情的发生都有"起因、经过、结果",是一个持续的过程,但是在对这个过程进行描述时,人们需要选择某一视角、选取某一阶段,恰恰是这种选择,决定了接下来描述时所使用的语言。例如,针对飞机上炸弹坠落地面这一过程,我们可以选择不同的突显点和不同的阶段进行描述。

The plane dropped off the bomb.

飞机投下了炸弹。

The bomb fell out the plane.

炸弹从飞机上掉了下来。

The bomb fell through the air.

炸弹从天而降。

The bomb fell onto the ground.

炸弹掉在了地上。

这取决于语篇上的需要:

The plane dropped off the bomb, pulled up and flew away.

飞机扔下炸弹,停下来飞走了。

The bomb fell through the air with a whistle, and the people below were running for their lives in great panic.

炸弹伴随哨声从空中落下,下面的人惊慌失措地逃命。

The bomb fell onto the ground and destroyed a couple of farmhouses there.

炸弹落在地上,炸毁了那里的几所农舍。

了解、掌握上述理论,有助于我们更好地分析句法篇章的信息结构,对写作教学也有很大的帮助。

二、在汉语研究中的应用

实际上,在对汉语进行分析时,认知语言学往往能起到更大的作用。汉语字词的义项之间也具有相关联系,从其词义而言,也可被分为中心含义和非中心含义。中心含义也是孩童最早学习使用的词义,相对于非中心含义来说,它的使用频率更高、运用范围也更广。

利用认知语言学中关于语义与认知机制的关系,我们可以更为全面、系统地分析汉语词形、词义以及其演变规律,进一步助推汉语认知词汇学的诞生。

汉语具有鲜明的特点,就语法层面而言,它是一门侧重语义的语言,在形态上有所欠缺。汉语的句法结构更多地依赖于概念和图式结构,而在形式与意义二者之间，认知语言学恰恰也更加侧重于意义，它所重视的是对句法结构的语义与认知动因的研究。基于此，在用认知语言学对汉语进行研究时，将能够更好地揭示其内在规律。

现如今，国外认知语言学的影响正在进一步扩大，越来越多的国外华人学者在认知视域下展开研究，研究内容包括汉语句法的认知模式、重叠现象等，其中有人已经开始尝试搭建汉语的认知语言学理论框架。因此，我们可以肯定一点，那就是在汉语研究中应用认知语言学理论是大有前途的。

三、认知语言学与人工智能

人工智能的重要内容之一就是对自然语言进行处理。然而现如今，计算机在处理自然语言时具有其局限性，需要采用固定的方式方法：其一，将语言问题表现为一定的数学形式；其二，将数学形式转换为算法，在计算机上予以实现。在处理自然语言时，计算机仍旧停留在统计检索数据、识别合成语音、识别文字等方面，尚未实现真正意义上的智能化。

对人工智能进行研究总是离不开语言模式的建立，二者始终紧密相连。

20世纪六七十年代，人们把乔姆斯基的转换生成语法视为人工智能发展的法宝，并以此为基础在语法分析器、扩充转移网络的研究上获得了一些成果，然而很快地，人们也意识到，作为分析器，它们仅仅把句法当成目标，并不能从根本上对句子蕴含的深意加以解决，也无法处理诸如与其他心智能力的关系等问题。

20世纪70年代起，无论是语言学还是人工智能，都对"语义的研究"加以重视，从而围绕深层结构展开一场争论。在这场争论中，生成语义学派认为形式结构下的语义认知结构才是深层结构，也就此向着认知语言学方向迈进。与此同时，认知心理学建立了多种智能模型，它们都与认知过程息息相关，极大地影响了现代认知科学。虽然认知语言学接纳了认知心理学关于概念与原型识别模型的理论，但是它并不认同把人的心智作为符号进行加工。因为在认知语言学中，人类的认知过程属于一种高级生物活动，它因人类自身具有的身体与大脑同外部世界互动而产生，而这也是人类与计算机的本质区别。

20世纪70年代后，由于认知心理学较不重视人的社会性、生物性，过分依赖计算机的比拟，受到了认知科学家的批评。也有学者对人机类比这一认知研究模式提出了尖锐的批评，认为这种模式过于忽略人性本身。

　　这些批判的观点让科学家承认了认知语言学的一部分基本观点，开始研究新的认知模型。近年来，以麦克莱兰和鲁海哈特为代表的科学家提出了"连通论"模型，由此成了最新的认知科学理论，这一理论被莱考夫称为"第二代认知科学"。在这一变革中，我们可以清楚看到，认知语言学和认知科学在研究上是相互结合的，彼此之间存在紧密联系。实际上，莱考夫本人便来自加利福尼亚大学伯克利分校的认知科学研究中心，这也能从侧面体现出认知语言学和认知科学、人工智能之间存在密切关系。

　　另外，在处理自然语言时，所需要解决的一个根本问题就是知识的表征和利用。因为深入、全面了解人类的认知活动，是让计算机对语言进行更高级、更智能的处理的前提与基础，所以首先要研究的就是大脑中语言的组成形式与知识的表征形式。

　　认知语言学认为，尽管存在着非语言的知识，但是语言仍旧可以用来表达大部分知识。心理并非仅仅是一面镜子，将客观世界原封不动地进行映射，它还具有加工、组织知识的功能。基于上述观点，在对知识的表征进行研究时，其实也是在研究心理上的语言的表征。

　　在认知语言学的认知观点中，大脑中映射出的客观事物的图画并不是以知觉为基础的知识表征，实际上，以知觉为基础的知识表征本身就是具有了抽象化的概括，而以意义为基础的知识表征仅仅是抽象程度更高的表征形式。它们构成不可割裂的连续体，也从而形成了有着不同抽象程度的认知模式或图式。认知图式与从前"图式"有所不同，它建立于空间结构之上。基于此，不难发现，所有知识模式组织和保存的基础都是空间心理表征，只是涉及空间表象的抽象程度与明确度不同而已。

　　在认知语言学中，认知图式是一项非常重要的概念。它诞生于人与外界相互作用而产生、积累的经验，因此也有着心理空间结构，有着联想能力。在评述人工智能理论无法取得成功的原因时，莱考夫提出这样的观点，即其没有重视概念形成的想象基础，没能建立隐喻和转喻的认知模式。要想计算机能够如同人类一样"思考"，它就必须具有人所具备的经验，具有空间心理表征的知识结构。

　　当然，从现实情况来看，想让新的语言学与认知科学转换为人工智能，依旧是任重而道远的。

　　首先，虽然当前计算机具有一定的"智能水平"，可以在围棋对局中战胜人类，可以在一定情境下有限制地用英语进行交谈，可以操控自己的机械手臂……然而却终究无法与人脑相比，人脑中有着数以亿计的"处理器"，并且不是各行其是，而是相互关联的，能够同时进行多种处理；其次，人脑在运转时有着计算机难以实现的灵活性，它不仅能够对接收到的信息进行简单直接的是非处理，还具有计算机所不具备的模糊识别、模糊处理信息的能力；最后，人脑经过漫长的进化，不是计算机可以简单企及的所在，特别是人脑能够在人类文明进化史中不断吸收前人留下的经验，并将其予以转化，这些都是计算机所无法比拟的。因此，虽然人工智能在某些领域拥有接近乃至超越人脑的力量，然而在更多的领域，它始终不能和人脑相提并论。因此，人工智能应当向着解决语言和模糊思维问题的方向发展，只有这样，它才能逐渐趋近于自然智能。就这点而言，在研究人工智能时应用认知语言学理论有着非常重要的意义与价值，能够开启新思路、拓展新空间。

无论如何，研究语义与理解，我们最终的落脚点都是"语境"二字。离开语境谈语义，就如空中楼阁，无法得到准确的信息。因此，想要让人工智能更加接近自然智能，就要在计算机语言理解程序中增添如下内容：①关于世界的知识；②在掌握知识的基础上进行推理的能力。举个很简单的例子，当我们看到"The vehicle hovered over the crowd."（飞机在人群上空盘旋）这句话时，基本不会把"the vehicle"判断为"汽车"，因为汽车虽然是交通工具，但它只能在地面上行驶。当"the vehicle"和"hovered over"相联系的时候，我们自然而然会明白它指的是天空中的交通工具，即"飞机"。计算机只有掌握了交通工具和飞行有关的知识，并且掌握了基于此的推理能力，才能正确地判断出"the vehicle"的含义，而不会闹出"汽车在人群上空盘旋"的笑话。因此，在设计人工智能中有关语言理解系统的程序时，我们不仅要将有关知识输入其中，还需要"教会"其提取、推断相关信息的方法。诚然，这些问题尚未得到很好的解决，但可以肯定的是，认知语言学中的语用理论和认知模式能够为此提供理论框架。

第二节　隐喻的理解和应用

一、隐喻能力

（一）概况

自然语言中常常伴有隐喻的存在，理解隐喻，有助于我们更好地理解自然语言。因此，在对学生进行第二语言教学的过程中，教师要着重培养他们掌握、理解隐喻的能力。这里所说的隐喻能力主要包含四部分内容：其一为创造隐喻的能力，即在自然语言中加入隐喻部分；其二为觉察隐喻及其意义的能力，考验的是人们对隐喻的敏感性；其三为从自然语言中提取隐喻意义的速度；其四为解释隐喻时的语言流利度。可以看出，第一项需要从隐喻使用者的角度进行探讨，但除此之外，第二、第三、第四项都与隐喻使用者和接受者有关，涉及他们对"隐喻"的认识、理解与使用。在实际研究中，一般把隐喻能力概括为对隐喻的正确识别、理解和使用三种能力。其中，识别是首要的。试想这样的情境，在谈话中，一方使用了隐喻，而另一方却根本听不懂其"弦外之音"，无法接受对方想要表达、传递的信息，遗憾的同时，难免有几分"尴尬"。而即便明白对方使用了隐喻，但如果无法正确理解，那么交际对话很可能会出现种种误会。

有研究者认为隐喻能力包含三个方面：①隐喻识别能力是指对隐喻的各种形式与功能的觉察和敏感程度。从认知隐喻学角度来看，隐喻概念十分广泛，包括比喻、类比、比拟等，不仅包括词语和句子层面的隐喻，还包括篇章层面的隐喻。②个人的隐喻识别能力以及知识水平、逻辑思维能力都会对隐喻理解能力产生影响。一般十岁以上的学生才具有理解隐喻的能力。③隐喻创新能力。尽管四岁左右的儿童已经具有创造隐喻的能力，但在功利主义和科学主义倾向的教学行为作用下，学生往往难以真正运用自身的隐喻思维。因此，在教学过程中，我们不仅要侧重"逻辑"，还应侧重"隐喻"，不断追求二者的和谐共生。

对隐喻能力的了解和研究，可以推动二语习得领域的教学，特别是外语教学。这类研究可以分为两大类：第一类为有关学习者隐喻理解和产出规律、隐喻能力培养途径的研究；第二类为有关影响隐喻能力发展的相关因素研究。就目前的情况而言，前者理论探讨较多，实证研究较少，缺乏统一、有效的隐喻能力衡量标准，已成为隐喻能力研究中亟待解决的问题。

（二）涉及隐喻能力的有关元素

1. 智能

在对隐喻能力的研究中，著名心理学家和教育学家霍华德·加德纳（Howard Gardner）提出这样的观点，他认为个体的智能影响着对隐喻的解读能力。例如，如果大脑某一区域遭受损害，就会影响到个体的智能发育，而隐喻智能也是如此。之后，有学者提出，他们已经找到了这样的区域，即在处理隐喻时，大脑中被激活的部位。在实验中，他们选择若干隐喻句，对受试者进行诵读，并询问受试者这些隐喻句是否具有意义。当受试者对此进行思考并作出决定时，对其同步进行

PET 扫描 [1]。在这之后，还会让受试者念诵若干本义句，同样进行思考并给出回答。

通过前后对比发现，当受试者对隐喻句进行思考处理的时候，大脑中某些部位处于被激活状态；而当他们回答本义句时，这种状态则并不存在。研究表明，这些部分位于右脑前叶、右脑颞叶和右脑楔前叶。此外，也有大量证据表明，个体右脑遭遇损伤后将很难对隐喻进行理解，隐喻解读能力极差。

针对儿童创造隐喻、理解隐喻的能力，加德纳进行过这样的实验。实验共分为两部分，在第一部分中，加德纳让儿童观看十二个短故事，并对其富有隐喻的结尾进行理解；在第二部分中，加德纳提供了新隐喻、本义比较、常规隐喻和不恰当的隐喻四种不同隐喻，让儿童从中选择自己认为最好的一种。

在这里，我们对加德纳的实验进行举例。在儿童阅读了 "Peter came sneaking into the room. It was clear that he had experienced something unusual. His voice was..."（彼得悄悄地进入房间。显而易见，他经历了某些不寻常的事。他的声音……）之后，摆在他们面前的有四个结尾。

本义：the quietest sound we've heard

（我们听到的最安静的声音）

常规隐喻：like a mouse sitting in the room

（就像一只老鼠坐在房间里）

新隐喻：like a dawn in a ghost town

（就像鬼城的黎明）

不合适的隐喻：like a family going on a trip

（就像一家人去旅行一样）

通过对儿童的行为进行观察，加德纳等人发现，年龄越大的儿童，越偏向于把"新隐喻"当作最佳隐喻。加德纳等人还提出，由于传统意义上"符号"是被用来指代其他事物的，因此，隐喻本身就是一种符号活动。

2. 联想

"互动论"认为，在理解隐喻时，最为重要的是对喻体进行联想。社会学家霍华德·贝克尔（Howard Becker）提出这样的观点，即在解释隐喻时存在如下四个特征：共有特征、本体独有特征、喻体独有特征和新现特征。其中，共有特征是指人们一般表述本体、喻体时的特征，而新现特征则是指无论本体还是喻体之前都未有过的特征。为了证明这一观点，贝克尔进行了这样的实验。她将受试者

---

[1] PET（Position Emission Tomography）扫描，一种观察脑部、心脏和其他内部器官的扫描方法。

分为两组，让第一组对"A is B"的隐喻进行解释，让第二组看到本体或喻体词语的特征，从而确定他们对四类特征的认同。实验结果是，尽管受试者采用了不同的解释策略，但在对隐喻进行解释时，都会展现出更多的喻体单有的特征和新现特征。在解释的过程中，受试者更多地依赖于本体与喻体共有的特征，而这正是"联想"的基础。

3. 类推

在亚里士多德的心目中，隐喻具有四种类型，而类推正是其中之一，同时也是最重要的一种。到如今，亚里士多德的这种观点仍然产生着一定的影响，部分学者对"类推"做了进一步研究，将其作为人们对隐喻进行理解的主要途径。

在心理学家温斯顿（Winston）以及卡博内尔（Carbonell）的观点中，在对隐喻进行理解时，应当把类推当作核心过程。隐喻是一种类推的叠合，经由谓语的跨义域传递得来。

温斯顿认为，类推传递在人们学习解决新出现的问题时起到很大作用。当我们面临新问题、新困难的时候，如果曾经有过类似的经历，处理过类似的事件，那么就可以将过去的经验教训作为参考，更快地解决眼下新出现的难题。基于此，温斯顿提出，在义域之间，可以将原因、影响、需要等当作不变的因素进行传递，这能帮助人们更好地认知新的未能理解的目标，建立更加清晰明确的结构，而这种推导也具有很高的利用价值。例如，假使有一位男士，生性怯懦，却在事业上颇有心机，当他娶了一位具有很强权势欲望的女士时，我们就可以通过类推莎士比亚的作品《麦克白》，猜想出两人的婚后生活：懦弱而惧内的丈夫会想夺取妻子的领导地位，哪怕是使用不正当的手段。通过这种方式，认知系统不仅对特定情境中的因果转换加以利用（如权力关系），还能够从过去积累的经验中预测到未来即将发生什么样的事件。

为了让事件和先例之间能够更好地对应，在目标域真正实现新增谓语，温斯顿以"理据性谓语"对这种传递进行限定，匹配算法处于可解释推导的位置，这是通过跟踪和确定现有的理据联系对某些结论提供支持而产生的。因此，温斯顿的制约传递法具有能够详细审查理据关系和推导是否完善的内在能力。

卡博内尔进一步发展、完善了温斯顿的方法，不仅能够处理理据关系，还可以处理传递隐喻或类推时具有的不变量层级的关系。这个层级将叠合不变量关系的频谱，把目的、计划策略、功能属性、时间顺序、趋向、社会角色和结构关系都考虑在内。特别是由这种不变量或分构成的概念框架可直接转移，或叠合于目标域之上，而那些未获得保存地位的概念，如果在目标中找不到位置便必须重新构建。例如，为了懂得 "Inflation is attacking the economy and threatening our financial safety."（通货膨胀正在冲击着经济，威胁着我们的金融安全）这个隐喻，要利用 "通货膨胀是战争" 的隐喻图式。在这个图式下，有关一个战争国家的目的、社会关系和谋略被叠合于经济域。按此转变的概念框架是抽象谓语的集合，这些谓语可用来表述目的和计划，独立于任何义域，不过计划和目的的任何实质必须以某种方式转换，使之与金融界有关，如 "a counterattack on the armies of inflation, leading to their subsequent defeat and retreat"（对通货膨胀大军的反击，导致他们随后的失败和撤退）。

除了卡博内尔和温斯顿的方法之外，甘特纳（Gantner）也提出了新的方法，但是他的方法不能够证明对类推的肯定，这是由于他所提出的仅仅是测量相似性程度的方法。而类推不能够仅仅依靠相似性，因为类推的核心不是相似性，而是关系的叠合。除了关系之间的问题，还有处于相互连接中关系的系统，只有将这两方面都考虑到，才能够顺利地解决类推的问题。所以，她提出了 "类推转移" 的观点，在这个观点中，以相似性为经验推理的开端，逐渐向推转移类，然后进入普遍原则的抽象。可以用下面的过程来表示：

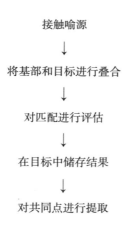

接触喻源
↓
将基部和目标进行叠合
↓
对匹配进行评估
↓
在目标中储存结果
↓
对共同点进行提取

通过比较，我们发现类推转移的过程也涉及一种能力，即在不同义域间观察部分相似点，这和之前所提到的隐喻处理是相同的，隐喻也涉及这种能力。

在隐喻的理解上，应用类推是义域之间在保持结构下的叠合的观点，甘特纳认为可以采用结构叠合法解释，这是因为在隐喻的理解上，她应用了类推的一个观点，即类推是义域之间的叠合，而叠合是在保持结构不变的情况下产生的，也就是说隐喻理解与类推之间有重叠。甘特纳认为，在类推中，放在首位的应该是一个义域的结构。类推的叠合与系统性原则相当。在类推叠合时，如何选择目标域，其根据是产生的叠合结构是不是连贯的，这一结构是将源域的结构（基础）与目标域叠合所产生的，如果叠合结构能够取得连贯，那么目标域的选择就是正确的。类推叠合产生的匹配必须是一对一的，并且产生于两个实体之间，来自基部的被叠合的谓语必须与目标域的相应谓语一致，也就是说他们所受到的制约是相同的。我们以隐喻 "She allowed life to waste away like a tap left running."（她容忍生命被挥霍，犹如水管漏水不停）为例，它不能反映人们对隐喻的反复使用。譬如说，最基本的语义 flow（流动）是不是作为"生命"和"水管"的上层概念基础？或者说，生命流动的过程是不是可以被看作 living（生活）？又或者说在原则上，水流向排水管道的过程和生命的流动是不是一样的？那么，在这里我们就发现了一个问题，那就是我们已经对隐喻作出了解释，而在作出解释时，结构叠合机器还没有启动。

如果我们发现了有规律的匹配，这种匹配产生于基部和目标结构之间，这可以看作对目标域的预示。因为新的目标实体和现有的基部已经匹配，从而将基部的规律关系在目标域中传递，并且基部的规律关系在目标中进行了重启，所以在这种情况下实现的类推，有助于我们理解新的义域。

总而言之，上述理论的好处是它能够在大规模的类比推理和定性的推理系统中应用；不足之处是在隐喻解释的情境中一些深层次的假设效果并不是无限的，而是有限的，所以难免会引起误导。由此可见，这个模式正在不断发展完善之中。

4. 逻辑理论

逻辑理论内容丰富，其中也有与类推理论有关的。美国隐喻逻辑学家斯坦哈特（Steinhart）在《隐喻的逻辑》中，提出了把隐喻和形而上学联系起来的观点，这个观点的提出是基于他对可能世界语义学的研究。在他的观点中，我们可以区分可能世界，使隐喻具有真实性。隐喻的逻辑理论之所以能够提供隐喻语法类的形式的真值，是因为它利用了可能世界语义学的方法。它可以提供句法和语义规则来生成和解释隐喻，而提供的句法和语义规则在逻辑上是精确的，在实践中是有用的。在计算程序中，我们运用这些规则可以收集大量的数据，比如说针对真实语篇的收集；可以收集不同句法和语义类型的真实语篇，而这些语篇中均有不同的隐喻的实例。在这本书中，斯坦哈特把词库看作了概念网络，对于包含隐喻的语篇，在分析时，要利用内涵谓语提供的语义学，并从句法和语义两个方面进行分析。此外，在隐喻的真值方面，要利用可能世界之间的结构相似性来提供，在书中也都给出了具体的分析方法。一定的情态逻辑联系存在于隐喻的意义与认同和不可辨明性中。它也说明，如何通过扩展演绎的和外展的推导系统来处理隐喻。

5. 心理意象

心理意象也能对类推产生相应的助推作用。心理学家通过一项调查有所发现，这项调查主要是针对受试者在给隐喻编码时意象的使用情况，调查发现对隐喻和非隐喻的解读方面，受试者的反应是不同的，在解读隐喻的时候，调查者都有生动的意象，而这比解读非隐喻句时的意象要多得多。产生的意象也是各不相同的，除了生动的意象，还有高度创新的、编制的"超现实主义"的涉及本体和喻体的意象。受试者能够更加清楚地知道隐喻两个成分之间的关系，也正是由于互动的意象，隐喻智能至少包括联想流利性、类推推理和意象的形成等内容。

6. 非本义和语境模式

这一模式发展的基础是格赖斯的言语行为理论，也常常被叫作隐喻理解的标准理论。这一模式的基本观点是当听别人说话的一方在接触到隐喻的时候，先是注意到了讲话的人没有讲实话，他们违背了格赖斯的质量标准，而且并非无意，而是有意的。此时，听话的人发现隐喻和常规的意义不一致，就会开始推导其非本义的解释。但是这样的方法会使得人们在理解隐喻语言上的时间变长，这也是这种方法的缺点。

然而，这一模式经常受到他人的怀疑和抨击，原因有以下两个：第一，在这个理论中，对于本义的处理要先于对隐喻的处理，而且这是一个必需的过程。但在许多的实验研究中，这个假设并没有得到肯定。第二，心理语言学家对两种不同情况下的阅读时间进行了测算，发现并不是所有的阅读，对隐喻语言处理的时间都要比对本义语言处理的时间长。

如果对隐喻的处理是在最小语境中进行的，那么时间一般较长；而如果我们在较长的段落中加入同样的例句，便会多了辅助语境的帮助，这个时候在阅读本义话语和隐喻话语时所用的时间是一样的，并且都能理解。

《教育研究》杂志认为儿童掌握隐喻需要花费一定的时间和精力。他们对隐喻的含义并不是刚开始就能明白，而要从他们熟悉的情境开始，再到不熟悉的语境当中，这一过程并不是一蹴而就的，需要一定的时间。当然，也有例外的情况，不用花太多的时间去理解，那就是有一些隐喻现在已经成为常规语言与文化，并得到人们的认可，这是由于这些隐喻使用的时间较长，对其理解和解释已经固定下来。而有的隐喻如果想更好地去理解，则需要通过与我们所学的知识、所拥有的经验进行对比。值得一提的是，隐喻具有巨大的魅力，而这一魅力需要我们通过对它的理解去展现。想象一下，如果我们能够非常容易地理解隐喻，就像我们理解本义语言一样，那么又从何谈起隐喻的魅力？所以，隐喻的魅力需要读者积极参与，并不断地探索，在探索中感受隐喻的魅力与文化的博大精深。

当然，我们可以从不同的角度解读这一问题。由于我们每一个人所拥有的经验不同，每个个体对隐喻的解读过程也不是完全相同的，如果说我们的经验与我们使用语境时候的经验不匹配或者毫无联系，那么这个时候，我们的交际就会失败。以艾米莉·勃朗特（Emily Bronte）在《呼啸山庄》中的一段话为例，"I entered, and beheld my stray lamb seated on the hearth, rocking herself in a little chair that had been her mother's when a child."（我走了进去，看见我那只迷路的小羔羊坐在壁炉边，在她妈妈小时候用过的一把小椅子上摇来摇去）。我们如何去懂得艾米莉·勃朗特在描写凯瑟琳时用"stray lamb"（迷途的羔羊）来表述，而不选用其他的词语来表述？根据常识我们知道，正常情况下羔羊不坐在椅子上，那么，在这里，作者把羔羊比作了女孩，虽然羔羊不坐在椅子上，但是羔羊给我们的感觉很娇嫩，而作者正是为了表达女孩在一些方面很娇嫩，就像羔羊一样；还可以这样理解，就好比羔羊长时间离开了自己的母亲一样，女孩也是如此，暗指女孩迷了路；又或者作者在这里想要借羔羊的能力不足以保护自己，暗指这个女孩像羔羊一样很容易受到伤害。在有多种意思可以理解的情况下，我们为了准确地理解作者用羔羊来表达的意图，就需要了解文章中的语境，联系文章的内容，思考文中两个农庄的关系以及两家人物之间存在的关系处境。由此得知，如果想要隐喻发挥应有的作用，读者必须能够积极地参与到阅读中。

又比如说，"Ronaldo unleashed a superb effort."（罗纳尔多踢出了一记精彩的射门）这句话，就本义来说，"unleash"的解释是"激起，激发"，一般情况下，我们用这个词时的情境是，一条长时间没有自由、被拴住的狗，我们突然给了它自由。但此时，这个词的使用和狗完全没有关系，而是用在足球运动员踢球的情境中，指的是运动员本来是在控制足球的状态，并且持续了一段时间，但是突然产生了出其不意的射球动作。在这里，这个隐喻就利用了"自由"的概念，让足球运动员脚下的足球像脱缰的野马一样，直奔球门而去。当然，对于这些隐喻的理解，需要花费一定的时间，这需要从原来的义域进入另一个义域，构建出新的语义。

此外，我们要重视隐喻使用时候的交际过程，这样有助于清楚、准确地说明隐喻所要表达的含义。这是由于在语用学中，隐喻意义可以说是"语段意义"，并且是依赖于语境的，所以隐喻意义是不能离开交际语境去理解的。约翰逊曾经做过一个实验，目的在于了解在对认知复杂性的语义方面，不同学生的转换度和流利度如何，也就是说想要知道不一样的学生对于隐喻的理解速度是不是有所不同，实验的结果会作为学生交际能力的指数。实验的对象为在校的学生，一类学生说本族语言，另一类学生以英语为第二语言，让他们分别对句子中的本体和喻体名词作出相应的解释，比如说"My shirt was a butterfly."（我的衬衣是蝴蝶）。此外，研究者还选择了另外一个参考，那就是学生第二交际语言能力的分数，这个分数是老师给出的。最终表明，在成绩方面，说本族语的学生较为优秀，但在认知复杂程度或隐喻流利度，也就是在对隐喻的理解速度这一方面，这两类学生并没有太大的差别。对以英语为第二语言的学生来说，隐喻流利度与交际能力指数是呈正相关的 r = 0.71，也就是说他们的隐喻流利度越高，交际能力指数越高，而场依赖性与隐喻流利度的关系和交际流利度为负相关，分别为 r = −0.49 和 r = −0.57。这也说明，一个人的语言水平不能决定他的隐喻流利度，但却是一个重要的因素，会对隐喻理解产生影响。

7. 符号学

符号学家艾科（Eco）从符号学的视角对隐喻的理解这一问题作出了探讨，他的观点与对应的相关内容在其 1984 年所著的《符号学和语言哲学》这本书中有详细的解释。艾科将隐喻看作一个符号，这个符号是动态的或者说是不稳定的。他不仅在对隐喻进行研究时引入符号学的相关理论，还关注理论应用的程度。他在描写处理隐喻的解释过程中，没有清楚地对本体进行说明，也就是说在叙述语境中将本体排除。例如，在 "house of the birds"（群鸟的房子）中，天空这一本体没有清楚地体现出来。艾科采用的步骤为：

①要对喻体的成分表达进行明确，这一步骤中，关注的重点是如属性、谓语等这些在叙述语境中非常关键的特征。

②接下来，要找到可能共享喻体关键特性的其他义素（概念符号），这一步骤在百科词典中搜索完成，但这些义素也可能表现出其他的特性，而这些特性与本身的特性不相同。在这个步骤中我们找到的义素就很有可能能够替代隐喻的本体，这是由于义素间差异为隐喻提供了情感张力。

③本体和喻体具有对立的特性，而在这个步骤中，我们要试图将两者建立起联系。建立起的联系很有可能让两者本来对立的特性变得合理，这才构成了隐喻。

④对隐喻解读进行评估。隐喻和隐喻是不尽相同的，有的隐喻让人觉得很有意思，有的隐喻会让人觉得枯燥，我们发现，如果说本体和喻体对立的统一是在知识基础分类越高的层面，隐喻越有意思。隐喻质量的评估标准也许就是，对立越模糊，隐喻越新奇。

⑤由于隐喻的使用，谓语、属性、关系都有了新的建立，也正是因为如此，比喻的认知力得到了丰富。

艾科的五条规则阐明了认知的作用，这一作用是在新概念结构产生时发挥的，但这些规则也有不足之处，那就是分类的意象依旧存在，并没有摆脱；应当对第三条和第四条进行总结，以免对万能概念层级产生不必要的投入。决定共享的上义位不是唯一的可行方法，它们也许在同样的语境中，同样的谓语中共享某些特性，或者在隐喻获得解释前还没有共性。

二、语法隐喻

（一）古典时期的语法隐喻

基于现实世界中的隐喻形成了许多的语法术语，西方和我国都是如此。对词法中的术语——"格"，古希腊的斯多葛学派就认为它有心理学的和形而上学的依据。希腊语"ptosis"直译为"跌落"，"格"就源自这个词，从词源学上来看，它反映出人们对这个术语的认识是不清楚的，在这里，表示的是词与词之间的关系，即一个词跌落在另一个词上面。格又可分为"直格"和"斜格"，这一分类的原因是主语不会跌落在别的词上面。我国的语法体系并不是像西方那样完整的语法体系，但我们可以从《谷梁传》的"遂，继事之辞也"窥见"助词"这个术语的来源；"众辞"是早先表达复数的概念，从《谷梁传》的"人者，众辞也"也可以找到这个词语。还有一些来自对现实世界的认识和比喻的语法术语，比如"部首""实词""虚词"等。

如果用"→"表示"隐喻化"的过程，那么"现实世界→语法术语"就是古典时期语法隐喻的特征。

（二）中世纪的语法隐喻

中世纪，西方的语法隐喻运用出现了兴盛繁荣的局面，表现在应用的范围和应用的内容两个方面。首先，隐喻的应用范围广泛，不仅在诗歌、布道中有应用，在理论或哲学论文中也有大量的应用；其次，在内容方面，应用的范围也很广，隐喻的应用涉及了生活领域的方方面面，其方法或与语法术语或与语法结构有关。

1. 在生活领域中的应用

（1）宗教领域

中世纪时期，诗人注意到，在表示"fall"（跌落，坠下）的意思时，像"格"

和"变格"这样的语法术语都可以，所以语法和《圣经》中亚当和夏娃的故事被他们用来作比较。"第一次变格"就是原罪的隐喻，亚当和夏娃是从上帝那边坠落下来的，是"斜格"名词。

（2）政治领域

我们以 1414 年爱西特（Exeter）公爵写信给国王的汇报为例，汇报中这样形容苏格兰："苏格兰它自己站不住，它像一个名词的形容词，没有一个体词。"英格兰统治者在隐喻英格兰对苏格兰的宗主国地位时候，非常巧妙地使用了语法术语之间的主从关系。

2. 语法隐喻的形式

（1）对现实世界的隐喻用语法术语来表示

利用语法术语的多重含义来对现实生活中的事物进行隐喻是最简单的形式，可以说是一个扩展的双关语。在当时，对罗马教廷的堕落进行抨击、对社会生活中的腐朽现象进行嘲讽是语法隐喻最主要的社会功能。例如，语言一般有六个格，但在罗马却不是这样的，罗马舍弃了六个格中的四个格，只留下了两个格，就是"与格"和"宾格"（控告格）。在这里，"与格"隐喻贪污，"宾格"隐喻诉讼，值得一提的是诉讼是虚伪的。这个隐喻将罗马教廷捞钱与整人的所作所为描绘得十分形象。

（2）对现实世界的隐喻用语法结构来表示

我们以《圣经》为例，语法隐喻在不同的《圣经》版本中的应用并不相同，圣杰罗姆（Saint Jerome）在一封讨论翻译原理的信中曾谈到这一问题。他指出在翻译时，要将意思与意思相对应，这是翻译应该遵循的程序，而不是将词与词对应，但翻译《圣经》时不能遵守上述程序，这是由于我们不能对《圣经》中的词序随便更改，它是神秘的。为了说明他的观点，他针对"regnum sacerdotale"这个短语翻译的有不同意思做了说明，这一短语出自《旧约·出埃及记》，即"a priestly kingdom"，由于当时人们认为王权是大于神权的，所以在翻译时，中心词为王国，整个短语翻译为了"一个教士的王国"。但这个短语在《新约·彼得后书》被译为"sacerdotium regale"（a kingly priesthood，国王似的全体教士），在这个翻译中，中心词变为了"教士"，说明在人们心中王权与神权的地位有了变化。这就是通过句法上的词序变化，隐喻神权大于王权的变化。

（3）对现实世界的隐喻用语法理论来表示

虽然在隐喻中，由语法术语构成的隐喻数量非常多，但是隐喻的使用局限于双关语，或者修辞学的意象。用语法理论来表示隐喻则不同于此，它既能修辞，也能对深层次的哲理进行表达，所以由语法理论生成的隐喻中就没有了语法术语中隐喻的缺点。这时，关注点有了变化，从名词上转化到语法形式形成的过程上面。中世纪学者约翰（John）的观点是，哪怕语法已经有了一定的发展，并且它的发展是人类推动的，但是语法的起源部分还是要回归到自然，这是因为语法是对自然的模仿。还有观点认为语言必须有阴性和阳性，这是由于这一观点中，语法范畴是宇宙的逻辑结构。此外，思辨语法学家对这些观点作了进一步的发展，这些学者的发展可以说是极端的。因为他们试图通过对每一种可能语言范畴的分离，并且根据现实和人类思维来建立普遍语法。

13 世纪，参加语法学家萨梯（Sart）葬礼的忒里修斯（Terrisius）对他做了如下的称赞："Not a lowly positive but a superlative...singular in number for he had no peers to form a plural."（不是一个低下的原级，而是最高级……他是单数，因为没有人能和他凑成复数。）如果我们想要清楚准确地理解这段话的意义，那我们必须对语法理论中关于比较级和数这些范畴的论述有所了解。

中世纪语法隐喻应用如此之广是有原因的：一方面是当时拉丁语的影响较大，处于一个活跃语言的地位，这就导致将语法术语作为隐喻的基础受到人们的喜爱，另一方面，在当时的环境中，人们普遍认为语法是理智或自然的反映，正是这种看法，鼓励人们使用语法概念作为逻辑或自然的喻体。

从这一时期，语法术语和理论有了转变，原本是从现实世界借鉴而成的隐喻，转而隐喻现实世界的各种现象。我们可以用"语法形式→现实世界"来形容其特征。

（三）系统功能语言学派：概念隐喻和人际隐喻

从韩礼德开始，在对语法隐喻的研究方面系统功能语法开始介入。他曾专门对语法隐喻的问题进行讨论，这一讨论在其《功能语法导论》一书中的最后一章有详细论述。

1. 概念隐喻

（1）关系过程的隐喻化

人们对客观世界的表述，在功能语言学的概念元功能中，被称作及物性系统。韩礼德认为，及物性的关系过程中的隐喻包含多个方面，比如修辞学中的隐喻、转喻和举喻都在其中。

在及物性理论中，韩礼德把人类的主观活动和客观活动用六个过程来进行表示，分别为物质过程、心理过程、关系过程、言语过程、行为过程和存在过程。

其中的每一个过程又可分为若干个次过程，在这里，划分的依据是精密程度，比如关系过程，如果对其进行细分，又可以分为"集约型""环境型"和"所有型"。隐喻在这些不同的过程中又会产生不同的联系。

（2）及物性系统内各过程的隐喻化

可以用一个过程隐喻另一个过程，也就说隐喻化可以在韩礼德所描绘的这六个过程中分别实现，这正是他想说明的。

（3）词汇语法层次的隐喻化

我们之前所说的隐喻化的产生都是基于语义功能的层次。这些语义范畴如果要进入词汇语法，就要经历"体现"这一过程。这样，隐喻化在词汇语法层次上产生。我们常见到、常听到的就是"名词化"。名词化，顾名思义就是以名词形式体现的实物，也就是说将词汇语法层的一致形式为动词的过程和一致形式为形容词的特性隐喻化，让它们变成实物，当然，实物都是以名词形式体现的，这样一来，它们就不再是小句中的过程或修饰语。

2. 人际隐喻

系统功能语法的人际元功能有表述主客观世界，建立人际关系，确定说话轮次，对某一事情表示自己的主观判断和评价的作用。在体现其中一些功能范畴时，我们发现一些语法形式是可以互为隐喻的。

在传统语法中，情态意义的表达是通过情态动词体现的。我们在这里先不讨论情态动词的产生和隐喻化有没有关系，但是，可以肯定，表示这些语义的情态动词是可以隐喻化的，它们可以隐喻化为其他语法形式。比如说，在语气表达上，就可以有更含蓄的语法隐喻。

3. 对语法隐喻的理论阐述

韩礼德认为隐喻除了是对词汇的选择之外，还是意义表达的变异。也正是因为这样，"直译"的概念在这里是不妥当的，我们可以把隐喻化不强的变式称为"一致式"。

系统功能语法学派把一个常见的语法形式隐喻成了另外一种语法形式，也可以说是将一致式发展为隐喻式，这是他们对语法隐喻的新发展。当然，不同的人对一致式、隐喻式有不同的理解，但是这并不重要，重要的是隐喻中的两个领域都与语法形式有关，可以用"语法形式 a →语法形式 b"来对此进行描写。

（四）美国功能主义：象似性、语法化和概念化隐喻

关于语法隐喻的术语，美国功能主义并没有明确地提出，但他们对"象似性""形义对应"和"语法化"的研究较为关注。还有人对"概念化隐喻"和"结构性隐喻"等进行研究。

1. 象似性和形义对应

象似性就包含了音义统一性，关于音义统一性，在语言文献的报道中，我们经常会听到。从字面上理解，也就是发音和意义的统一。比如说拟声词"cuckoo"（咕咕声），就是模仿布谷鸟叫声的，还有"high/low"（高 / 低）、"wide/narrow"（宽 / 窄）、"large/small"（大 / 小），每一对词的发音都和语义有一定的关系，在每一对词中，前者的语义就要求在发音时有更大的开口度。在汉语中，也会有相同的情况出现，通过对大小、高低、宽窄、天地、深浅等词进行发音，我们可以明显地发现它们在语义和发音上是相互对应的。这些隐喻化不是纯语法层的，我们可以看作在词汇层或者音系层的隐喻化。

语法隐喻对语义与语法形式两者之间的关系进行了强调。这就是说，象似性的前提应该是形义对应的概念。形义对应认为语言的语码（结构）和意义之间存在着有动因的非任意的联系。海曼曾经对语言形式上的复杂性反映了概念上的复杂性进行了报道。如"ladder"（梯子）与"ladders"，因为"ladders"在概念上多了"复数"的含义，其概念更复杂，所以它的表现形式也加了一个后缀，也就是说它的形式也复杂。这就好比汉语中"我"与"我们"。

有学者制定了一个邻近性原则，邻近性原则所表达出的观点是如果两个概念在语义上相互接近，在功能上也是如此，那么它们两个在形态的排列上，在词汇层上和句法上就会离得更近一些。

邻近性原则主要说明的是距离的问题，这里的距离指的是概念上的距离与语言中的距离相符，说话的时候就是说话的时间距离，写作的时候就是写字的空间距离。以"the famous delicious Italian pepperoni pizza"（著名的美味意大利辣香肠披萨）为例，词语的排列顺序间接反馈出词语与由名词体现的实体在概念上的邻近程度，最靠近中心词"pizza"的一定是与该实体关系最密切的。

此外，在汉语中，顺序原则最为明显。如下例中，由于汉语表达习惯，动词之前是场所状语，也就是说从某地出发，来到某地。这是有一定顺序的，而不习惯说到达某地，是从某地出发的。

①他从澳大利亚来。

He from Australia came.

由于动作发生在前，目的地在后，所以在下例中，动作在前，状语在后。这是现实事件在语法结构中的隐喻。

②她到达了澳大利亚。

She arrived in Australia.

2. 语法化

功能主义者对"语法化"有所研究，将"语法化"看作一种隐喻。语法化是说，这一个词语的语义经过隐喻化的过程一步步变得抽象。我们可以用下面的线性顺序来表现这一过程：

人→物→过程→空间→时间→性质

上述过程中的每一个范畴都代表一个概念领域，而这一概念领域对于经验的构筑是极为重要的。每个范畴和每个范畴之间的相互关系是隐喻性的，也就说，我们可以用右边的范畴将其前一个范畴概念化。因此，隐喻化的抽象所说的就是跨越概念领域把"更抽象的"内容联系到更具体的内容，后者就成了前者的喻体。

汉语中的"实词虚化"就是这里所说的语法化，如下例中的"在"，其本来的意义直指场所，当其隐喻化后，就指向另一个领域中越来越抽象的意义：

①澳门大学在澳门特别行政区。

②他在足球场踢足球。

③他在踢球。

④他在上个月去过一次重庆。

⑤在挫折面前他从不气馁。

美国功能主义者的研究是基于西方早期对语法和现实生活关系的研究，并对这一研究进行了深化，也就是说，人们关心的是对某些语法结构生成过程的阐述，而对个别语法术语的产生过程已经不再关心。

3. 认知视角下的概念隐喻

如前所述，概念隐喻不仅是系统功能语言学讨论语法隐喻时的一个概念，也是美国认知语言学者在讨论语法隐喻时所使用的一个概念。有学者对认知视角下的概念隐喻有过深入讨论，认为认知视角下的语法隐喻具有四大功能：①发挥语言的意象功能，如美国认知语言学家罗纳德·W. 兰盖克（Ronald W. Langacker）提出，意象是人类认知的一个基本成分，是概念在大脑中形成的构思方法。但人们可以对同一客观事物，从不同视角，选择不同的关注对象，从而产生不同的语言表达方式。语法隐喻就体现了不同的认知方式，如名词化语法隐喻和动词化语法隐喻。②体现语法的概念特征。不同的语言结构体现了不同的概念。这涉及人类对不同事物的客观认识和主观反映。这是语法隐喻的基础。③体现认知域的转换。首先，人类所掌握的各种概念和知识系统构成具有层次的认知域网络，或称百科知识体系；其次，人们在不同认知域之间进行类比，这是隐喻思维的一种方式，有助于人们在语言输出时，得以在不同认知域之间进行转换。④体现语言的互动性。我们所具有的概念系统是我们与物质环境和文化环境互动的结果。

三、隐喻与文体

（一）界定

我们看到，这部分内容的标题包括了"隐喻"与"文体"，为了更好地理解，我们有必要先对"隐喻"和"文体"的界定做些解释。

长时间以来，我们都是在修辞学中进行隐喻的研究。在修辞学中，隐喻是一个修辞格，但是每个人对隐喻的定义都不尽相同。部分人认为，隐喻是用于对两个事物进行比较，而这两个事物不存在任何关系，除此之外，他们还区别开隐喻和明喻；部分人认为隐喻可以包含比喻、类比、寓言、明喻等，这种观点表达出隐喻就是在说一件事的时候用了另外一件与之间接相关的事物来说明。

文体的概念也不容易界定。我们可以将英语的"style"译为"文体"，也可译为"风格"，这说明在国外，文体与风格两者是没有区分的。在汉语中，两者有的时候是可以通用、相互转化的，但是有时候两者就不可以通用。比如我们说"鲁迅的风格"时，就是通用的，说成"鲁迅的文体"也是没有问题的；但一些情况不能通用，比如我们形容一个年轻的体育节目主持人在实况转播时颇具"宋世雄的风格"，但是在这里如果说"宋世雄的文体"就不太恰当，不能被人们接受。借此我们就发现，在汉语中，"文体"适用于书面语，尤其是在传统汉语中，"文体"明显地倾向于用在文学作品中。即便如此，我们也不难发现，在语言文体学中文体也可以有多种内涵，比如"语体""外交文体""广告文体"等；又比如说口语和风格，如对电视广播的分析、对女性语言风格的研究。在有关文体学的论文中，国内也是这么做的。为方便起见，在这里讨论的文体以文学文体为主，不过偶尔也会有广义的用法。

我们在这里虽然把隐喻和文体并列进行了相关界定说明，但对两者并不是同等关注的，因为在这里我们是为了通过对语篇中各种隐喻的分析来对其文体特征进行说明。也可以这样说，论述隐喻是有不同的理解的，可以说它是一种修辞手段，此外，它也可以作为文体特征的一个主要方面。所以，这个时候摆在我们面前的就有两个问题了，那就是在语篇中隐喻使用的质的问题和隐喻使用的量的问题。前者指的是，隐喻经常出现在我们的生活、思想和语言中，但是隐喻是不是有所不同，作为文体要素的隐喻与日常隐喻又有哪些质的区别？为了说明质的差别，是不是每一首诗都要出现不寻常的隐喻呢？后者则是要考虑隐喻要怎样才能构成文体要素，在一个语篇中，出现一两个隐喻是否可以呢？换句话说，想要构成文体特征，隐喻在某作品或某人的语言中要出现多少次？当前在一些文体学研究中，构成文体要素要达到多少百分比是不清楚的，哪怕是统计文体学对词语和语法结构采用了数字统计的方法。基于此，在本书中，我们也只能凭借经验，对标准的掌握并不是清楚确定的，而是有稍许的模糊。不过，也正是如此，我们不会就一次孤立的用法下结论。质与量的问题是我们需要考虑的问题，但是不能太过绝对。

（二）常规隐喻和非常规隐喻

常规隐喻与非常规隐喻的关系可以说非常复杂，在对这两种隐喻的讨论中存在很多不同的观点。从内涵来讲，常规隐喻亦可叫作语言学隐喻或者是日常隐喻。与非常规隐喻互相对应的是文体学隐喻，其中既包括了大众的文学隐喻，又包括更加正统的诗性隐喻。但是因为非常规隐喻可以涉及文学作品以外的文体，所以其并不能完全等同于诗性隐喻。

有人认为常规语言是把文学语言在内的一切语体都综合起来，但是也有另一些人认为常规语言不能将文学语言等语体的结构完全概括，文学语言是具有自己特有的语法和词语的结构。下文将阐述关于两种隐喻的不同观点。

第一种观点是由约翰逊和莱可夫等认知语言学家所提出的，在我们生活中，若是对任何语言仔细地进行研究和推敲，可以发现它们大都可以与隐喻联系起来。因此这些专家学者把语言学隐喻称为"常规隐喻"。

特纳和莱可夫共同发表的以"诗性隐喻"为主题的专著中首次提了衍生问题，同时这部专著也对"诗性隐喻"这一概念进行了更加深刻的认知与探讨，像"他永远离开我们了"这一隐喻仿佛让死亡重获新生。诗性隐喻大多是从一些"基本隐喻"所衍生的，如"he's gone"（他去了）、"he departed"（他离去了）、"he left us"（他离开我们了）等都是从"death is departure"（死亡是离开）中衍生出来的。而"death is departure"就是所谓的"基本隐喻"。他们认为隐喻的本质是一种思维问题，存在于情感的、人性的、社会的等观点或者思维之中。所以语言学隐喻与文学隐喻从本质上来讲是没有区别的。

但在 1978 年，罗西克（Rozik）提出了另一种全新的观点：隐喻这个词包含很多意义，但是语言学隐喻和诗性隐喻并不属于统一范畴，所以也就拥有完全不同的概念。单说语言学隐喻是指一种元语言学结构，是指由隐喻方法产生的新词和词源的关系。但是诗性隐喻则非常不同，其主要强调突出性，同时区别生动性和陈腐性。诗性隐喻不能按常规隐喻解读的原因也在于通过对诗性语篇进行不同领域的语境化之后，便可以挖掘到丰富的意象和象征。例如，依赖诗歌，可以用隐喻语言唤醒人类经验中心照不宣的某种不易表达的部分。这时，通常的话语描述在思维中将会被其意义所替代。

纵观当代的隐喻理论，从隐喻的本质来讲，可以大致将其分为三类，分别是表达词的"替代"、语义特征的"比较"、新语义和新的"创造"概念。笔者认为这三个理论不是对与错的关系。它们都有一定的原因，但不宜简单地将三种类型划分或用连续标尺加以区分（见图 5-2-1），其实大多数的隐喻都有三者共有的特点，所以也决不能独自划分到某一类之中。但是任何"替代"中都涵盖了其他两类的"比较"和"创新"，同样，任何"创新"又都代表着"替代"和"比较"。它们很难清晰区分，差别只是程度而已，或者有一些重点。传统的隐喻主要基于词语的替换。然而文体学关注的是非常规隐喻，这其中涉及作家本身的创作问题，尤其是创作中的文学隐喻，所以理应更具有创造性（见图 5-2-2）。因此，图5-2-1 的表述不如图 5-2-2 合理，笔者更倾向于图 5-2-2 的表述。

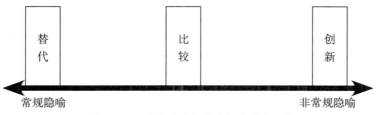

图 5-2-1　常规隐喻与非常规隐喻（一）

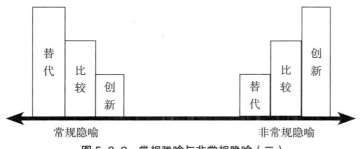

图 5-2-2　常规隐喻与非常规隐喻（二）

这样，在概念层面上，文学隐喻与其他非常规隐喻要求的是更高的层次，无论是常规隐喻，还是非常规隐喻，归根结底其实都以总结一些没有本质区别的基本的概念为主。只有这样的隐喻才能成为文章的文体特征、作家的文体风格，甚至构成载体的文体特征。不同的摄影师尚且可以通过调整聚焦和灯光来使同一处景色呈现出不同的观影效果，更不用说诗歌散文等不同风格的文学作品了。

（三）隐喻可以构成文章的文体特征

为什么隐喻可以构成一篇文章的文体特征元素，那是因为如果我们在一篇文章中发现了足够多的隐喻时，特别是其内涵渗透渲染了整个主题与中心时，我们便有了充足的理由这样认为。

英国诗人布莱克（Blake）写过很多我们熟知的诗篇，其中 The Tiger（《老虎》）可谓最为出众。"Tiger" 作为标题，贯穿始终，在正文中穿插出现，如 "Tiger, tiger burning bright/In the forests of the night"（老虎，老虎，你灿灿发光 / 将黑夜的森林照得通亮）等诗句中。若看深意，人们至今仍佩服这首诗中包含的隐喻。

通过一个单词 tiger，就把诗人所处的时代背景与政治形式进行了高度的概括。波罗夫斯基（Borowsky）的研究表明这首诗谴责了当时的雅各宾法国。罗米利（Romilly）爵士通过 "人们不妨考虑一下，在非洲森林的某个地方建立一个老虎共和国" 来描述法兰西共和国。而英国的《伦敦时报》也报道说，法国 "历经千辛万苦，在很多场合甚至比虎狼还要凶猛"。

这首诗中隐喻的力量还在于它的模糊性。同一个 "老虎" 在宗教人士的解释上有着截然不同的含义。达米昂（Damion）认为这首诗是为了解决宗教问题，将羔羊与老虎都隐喻成了某些宗教事务，甚至还有人认为《老虎》表达了造物主的强大。这首诗最后一行的问题是 "Did he who made the Lamb make thee?"（创造羔羊的人创造了你吗？）这句话并不是惊讶的语气，而是真切地提出了一个诗人自己都无法回答的问题。

浪漫主义诗人赋予了 "老虎" 新的内涵。老虎是一种打破经验束缚的象征，具有巨大的灵魂之力。而比尔（Bier）却提出，"老虎" 描绘了物质与能量的较量，比较隐晦地表述了一种艺术形式的能量在世界中生存的过程。

当代政治中的 "老虎""羔羊" 等隐喻所代表的含义和以往也完全不同，它们在历史的进程中代表了两个完全相反的阵营。"羔羊" 在经过数百年的压迫之后，"其天真冲动一度受到限制，以至于这些'羔羊'变成'老虎'一样的猛兽去抵抗压迫"，从而 "爆发出革命的怒火"。这就是 "老虎" 和 "羔羊" 在政治上的明显隐喻。

在诗中，"the weeping stars"（哭泣的星星）也用来比喻皇室的秩序，"stars threw down their spears"（星星扔下它们的矛）则被比喻为反革命势力的缴械投降。这与"老虎"和"羔羊"有异曲同工之妙。

对"老虎"的词句和文法，有太多的比喻性的解释。但是布莱克真的有表达这么多隐喻的意义吗？好的隐喻是对人类各种经验的终极概括，所以若要对布莱克的《老虎》一诗做文体分析，一定要从关键的隐喻入手。

福斯特（Foster）的小说《印度之旅》讲述了一群英国人在前往他们的殖民地印度期间遇到的麻烦。我们只看小说的书名，其实已经能够感受到其中国家之间的隐喻意义。所谓旅行，并非我们常规意义上的游览某地，其实质在探索关于殖民地的人民以及统治者之间的复杂关系。种族之间、性别之间、文化之间的隔离现象都有所体现。在殖民地内部，存在印度教和伊斯兰教之间的对立，存在统治者内部的对立。福斯特的远见卓识甚至预见了后世历史的走向，尤其是小说的最后一段描述，比喻了外国统治者与殖民地人民的和解与天地、鸟兽、植物的格格不入。《印度之旅》中偶尔会使用黄蜂之间关系的比喻来象征人与人之间的关系，几乎每个角色都经历过震撼人心的"灵魂回响"。

曹雪芹的《红楼梦》是中国四大名著之一，其中隐喻的运用便体现了其独特的文体特征。曹雪芹所起角色名中蕴含的或鸟名，或花名，或珠宝玉器的名字是非常注意对应人物的性格的，用字奇特。而不同人物的名字，不光组合起来大有寓意，甚至还直接暗示了人物命运，或者为情节的发展埋下了伏笔，这就是最为精彩的隐喻了，从名字就能看到人物的性格，或者对人物行事进行绝妙的讽刺。这一切都表明，《红楼梦》中的隐喻已经成了它的独特特征。

（四）隐喻可以构成作家的文体风格特征

隐喻不仅仅可以是文学作品的文体特征，一个作家有意运用隐喻时，其实就已经构成了一个作家的文体风格特征了。在西方作家中，劳伦斯（Lawrence）、戈尔丁（Golding）、福克纳（Faulkner）、康拉德（Conrad）、乔伊斯（Joyce）和班维尔（Banville）等都是使用隐喻的专家，他们因此形成的文体风格也是发人深思的。

乔伊斯的小说《一个青年艺术家的肖像》是一部关于养育人的灵魂的小说，书中的主人公斯蒂芬（Stephen）的很多经历有着作家自己的身影。其叙事方式颠覆了传统文学技法，描写了斯蒂芬曲折苦痛的成长历程。作为一个极具艺术风格的作家，乔伊斯一直追求语言和艺术的创造力，作品也涉及他在成长过程中对于民族情绪、宗教传统的反思。该书展现出了一位作家以及艺术家敏感复杂的内心世界。

作为意识流小说的巅峰之作，乔伊斯的另一部小说《尤利西斯》把晦涩难懂做到了前无古人、后无来者，大量的内心独白肆无忌惮地蜂拥而来，让人目不暇接。

在非文学文本中，林肯（Lincoln）用具有自身特色的隐喻成就了自己不同于他人的辩论风格。林肯在自家农场长大，熟悉各种家畜。之后他能在总统竞选中击败其他高学历的对手，根源就在于他巧妙地运用了比喻。例如，林肯比喻道："我不能让道格拉斯法官放弃他咬德雷得斯考特决定的牙齿。就像一些不受控制的野兽（我没有不敬之意），一旦咬它，它就会紧紧地抓住它——你可以断一条腿。你可以撕断一只手臂，它也不会松口。"他又对试图在宪法中维持奴隶制的条款的行为进行隐喻，他说："在宪法中暗藏了东西，就像一个受病痛折磨的人隐瞒他身上的肿瘤不肯割掉……"林肯还曾说过，在落后的奴隶制社会，你可以看到"拉着磨粉机的盲马"。在与南方讨论自由问题时，林肯说："在牧童赶走咬住羊脖子的狼后，羊将牧童视为解放者表达感激之情。"林肯具有特色的隐喻已经成了他独特的风格。

我国古代也有不时用比喻来形容自己生活的诗人，比如爱国诗人屈原在他的名作《离骚》中用"何昔日之芳草兮，今直为此萧艾也？"表达诗人对恶势力的憎恨与自身的绝望。隐喻是诗人屈原的一种风格特征，所以不仅在《离骚》之中有所体现，其他的诗集中亦有。例如，在《橘颂》中，他以"后皇嘉树，橘徕服兮"开篇，赋予"物性以人性"，呼应"行比伯夷，置以为像兮"的结局；《怀沙》中写道："邑犬群吠兮，吠所怪也；非俊疑杰兮，固庸态也。"将政敌对他的攻击视为狗吠；在《哀郢》一诗中，以"鸟飞返故乡兮，狐死必首丘"中的物来指代自己，表达出那种对故国的思念之情。以上可以看出我们古代的诗人很早就开始使用隐喻来抒情表意。

（五）隐喻可以构成体裁的文体特征

前文说到隐喻可以构成作家的文体风格，这是基于作家频繁使用隐喻技巧来说的，若隐喻更频繁地出现在体裁中，就能构成该体裁的文体特征。爱尔兰诗人叶芝（Yeats）和希尼（Heaney）都曾大量地将隐喻手法用于诗歌中。例如，在第二部诗集《通向黑暗之门》中，希尼指出，这首诗的题目是"情感埋藏生命的入口，或者说它的出口"。他确实建议"语言本身就是门"。在1966年的诗集《自然学家之死》中，希尼提醒说"在基层，自然学家不再是自然学家。他天真地漫游，停留在自然风光中，成为诗人"。自然一直是他诗意想象的焦点，因此他的诗中总是洋溢着对自然的向往之情。

诗歌不仅是一种文学作品，更为我们所生活的世界提供了新的可信的解释，同时也扩展了我们对自然的理解，从叶芝的诗中我们得以窥视一二。《塔》和《在学童之间》为我们表达了作者对复杂现实世界的个人感受，以及叶芝的深刻的哲学观点；而在《航向拜占庭》中，他赞同永恒艺术。这些艺术作品中的隐喻深刻地表达了作者对自然稍纵即逝的惋惜以及希望艺术永恒不变的美好愿望。在隐喻中我们能够对诗人和哲学家们的复杂思想有一个载体式的更为清晰的认识。

因为隐喻可以解释复杂现象和抽象思想，所以被广泛应用于科技文章中，而不仅仅是作为诗歌文体特征的一个要素。在混沌理论中，科学家还使用"生命的沉浮"（life's ups and downs）、"蝴蝶效应"（butterfly effect）、"内部节奏"（inner rhythm）、"奇怪的吸引器"（strange attractor）等隐喻性表述。

这些在科学文章中应用的隐喻可以帮助我们由繁化简地理解种种复杂过程中的科学现象。

（六）隐喻可以构成时代风格的特征

我国古代的传统文化产物有唐诗、宋词、元曲等，这是某一种体裁或语类在时间的长河中成为主流载体或文化而形成的特色产物。就唐诗而言，并非唐朝之前或之后就没有人进行诗词创作，仅仅是因为在这个时期我国的诗词创作成就达到了顶峰。同样，对隐喻的应用也存在某个时期或阶段非常丰富，便可构成这个时期的时代风格的特征要素。

唐朝朱庆馀的《闺意》中写道："洞房昨夜停红烛，待晓堂前拜舅姑。妆罢低声问夫婿，画眉深浅入时无。"此可为隐喻诗的代表作。这首诗可不是写新娘婚后的情事，而是诗人向主考官张籍探听考试的结果，可谓非常含蓄隐晦了。而收到此诗之人便作诗回复道："越女新妆出镜心，自知明艳更沉吟。齐纨未是人间贵，一曲菱歌敌万金。"

后人批评朱庆馀的举动，这与当时的时代风气息息相关。唐朝以后，科举地位得到提升。考生在考试前，都想方设法向文坛名人献诗，以示欣赏和仰慕。不仅朱庆馀，白居易的隐喻诗也为顾况所赏识。苏轼和苏辙在考取进士之前，都得到了文学家欧阳修的赏识和推荐。

我国古代的《洛神赋》中的隐喻也体现了魏晋时期的时代风格。汉末魏晋是社会上最苦痛、政治上最混乱的时代，但其却在精神的自由度上有了空前的发展，所以魏晋时期又是极有热情与智慧的一个时代。《洛神赋》中出现最多的隐喻便是体现了"人与自然"的思想，老子云"人法地，地法天，天法道，道法自然"，故而自然天道的和谐之美便是那个时代的思想结晶。

四、隐喻与翻译

20世纪六七十年代，学术界基本认为隐喻仅仅是一种修辞手法，更多的是强调不同语言与文化之间的共性问题，并且隐喻的翻译对译者而言并不算太棘手，所以翻译界对隐喻的关注度并不高。直到20世纪70年代中期以来，隐喻在翻译过程中的问题逐渐引起人们的注意，关于隐喻翻译的讨论也逐渐提上议事日程。

20世纪70年代至今，以每十年为一阶段，分别为萌芽阶段、起步阶段、认识到隐喻在翻译过程的价值阶段、注重个性特征阶段。可以看出人们对于隐喻与翻译的关系研究在逐步深入并且对待隐喻翻译的态度也越来越重视。

（一）隐喻翻译的传统方法

1. 隐喻的翻译标准

在翻译领域，翻译的标准已经引发了巨大的争论，包括奈达的形式对应与功能对等、纽马克的语义翻译对交际翻译、直译对意译、形式对内容、归化对异化、作者中心论对读者中心论、作者目的论对翻译目的论等。因此，界定所有隐喻的翻译标准是不可能实现的。隐喻彰显了语言的审美，再者它也反映了说话者或作者的受教育程度、人生经历、知识储备以及世界观等。所以，运用各种翻译技巧来保持隐喻的含义和意象是很重要的，也就是说，隐喻能通过各种方式来进行翻译传达源语的信息和影响。

2. 隐喻翻译中的障碍

由于英汉语言的差异，翻译中的障碍会使传达源语隐喻的效果非常困难甚至不能实现。汉语作为语境语言，总是在翻译成英语时存在许多翻译障碍。事实上，绝大多数翻译障碍都能够追溯到文化冲突。因此，隐喻都是带有社会文化印记的，对于人们生活的各个方面都有着巨大影响。

3. 隐喻翻译的技巧

（1）直译

因为我们生活在一个共同的环境——地球中，所以人类都有某些共同之处。不同国家的文化中也存在共同点，也就是说对等的表达可能存在于不同的语言之中。如果源语中的本体、喻体、隐喻结构在目的语中也有相同的用法，那么直译就是保持意象栩栩如生以及源语隐喻效果的最佳方法。

（2）意译

文化冲突造成了语言冲突。在源语隐喻的结构中，并不是所有的本体和喻体都能在目的语中有对应的体现。因此，应当发现目的语中与之对等的句子结构或者意象来替代源语中的句子结构或意象，不然源语的隐喻效果将会被削弱。此外，不能在源语中找到对应的意象或结构也是很常见的。

（3）套用法

套用法是将目标语句中的习语性隐喻替换成源语句中的隐喻的一种翻译方法，如 "Love me, love my dog."（爱屋及乌）。这句话在源语中按字面意思直译是说真爱一个人，也要爱他的狗，在其隐喻中指代真爱之人所携带的一切；在目标语里所表达的是真爱这个屋中的人，也要爱屋顶的乌鸦。其实两者共同表达的意义都是真爱一个人，便要爱上与之相关的人与东西。套用法在实际翻译中可能会存在各种各样基于文化和生活环境不同而产生的问题，要想理解许多文化所特有的内容，就需要对其文化有深入了解，在翻译时忠于原文，要能准确表达出原意。

（二）有理论导向的隐喻翻译

隐喻翻译是有理论做指导的，其研究受到了当代语言学中不同理论流派的巨大影响，包括修辞学传统、语篇分析法、语用学、文化视角理论、框架理论等。

1. 修辞学传统

对于一直坚信传统修辞理论的人来说，修辞学传统中的隐喻翻译的主要步骤首先是要确定隐喻的类型，区分死隐喻、普通隐喻以及特定的短语隐喻等不同类型。在确定了类型之后才能确定如何去翻译。

基于修辞学中隐喻的载体和语义关系，隐喻的翻译有三种情况：隐喻相同而意义不同；同一个喻义，喻体不同以及隐喻的喻体和喻义都不同。

①同一个喻体，不同的喻义。在我们汉语中，"大象"一字是褒义的或呈中性的，而在英语环境中，"elephant"却有贬义。例如，"the elephant in the room"的喻义是"一个非常显眼的问题"。也正因为如此，在中国风靡一时的"白象电池"在出口到国外时，被翻译成 "White Elephant Brand Battery"，导致滞销的结局。

②同一个喻义，不同的喻体。这种方法也称为喻体变换方法。为了表达某人缺乏某种才能，英语可以说 "He has not got an ear for music."，中文意思是"他没有音乐细胞"。一个是 "ear"，另一个是"细胞"，表达的意义是一样的。再比如，

"It's never too late to lock the door after the horse is stolen.",按照中国人的习惯,可以译为"亡羊补牢,为时未晚"。其中的隐喻本体"horse"变"羊",无可非议。

2. 语篇分析法

如果我们单从源语或目的语来看,其实不同的语言从字词到语句篇都有其各不相同的特点。例如,汉语连贯紧凑,几乎没有特定的逻辑联系,但是英语在文本中却强调明确的彼此的衔接技巧。如汉语的"放下屠刀,血债血还",英文有两种翻译方式,"Put down your evil arms, blood for blood." 或 "Put down your evil arms, or blood for blood."。后面一种译法其实更能够体现地道英语的结构,可以说英语韵味非常浓厚。因为,无论是源语还是目的语,都不能孤立地以"词"为翻译单位,而是要结合上下文去翻译,要真切理解原文所表达的思想与含义。语篇分析法便是从文本或整篇文章的高度来进行翻译,译者要做到充分利用文本提供的信息,充分解读源语含义,进而来解释文本的含义,才能呈现出准确反映原文感情和内容的译文。

翻译和隐喻从本质上来讲都有着解释性的特点。隐喻是通过一种体验来理解另一种体验,它既可以通过最原始孤立的相似性,也可以通过创新的相似性来进行体验。隐喻绝不仅仅是一种最表层的修辞现象和认知现象,还能作为一种重要手段来组织和建构文本。在很多内容中,隐喻的跨域映射是结构化的,且其自身也形成了许多复杂的结构化隐喻。同时因为隐喻的概念是系统性的,所以我们在谈论概念时使用的语言也是系统性的。隐喻是一种话语的策略,可以按照一定的框架展开话语,还可以形成系统的词汇网络。因此,隐喻系统所赋予的话语功能以及概念域之间的相互作用,也使其成为重要的话语策略。

3. 语用学

在隐喻的翻译过程中,我们需要考虑到整句话中细化到词语的语义,上下文的联系以及整体语境的关系。同样语境的概念也是多种多样的,其不仅包括了文本本身的内容,也包括了与这部分文本产生时进行互动的参与者或是和语境有关的各种因素。这些就是语用学探讨的内容之一。因此,通过语用学的知识可以完美地理解隐喻。

对于隐喻的产生和使用,下面举一个实例来说明:说话人用了这样一个隐喻"His friends are house plants.",这句话原指某人的朋友只是"室内观赏植物",其本质是说他的朋友是表面朋友,不能一起患难吃苦。从听话者的角度来说,人既然不会是观赏植物,那必然就要思考它的潜在含义也就是隐喻义,但并不会影响彼此的交际。而至于译者,既可以将这句话直译为"他的朋友们是观赏植物",

也可以套用汉语中的成语将其译为"他的朋友不能同甘共苦"，由此可以看出汉语中成语的简练表意的功能，所以运用第二种方式的话，我们需要的喻体和喻底就都有了。

译者所掌握的知识的广度与深度都非常重要，这涵盖了各学科的基本知识、各种生活常识、人文、地理、历史与社会科学等。译者所掌握知识的多少直接决定了翻译过程中对隐喻的释义能否准确、通达。例如，"They wanted to get into the fun before the whole thing turned belly up."（他们希望在整个事情完成之前放松一下），其中就涉及译者对生活知识的熟悉度：我们知道鱼只有死了，它的肚皮才会朝上翻，这样才能理解"the whole thing turned belly up"（整体事情肚皮翻转了）的隐喻的释义为"the whole thing is over"（事情完成了）。

关联理论将隐喻翻译和语用学理论真正地联系在一起，该理论的核心内容在于需要明确行为指向的说话方，也即说话者需要先做一个关于听话者认知能力相关的评估，必须明确听话者的认知能力之后，再以此决定在对话中是否使用隐喻，如果确定使用的话，再确认使用何种隐喻，所以这套理论的核心是放在听话者身上的。

一种语言的形成受到许多因素共同的影响，如不同民族生活的社会环境、地理位置、语言发源地以及不同民族的风俗习惯等因素的差异造成了不同语言之间巨大的差异。尽管语言差距如此之大，但是隐喻却十分常见地被使用在不同语言中。所以有关隐喻的理解和翻译也非常重要。隐喻作为一种语言现象，绝不仅仅是写作的一种修辞手法，所以在翻译过程中，我们要分析其文化内涵，以及围绕所处的时代和地理背景，尽可能区分其文化因素的差异，在进行翻译时，力求做到和源语的文化对等，使翻译准确。

关联—顺应模式指出一个人所说的语句是由"意图"开始的，再产生对应的"语言"，所以无论是说话人的策略还是其环境因素又或者是语言结构等都是受此模式的影响，即所说内容要符合相关性假设的因素，并且说话同时还要确定讲话的质量以及观察沟通目标的状态。语言的产生过程包括了话语生成与话语理解这两部分。在特定的语境下，说话者和听者作出话题相关的假设，使得无论是话语生成过程还是话语理解过程，都存在一定的相关性选择。

隐喻翻译的顺应性分析是指译者需要顺应所译内容中双方存在的社会背景差异或是文化差异，以及存在的语境差异等，需要采取合适的方法对隐喻的翻译进行处理。而隐喻翻译的关联性分析也是为了表明翻译的复杂性超过了话语之中浅层的含义，因此为了达到理想的翻译效果，译者不光要明白所译内容的表意，更要迅速判断其潜在含义，这就对译者的知识储备以及阅历有了更高的要求。

4. 文化视角理论

翻译是一种动态的跨文化交际，需要译者根据不同的文化不时作出合理的选择。隐喻翻译尤其如此，因为隐喻在文化中根深蒂固，其差异性和多样性最为显著。翻译隐喻的过程要求译者对不同的社会文化有深刻的理解，不仅要掌握源语的文化背景和隐喻表达的意义，还要在语言中找到相应的意义和文化习俗。不同文化差异的视角具体表现在地域文化差异、宗教文化差异和历史典故及神话故事的不同三个方面。

归化翻译与异化翻译是两种不同的翻译方式，也是可以兼顾直译法、意译法的总结性方法，下面我们分别展开讲一下不同方法对不同文化差异的隐喻翻译的帮助。

（1）归化翻译

在不同文化背景和语言环境下，有些翻译的内容如果保留源语的喻体会导致译文不能融入自身的语境，变得晦涩难懂，所以需要从中文体系中寻找与源语含义相近的形象或词缀来进行代替，这就是归化翻译，如 "His daughter is the apple of his eye." 可译成 "他女儿是他的掌上明珠"。在英语文化中，"apple" 原指 "瞳孔"，对人来说是非常珍贵的，因此后来用 "apple of the eye" 喻指 "珍爱的人或物，宝贝等"。汉语的 "掌上明珠" 恰好与其意对应，所以可以用来替换。

（2）异化翻译

异化翻译能够促进不同民族文化的学习以及相互理解。其方式具有渗透性且兼容不同文化的差异，让人耳目一新。例如："Go to law for a sheep, you lose a cow." 这个隐喻既可译为 "捡了芝麻，丢了西瓜"，也可译为 "为了一只羊打官司，却损失了一头牛"。第二种是典型的异化翻译法，它可以帮助我们了解西方人是如何使用法律来解决纠纷的，并认识到律师在法律案件中受益最大的现实。

5. 框架理论

当我们应用框架理论，将各种系统分为不相同框架和相同框架时，采用的隐喻翻译方法也是不同的。

①如果框架相同，在隐喻的条件之下，又可分为两大类，分别是 "先天框架" 和 "习得框架"。

②隐喻翻译当中，由于框架相异，就没有办法直接按原意来翻译，这个时候，译者可以根据自身的知识储备和理解能力，翻译出最简单明了的版本，有以下四种方法可以参考。

第一种方法是寻找相对应的喻体及概念。例如，"as cunning as a dead pig"可直接译为"像狐狸一样狡猾"，如果你翻译成了"和死猪一样狡猾"就显得有一些牵强；又如，"as close as an oyster"可直接译为"守口如瓶"，但是你要按字面意思翻译就是"像牡蛎一样紧"，这显然也差点儿意思。

第二种方法是给喻体形象增添注释，增加能使读者明白的信息，帮助他们理解隐喻意义。

第三种方法是我们可以直接去掉句子里面的那个原词意义，只取它的引申意义。这里我们可以举一个例子来帮助大家更好地理解，如"What vain weather-cocks we are!"可直接翻译成"我们人是多么自视清高而又反复无常啊！"只译意义，不直接翻译源语中的"weather-cocks"（风向标）。

第四种方法是本来句子当中没有那个比喻的喻体，我们可以通过本土文化给它加一个简洁明了的喻体。例如，英语的"oriole in the post"翻译成"螳螂捕蝉，黄雀在后"，这样的翻译办法就更容易被汉语读者理解和接受。

第三节　基于认知心理学的隐喻应用

一、基于隐喻的写作创造力评估

（一）概述

作者如何能够在写作上表达新颖的观点，从而创作出高质量的作品呢？相信大家对这个问题都有过思考，想必也有人得出了最终的答案，那就是创造力。所有作者都应该更加有创造性地表达自己的观点。有深度、美感、想象力等特征应该是一个好的作品的必备守则，而这些都应该是具有创造力才能够实现的。然而，在针对创造力进行评价时，评价者很难达到完全统一，没有办法做到真正的公正客观，我们无法对其进行指责，因为有各种干扰因素，而每个人的标准也不是完全一致的。

对于创造力的最终定义和评判标准，到目前为止，研究者还没有得到一个统一的答案，但是所有的研究者大概可以分为两类：第一类觉得托兰斯（Torrance）等人提出的通用评估标准可以对创造力进行评估；另一类则是觉得这种方法行不通，因为每一个领域的标准都没有办法完全一样。这两类学者之间的争论一直未曾停止。

对于隐喻的解释，我们可以简单概括，那就是当我们遇见一个我们不熟悉的意义时，可以用一个我们熟悉的概念替换它，但是它们二者之间的关联又不是很强，这其中蕴含着某种很深的文化底蕴。例如，"想念像针扎一样"这个句子中"想念"无疑是一个抽象的概念，我们就可以将这个概念变成"像针扎"这个具体的感觉，从而使我们在想到想念是什么时就可以联想到针扎的感觉。这就说明了，隐喻在使用中会产生一种灵活的、令人捉摸不透的思想和表达方式，创造力就会由此体现。

由此得到启发，本书提出一种新的评估写作创造力的方法，用句子当中的隐喻频率来作为评判标准。根据这个思路来设计实验，通过实验验证取得了良好的预测效果。

（二）数据集

本书选取了 3 个数据集来进行实验，这 3 个数据集比较具有代表性，能够更好地反映出实验结果的客观性和全面性。这 3 个数据集的信息如表 5-3-1 所示。

表 5-3-1　数据集信息

数据集	分类	数量／篇
学生写作	创造力 非创造力	1230 1363
新闻	创造力 非创造力	534 403
期刊论文	创造力 非创造力	404 496

1. 学生写作数据

为了确保本次实验的数据全面准确，使用的是英国的一个作文资料库，其中资料的完整性涵盖了 30 多个学科，选取的样本文章也高达 3250 篇，在这些文章当中，各个学科的文章选取平均，文章作者的性别也是男女各一半，女性作者达到 49%，作者年龄区间在 18 岁到 50 岁，平均年龄为 20.9 岁。

其中，以英语为母语的作者占了 71%。本书选择的文章在除去那些不合格的文章之后，还有 2661 篇，作者人数达到 641 人，这样的取样就避免了特殊性。在评价指标上，我们选取了 4 个方面来作为打分依据，分别是原创性、精巧性、流畅性和思维开放性。分数有1～4分，评价程度按升序排列，其中1代表最低创造力，4代表最高创造力。打分依据和标准如下：

①原创性：根据论文原创度，也就是独特性与罕见程度给分。

②精巧性：根据论文当中有几个自己创新的观点来评价。当新增观点大于或者等于3个时，标注为4分，也就是满分。

③流畅性：根据每个观点有多少可以支持的例子来评价，不能光有论点没有论据。

④思维开放性：根据其他各种因素的影响来计算。

这4种指标对创造力影响的贡献是否有差异，到目前为止还没有权威的研究给出结果，所以我们给予这4种指标相同的权重进行计算。为了最后结果的科学性，这4个指标最终取平均值作为最后的实验结果。

首先，我们请有多年英语教学经验的外教来对学生写作数据进行打分。这4名外教分成两组，每组两个人，都对实验样本进行打分，最后取每组两个人的平均值作为实验结果。需要注意的是，如果在每组当中的两个人对于一篇文章的打分相差大于2分的话，那就要另一组的两个人重新对这篇文章打分。最后结果分为两种：A——创造力分数为3或4；B——没有创造力。本书的实验样品是随机抽取的100篇文章，用K值来测量标注的一致性，最后得到的结果为K=0.86，说明标注的质量很可靠。

2. 网站新闻数据

笔者在各大新闻网站上获取了1220篇新闻文章，从中分析选取，通过比较得出洋葱网（the Onion）的文章更具创造性，因此在对比之下，其他网站的文章作为非创造性样本，而洋葱网的文章作为创造力样本。最终的结果是得到了553个创造力样本，540个非创造性样本，它们数量均等，可以作为实验对象。

3. 期刊论文数据

本次实验也选取期刊论文，而在期刊论文的选取上，则偏向于影响力较大的期刊。影响力越大的期刊，对其收录的文章要求也就越高，所以，大家默认期刊的影响力度是根据其影响因子来决定的。高影响力的期刊之所以有这样的影响力，是因为在各个方面的水平都要高于那些低影响力的，具体表现在文章的质量上面。影响力大的期刊文章比影响力小的期刊文章更具有创造力也是业界的普遍共识。本书最后选择将这两种类型的期刊来一起比较，作为本书的期刊论文数据集，数学、物理、计算机科学、生物学以及化学等这些学科都是其中所涉及的。

（三）评估方法

1. 特征提取

特征提取一共分为以下 4 个部分。

第一部分，文本特征提取。对于一个文本来说，它的特征提取因素有很多，本书实验只提取 3 个特征，即词数、句子数、段落数。此次实验关于段落数只提取了学生写作数据集，这是因为期刊以 PDF 格式难以转换，而新闻又大多以整段的形式出现，对于段落数的提取没有参考意义。剩余两个特征则是 3 种文章类型都可比较。

第二部分，作者特征提取。作者的特征是从学生写作数据集中提取的。学生写作当中一般会附有作者简介，但是像新闻和期刊则寥寥无几，所以不作为参考对象。

第三部分，隐喻特征提取。这个提取正是基于本书上文的推论与大胆假设，但是本书的推论也是基于完整的逻辑条件的。实验方法参考了国外对于句子隐喻识别的方法，可以分为以下 4 个步骤：第一步，得到每一个单词的输入、输出向量，这就要使用连续词袋模型（CBOW），把它放到实验目标上，然后挑出每个句子中的形容词、副词和动词，将它们作为隐喻识别的目标词。第二步，创建一个合集，里面都是挑出来的目标词，合集当中的每个目标词都要带上它行文的上下词。第三步，从候选集合中为其上下文选择最匹配的词，然后套用余弦度。计算过程如下所示：

$$w^* = \arg\max \cos(v^o{}_w, v^i{}_{context})$$

在式中 $w \in \omega$；为上下文单词的所有输入向量的平均值，也是我们实验最终要得到的数据。第四步，提取隐喻特征，这其中的方法就是提取每句话当中的隐喻词、目标词的比例，再用比例套入余弦度当中，余弦度表现出相似度。如果相似度高于阈值，则说明目标词没有隐喻用法，反之则使用了隐喻用法。本书将学生写作数据集中的阈值设置为 0.65，新闻和学术论文数据集中的阈值设置为 0.5，这样可以获得最佳精确度。

第四部分，创造力特征提取。本书以创造性、稀少性、异类性、重塑性作为评选特征，这是参考了国外创造力感知的 4 个指标。

（1）创造性

给定一个文档集合 S，集合中文档 D 的创造性是它和文档集合之间的距离，计算过程如下所示：

$$N(D_n) = 2\left|\text{Dist}(D_n) - \text{Dist}(D_s)\right|$$

式中 Dist（D）是文档 D 中词的平均语义距离，Dist（D）是文档集合 S 中词的平均语义距离。

（2）异类性

采用部分学者提出的方法——文档中相邻碎片间的平均语义距离即为所求结果。计算过程如下所示：

$$S(D_n) = \frac{2}{|\phi|-1} \sum_{i=2}^{|\phi|} \left|D(\phi_i) - D(\phi_{i-1})\right|$$

式中，$D(\phi_i)$ 为文档 D 的碎片集，$\phi_i \in \phi$，$|\phi| \geqslant 2$。对于只有一个段落的文档，可以根据语义划分段落。

（3）稀少性

文档见的稀少性的计算过程如下所示：

$$R(D_n) = 2 \frac{\min(C_w(D_n))}{\max\limits_{D_i \in S}(\min(C_w(D_i)))}$$

式中，$\min(C_w(D_i))$ 为文档 D 中术语集群的最小权重闭包中的权重之和。

（4）重塑性

通过统计文档术语集群的数量，我们可以得到重塑性。而对文档集合中最大数量集群进行归一化，则可以避免不同文档集合之间的差异性对研究的影响，最终得到结果。计算过程如下所示：

$$RE(D_n) = 2 \frac{|C(D_n)|}{\max\limits_{D_i \in S}(|C(D_i)|)}$$

式中，$C(D_i)$ 为文档 D 中的集群集合。

2.统计分析

在提取文档所有特征之后，紧接着就要进行数据的统计分析了，作为分析的这一个步骤，也可以参考相似实验。因为提取的大多数特征都是连续变量，其中创造力相关特征为二进制变量。

$$\gamma_{pb} = \frac{\overline{x_1} - \overline{x_0}}{S_x} \sqrt{\frac{N_0 - N_1}{N(N-1)}}$$

式中，0 和 1 为被标记为 0 和 1 的样本特征的平均值；N_0 和 N_1 为被标记为 0 和 1 的样本的数量；N 为样本总数量；S_x 为所有样本特征的标准差。

各特征的统计信息如表 5-3-2 所示。

表 5-3-2　特征信息统计表

特征组	特征名	学生作文	新闻	期刊论文
作者	学派风格	−0.0632	—	—
	学科	−0.0125	—	—
	性别	5.2543#	—	—
	母语	−0.0243	—	—
	教育	−0.0144	—	—
文章	词	−0.0195	−0.6756	0.2561
	句子	−0.0577	−0.8370	0.2802
	段落	−0.1395	—	—
	每句的词数	0.0769	0.8279	−0.0231
	每段的词数	0.1928	—	—
	页数	—	—	0.1704
	宏类型	0.0567	—	—
	类别	−0.0253	—	—
隐喻	隐喻标题	0.4929#	—	—
	隐喻词总数	0.0118	−0.6437	0.2332
	隐喻出现的比例	0.0269	−0.3215	−0.0656
	句中隐喻词数	0.1176	0.7364	−0.0098
	段中隐喻词数	0.1757	—	—
创造力度量	新颖性	−0.0463	0.0806	−0.0009
	惊奇性	0.0335	−0.0042	0.1187
	罕见性	0.0449	−0.1338	0.3740
	重塑性	0.0191	−0.1075	0.2578

注：表中的"—"代表在对应的数据集中无法获取该特征；"#"代表卡方检验。

3. 创造力分类

十折交叉验证是本实验采用的主要方法，一个连接 Keras 的 3 层全连接的神经网络连接上训练集中带有特征的所有样本及标签，在这全连接的神经网络上，对性别、母语等离散特征进行独特编码，然后对离散特征的数量进行降维操作，使用的是主成分分析法。二进制交叉熵是此网络的损失函数，进行优化的是用 ADAM 的默认学习率。把丢失率压到一个固定数值，对权重向量的 L，范数进行约束，用来避免过拟合，在大量计算之下，数值 0.2 为最合适的。最后，使用 sigmoid 函数在输出层上对输出进行转换操作，这样就可以分类，而分类之后得到的，就是最终我们需要的结果。

（四）实验结果及分析

1. 特征提取

本书采用句子表征，接着使用卷积神经网络将文本分为新颖和非新颖两个类别，这个方法更多的是参照了国外基于深度学习的文档新颖性识别方法。该方法现在大部分的使用场合都是与创造力相关的工作上，此方法的广为运用，很大程度上也证明了其实用性和有效性。

在特征提取当中，我们可以通过一些步骤和技巧，得到我们想要的数据。对于数据的分析，也要遵循科学的方法，在文章特征的基础上引入隐喻或创造力度量会提高预测的效果。在表中可以看出，隐喻的预测效果没有创造力明显。

2. 分类结果

（1）学生写作数据集结果

本书使用 4 个特征来列表格，从之前得出的那些数据集当中分析这 4 个特征所占比例，结果如表 5-3-3 所示。

表 5-3-3 不同特征组的性能

特征组	准确率（Acc）	精确率（F_1）
作者	0.6765	0.7131
所写文章	0.6734	0.7175
隐喻	0.6227	0.6371
创造力度量	0.5538	0.6766

从上表得出的结果，我们可以看出，得分最高的是作者组，其次是所写文章组，这两组的得分很高，我们就拿它们作为下面实验的基础对照组，接下来就开始做对照实验，如表 5-3-4 所示。

表 5-3-4　不同特征组组合在学生写作数据上的预测性能

特征组	Acc	F_1
隐喻特征 + 作者特征	0.6801	0.7221
隐喻特征 + 文章特征	0.7011	0.7322
创造力度量 + 作者特征	0.6723	0.7221
创造力度量 + 文章特征	0.6808	0.6820
文章特征 + 作者特征	0.7614	0.6823
作者特征 + 创造力度量 + 文章特征	0.6741	0.7123
作者特征 + 隐喻特征 + 文章特征	0.7071	0.7441
作者特征 + 创造力度量 + 隐喻特征	0.6723	0.7125
文章特征 + 创造力度量 + 隐喻特征	0.7013	0.7412
全部特征	0.7112	0.7502

如表 5-3-4 所示，不同特征组合对学生写作数据的分类效果都不一样，在两组特征组合中，从结果可以看出来，引入隐喻特征能够提高创造力评估效果，因为文章 + 隐喻的特征组在 Acc 和 F_1 上都取得了最佳效果。值得注意的地方就是，分类的效果需要得到保障，因此，不能将创造力度量增加到基本特征组中。

本书又对 3 组特征进行了所有组合实验，如表 5-3-4 所示。如实验结果所示，数据第一的是作者 + 隐喻 + 文章特征组合，其次为文章 + 创造力 + 隐喻特征组合，这就可以得出学生写作数据集中，在没有引入隐喻这个特征的时候，我们也可以通过文章和作者特征识别文档的创造力，但是引入隐喻这个特征之后，识别就会变得更加准确和轻松。最终，我们将所有的特征融合，做成一个单独的模型，通过这个模型可以更好地得出实验数据。

（2）新闻数据集结果

本书使用 3 个特征做实验（见表 5-3-5），得出结果：如果要进一步提升预测的效果，那就应该增加隐喻或创造力。写作中创造力的评估隐喻特征会是更好的参考依据。在文章当中的隐喻和其他的特征比较起来，所得出的结果更加符合事实与标准，但是其他的特征也不能完全不考虑，所以最后将它们融合，得到了最优的预测效果。

表 5-3-5　不同特征组合在新闻数据上的预测性能

特征组	Acc	F_1
文章特征	0.9605	0.9653
文章特征 + 隐喻特征	0.9704	0.9743
文章特征 + 创造力度量	0.9611	0.9714
全部特征	0.9835	0.9807

（3）期刊论文数据集结果

本书在期刊论文数据集进行实验时，使用文章、隐喻和创造力 3 组特征。实验结果（见表 5-3-6）表明，在文章特征的基础上引入隐喻或创造力度量会提高预测的效果。在表中可以看出，文章 + 隐喻的预测效果没有文章 + 创造力明显。将 3 组特征融合后，得到了最好的实验效果，结果为 Acc=0.7911，F_1=0.7631。

表 5-3-6　不同特征组组合在期刊论文数据上的预测性能

特征组	Acc	F_1
文章特征	0.7123	0.6531
隐喻特征 + 文章特征	0.7457	0.7145
创造力度量 + 文章特征	0.7556	0.7313
全部特征	0.7911	0.7631

3. 对比实验

本书使用 CNN 模型，将模型书入 5 篇不具有创造力和 5 篇具有创造力的文档创建的 RDW 中，每个文档有 14 个句子，编码按固定大小（4096 维），然后将滤波窗口的大小调整为 2，3，4，每个窗口带有 100 个特征图，并进行 100 次训练迭代。

本书在 3 个数据集上进行了实验，实验结果如表 5-3-7 所示。最终结果十分理想：这个模型在 3 个数据集上的实验结果都优于基础实验，这说明了要评估创造力，之前的研究已经没有很大的现实意义，可能因为时代的变化，这种研究并不能更好、更客观地对创造力有一个具体、公正的评估，本书实验能够更好得出结果，原因在于隐喻的特征对于文本创造力的评估是一项关键信息，在文本创造力分类的过程中发挥重要作用。

表 5-3-7　对比实验结果

方法	标准	学生写作	期刊论文	新闻
本书方法	F1	0.7512	0.7631	0.9833
	Acc	0.7111	0.7912	0.9809
其他方法	F1	0.7091	0.6162	0.9641
	Acc	0.5713	0.6441	0.9432

二、基于隐喻的心理健康评估

（一）概述

目前，心理问题已经成了最困扰现代人的问题之一，心理问题不同于生理疾病，它是由人的内在精神因素，准确地说是大脑中枢神经控制系统所引发的一系列问题，它会间接改变人的性格、世界观及情绪等。心理问题通常伴有压力大、失眠、记忆力衰退、焦虑抑郁等，这样的情绪逐渐堆积，对于人的身心影响都是十分巨大的，可是由于现代快节奏的生活，大部分人的这些负面情绪很难得到宣泄，有的人会选择在身体出现问题之后去医院治疗，但是更好的方法还是在一开始的时候及时预防。现如今，相关研究者尝试使用计算机等多种新兴技术来解决心理健康预测的问题。

之前就有国外学者将文本中的隐喻信息应用于心理问题的预测，但是由于只能够预测单一的心理问题，所有这种方法是有一定的局限性的。本书根据上文得出的一系列实验结果，提出了一种方法，能够结合情感度量和隐喻特征，对多种心理问题进行预测并取得了良好的预测效果。实验结果证明，隐喻的表达和心理状况、认知的过程是相关联的。

（二）数据集

1. 学生写作数据

现在大学生作为年轻人的主体，心理疾病也多出现在他们身上，而大学生的情绪认识在文本写作当中又可以得到体现，他们往往使用隐式表达、隐喻手法等来表达自己的情绪。综合上述原因，本书选取大学生的写作数据作为实验的研究对象，通过招募，我们找到了200名符合条件的大学生，参加实验的内容是写一篇500个单词的英语作文，每个人写下的内容都会被严格保密，200名实验者知晓了实验规则之后都表示同意进行实验。

所写的包含500词的英语作文的内容分为两个部分：首先，开始回忆在大学之前的生活，以及对于之前的生活有什么样的评价；其次，开始想象你未来的日子是什么样的，这个"未来"可以是脚踏实地的，也可以是美好想象的，还要写出如果之后生活遇见了困难，应该怎么去面对和解决。这两个部分的写作，对于了解一个人的情绪和人格是很有作用的。根据统计，此次实验涉及了10445个单词。

2. 心理健康数据

完成写作之后，可以让200名大学生填写调查问卷。通过调查问卷的结果，再进行最后的筛选与分析。最终结果体现的是内化的心理问题，如焦虑、抑郁、自卑、敏感、社交恐惧、困扰。详细数据如表5-3-8所示。

表5-3-8　学生心理健康数据

问题	焦虑	抑郁	自卑	敏感	社交恐惧	困扰
学生数量／人	36	36	29	49	44	38

3.eRisk2017 数据集

eRisk2017是一个能够测试安全和健康的实验室，但是除了安全与健康，它还能够预测其他种类的早期风险。这个实验所使用的数据就是来自各大社交平台的帖子和评论，可能有的人觉得数据不够权威，但是对于本书所研究的问题来说，就是很好的实验对象，在这当中就包含752个没有抑郁倾向的用户与135个有抑郁倾向的用户。详见表5-3-9所示。

表5-3-9　eRisk2017 数据集

结果	训练集数量／人	测试集数量／人
抑郁	83	52
非抑郁	403	349

这些样本如表 5-3-9 所示，包含的内容就是抑郁和非抑郁人群的比例，我们可以看出他们的比例达到了 1/5，虽然这些样本是抽查的，但是由于抽查手法的科学性，仍然能够体现此次实验调查结果的稳定性和公平性。从这个表格当中我们就可以看出，抑郁人群的占比也算比较高的。

（三）基于隐喻的心理健康评估方法

1. 情感特征提取

本书定义了 4 种情感特征，分别为正向情感、中性情感、消极情感以及情绪波动。特征提取的工具和方法如下。

SenticNet 是一个由美国麻省理工学院媒体实验室开发的项目，能够智能化识别语句当中所富含的情感，这与之前那些低级系统不同，相较而言更加准确，作为实验的模型可信度很高。本书使用的是 SenticNet5 版本，能够识别语义，而语义是指与输入概念最相关的概念。高兴、注意、敏感和天赋这 4 个在语义当中可以表达情感纬度的方面，可以作为实验的参考数据。得到数据之后，我们可以来定义，取数字区间正一到负一（1，-1），数值为正的时候是正向情感，负的则是消极情感，最终得到每个词的情感类别分数、情感极性值。计算过程如下所示：

$$P = \frac{\sum_{i=1} W_i}{n}$$

式中，P 就是我们要得到的结果，从这个结果我们能够得到积极情感的程度，即愉悦程度。W 代表第 i 个词的愉悦程度，n 为文本中的句子数。然后再用这个公式来计算其他几个特质，我们就能得到另外的数据。

SentiStrength 是一个用于学术研究的开源工具，本书选取了其第三种方式。首先使用软件把每一个句子变成单个的词，然后就要使用这个学术开源工具，把每一个词的情感态度分类，分类的方式是取一个区间，由 -4 到 4，这些数字代表了程度，而他们的临界点就是数字 0，当词大于 0 时，那么它就是一个积极情感的词，反之则是消极情感的词，当这个词等于 0 的时候，则判定其为中性词。本书分别计算每篇文章中句子的情感值，然后取平均分数作为最终结果。计算过程如下所示：

$$E = \frac{\sum_{i=1}^{n} S_i}{n}$$

在式中，S 代表第 i 个句子的情感分数；E 代表文本中的情感值。

对文章中连续两个句子的情感得分做差取绝对值，并以这些值的平均值作为情绪波动值，计算过程如下所示：

$$F = \frac{\sum_{i=2}^{a} |S_i - S_{i-1}|}{n=1}$$

式中，F 代表文本的波动值；S 代表第 i 个句子的情感分数。

2. 隐喻特征提取

本书对于特征的提取使用的是隐喻识别方法。该方法基于两个假设：假设一，在语料库中，词的字面义比它的隐喻义出现得更加频繁；假设二，如果一个句子的字面意思不能结合上下文，是有属于其自己独特意思的，则识别为隐喻句子。

该方法一共分为 4 个步骤。

第一，在资料库当中得到目标词的输入输出量。

第二，创建一个文档集合，里面是所有筛选出来的目标词。在这些目标词的旁边，标注上它们在文中上下词的内容，最后还要写上每个目标词的派生词。这个文档当中的内容要从实验目标当中选取。

第三，找到目标词的最佳匹配词，具体计算过程如下所示：

$$w^* = \arg\max SIM(v_k, v_{context})$$

式中，$k \in w$，v_k 是经 CBOW 或 Skip-gram 模型得到的候选词后的输入向量；$v_{context}$ 代表上下文词的输入向量的均值。相似度使用向量余弦公式进行计算。

第四，计算最佳匹配词和目标词的余弦相似度，具体计算过程如下所示：

$$SIM(w^*, w_t) = \cos(v^i_w, v^i_{wt})$$

在这个计算当中，我们可以根据计算设计出一个阈值，本书将阈值设定为 0.5。当相似度的值小于 0.5 时，则是准确的目标词，也就是说，这个词在句子里是有隐喻意义的。

本书提取的隐喻特征具体的隐喻识别过程如图 5-3-1 所示。

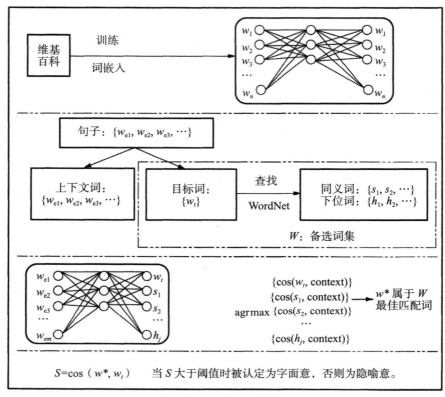

图 5-3-1 隐喻识别过程

3. 预测方法

本书对 6 种心理问题进行了预测，分别为自卑、焦虑、易怒、敏感、悲伤和怀疑。本书使用高层神经网络应用程序接口搭建的神经网络结构，使用 Python 语言编写，并将 Tensorflow、Theano 以及 CNTK 作为后端。通过这个结构，我们可以做实验来得到我们想要的数据，将隐喻和上述的这些负面情绪作为两个输入的值，然后设置两个合理的输出维度，以此来辅助我们得到最终的结果。这个结构的好处有很多，其中最大的特点就是能够流畅、全面地计算出结果。考虑到会有过拟合的现象存在从而造成数据的损失，所以要在模型的隐藏层设置一个固定值，这样得出来的结果就能够更加贴合事实。

（四）实验结果及分析

本书在两个数据集上进行了实验。对于 eRisk2017 数据集，研究其中的抑郁心理问题；对于学生写作数据集，研究其中的内化心理问题。

1. 统计分析

分析方法的第一步就是对实验中出现的隐喻词作出分析并统计它们的出现频率，第二步是对不同心理健康状态的人进行分析，这样可以得出他们语言使用中隐喻表达的不同。通过这两步，我们可以分析出结果。如图 5-3-2 所示描述了三方面内容：20 个使用频率最高的隐喻词，参加者的心理健康状态，这 20 个词出现在文本中频率的相关系数。

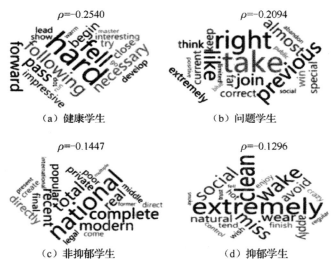

（a）健康学生　　　　　　　　（b）问题学生

（c）非抑郁学生　　　　　　　（d）抑郁学生

图 5-3-2　频率统计

实验结果表明，心理不健康的人在文本中使用的 20 个隐喻词与心理健康问题呈正相关。而对于心理健康的人来说，则呈负相关。从结果可以看出，不同心理健康状态的人所使用的隐喻表达也有很大区别。

2. 分类结果

（1）抑郁问题

关于检测哪些人患有抑郁症，之前学者的成功案例是使用了两种预测方法：一种方法是逻辑回归，通过对于实验对象的逻辑判断，语句、词语的选择，情绪词的使用频率进行特征提取；另一种方法是卷积神经网络，按其阶层结构对输入信息进行平移不变分类。

本书重复使用了这两种方法并与本书提出的方法进行了对比实验。实验结果如表 5-3-10。

表 5-3-10　eRisk2017 数据集上的预测结果

方法		Acc	F_1
其他方法	CNN	0.88	0.59
	LR	0.88	0.69
本书方法	情感	0.81	0.6l
	隐喻	0.87	0.56
	情感＋隐喻	0.89	0.70

本书首先分别使用情感和隐喻的特征进行实验，然后结合两种特征对抑郁倾向进行预测。最后的结果表明，本书的实验方法行之有效，算是在前人实验的基础上加入了个人的构思，而最终的结果也表明，隐喻的特征对于检测抑郁倾向是十分有帮助的。

（2）心理问题的内化

本书在学生写作数据集上进行内化心理问题的预测，包括自卑、焦虑、易怒、敏感、悲伤和怀疑等 6 项心理问题。实验当中分别使用情感和隐喻的特征，最终以此为依据，得出了实验结果（见表 5-3-11）。

实验结果表明，本书提出的方法在预测结果方面要比标准实验更好。其中焦虑、自卑和敏感的预测结果和学生的悲伤情绪的情况都能够得到更好的预测。使用情感特征则能够预测学生的自卑倾向、易怒问题。使用隐喻和情感的特征组合能够更好地预测学生的敏感多疑症状。

表 5-3-11　学生写作数据集上的预测结果（Acc）

心理问题	CNN	LR	所有特征	情感特征	隐喻特征
焦虑	0.75	0.71	0.82	0.81	0.81
悲伤	0.73	0.69	0.75	0.69	0.77
自卑	0.78	0.72	0.80	0.88	0.75
敏感	0.58	0.62	0.88	0.78	0.75
易怒	0.64	0.65	0.7l	0.74	0.71
怀疑	0.68	0.75	0.78	0.75	0.75
平均	0.68	0.68	0.73	0.75	0.77

在这一组测试当中，我们可以明显地看出来，这些负面情绪实实在在地影响了很大一部分的学生，但是由于考虑到样本抽取的不全面性，其得出的结果并不是十分具有说服力。本书在此基础上增加了对 F_1 值的计算，实验结果如表 5-3-12 所示。

表 5-3-12　学生写作数据集上的预测结果（F_1）

心理问题	CNN	LR	所有特征	情感特征	隐喻特征
焦虑	0.57	0.65	0.64	0.64	0.64
抑郁	0.50	0.64	0.67	0.54	0.61
自卑	0.46	0.63	0.62	0.71	0.59
敏感	0.46	0.59	0.83	0.71	0.71
易怒	0.47	0.61	0.58	0.59	0.62
困扰	0.43	0.69	0.66	0.61	0.59
平均	0.47	0.63	0.65	0.61	0.63

实验结果表明，使用本文倡导的方法，能够更加准确地得出答案，也能够十分有效地缓解自卑、易怒等情绪问题的困扰。

综合来看，相较于之前的基础实验，本书提出的加强实验，得到的实验数据更细化，也更精准，可以算是在学术上迈进了一大步。

参考文献

[1] 陈望道. 修辞学发凡 [M]. 上海：上海教育出版社，2006.

[2] 桂诗春，宁春岩. 语言学方法论 [M]. 北京：外语教学与研究出版社，1997.

[3] 李福印. 认知语言学概论 [M]. 北京：北京大学出版社，2008.

[4] 陆丙甫. 核心推导语法 [M]. 上海：上海教育出版社，1993.

[5] 沈家煊. 不对称和标记论 [M]. 南昌：江西教育出版社，1999.

[6] 束定芳. 隐喻学研究 [M]. 上海：上海外语教育出版社，2000.

[7] 吴庆麟. 认知教学心理学 [M]. 上海：上海科学技术出版社，2000.

[8] 程同春. 英语隐喻的思考与翻译 [J]. 中国科技翻译，2005（2）：36–40.

[9] 冯德正. 多模态隐喻的构建与分类：系统功能视角 [J]. 外语研究，2011（1）：24–29.

[10] 贾玉祥，俞士汶. 基于词典的名词性隐喻识别 [J]. 中文信息学报，2011，25（2）：99–104.

[11] 李琼. 认知视角下科技英语中的隐喻翻译 [J]. 现代英语，2022（21）：75–78.

[12] 陈升笑. 概念隐喻视角下对英汉习语"狗"的对比研究 [J]. 汉字文化，2022（19）：157–160.

[13] 施晔. 概念隐喻与英语写作教学研究综述 [J]. 现代英语，2022（15）：29–32.

[14] 黄兴国，白延平. 隐喻认知分析对英语诗歌教学的启示 [J]. 安顺学院学报，2020，22（06）：71–74.

[15] 邓恋玫，王德易. 翻译教学中的隐喻翻译认知策略及运用研究 [J]. 英语广场，2020（18）：15–17.